總策畫　林慶彰　劉楚華

主　編　翟志成

紀念錢穆先生論文集

景印香港
新亞研究所

新亞學報

第一至三十卷

第二七冊・第十六卷（下冊）

景印香港新亞研究所《新亞學報》（第一至三十卷）

總策畫　林慶彰　劉楚華

主　編　翟志成

編輯委員　卜永堅　李金強　李學銘
吳　明　何冠環　何廣棪
張宏生　張　健　黃敏浩
劉楚華　鄭宗義　譚景輝

編輯顧問　王汎森　白先勇　杜維明
李明輝　何漢威　柯嘉豪（John H. Kieschnick）
科大衛（David Faure）
信廣來　洪長泰　梁元生
張玉法　張洪年　陳永發
陳　來　陳祖武　黃一農

景印本・編輯小組

景印香港新亞研究所《新亞學報》第二七冊

第十六卷（下冊）目次

新亞學報第十六卷（下）

紀念錢穆先生論文集

新亞研究所

第十六卷（下）

新亞學報

新亞研究所

紀念錢穆先生論文集

選堂題

新亞學報編輯略例

（一）本刊宗旨專重研究中國學術，以登載有關中國歷史、文學、哲學、教育、社會、民族、藝術、宗教、禮俗等各項研究性的論文爲限。

（二）本刊由新亞研究所主持編纂，外稿亦所歡迎。

（三）本刊年出兩期，以每年二月八月爲發行期。

（四）本刊文稿每篇以五萬字爲限；其篇幅過長者，當另出專刊。

（五）本刊所載各稿，其版權及翻譯權，均歸本研究所。

新亞學報第十六卷（下）目錄

外雙溪素書樓外貌

錢穆先生紀念館（素書樓）正門

紀念館內錢穆先生之銅像

錢穆先生墓園賓館外貌

墓園賓館內之一角

錢穆先生墓

錢穆先生墓園晉謁團攝於墓地

唐代海岱地區南北交通兩道

嚴耕望

目次

㈠東西兩道及其用兵史例

中古時代，海岱地區，有東西兩條重要之南北交通線。西線自青齊分由泰山東西兩側，南循汶泗經兗州（瑕丘，今滋陽西二十五里）至徐州（彭城，今銅山）；東線由青州（廣固、東陽，今益都）南踰大峴山、穆陵關，循沂水河谷，經沂州（琅邪，今臨沂）至下邳（今有遺址，約E117°53'、N34°7'）。

按此兩道，在晉末、南北朝時代，南北用兵，屢見其例，而尉元言之最明。宋泰始二年，魏尉元督諸軍南侵，經無鹽（今東平東二十里），瑕丘（兗州，今滋陽西二十五里），至彭城。表曰：「下邳水陸所湊」，敵若「向彭城，必由清泗，過宿豫，歷下邳」；若「趨青州，路亦由下邳入沂水，經東安（今沂水縣西南三十里）。」是元由西道南下取彭城，而表言東西兩道之途程也。此其一。

魏書五〇尉元傳，天安元年，薛安都以彭城內附，請師救援。顯祖使元都督諸軍赴之。宋東平太守無鹽（今東平東二十里）戍主申纂、兗州（治瑕丘）刺史畢衆敬降附，元長驅而進入彭城。據通鑑一三一泰始二年紀，魏師至無鹽，十一月壬子至瑕丘。是尉元大軍南下，自東平經兗州至彭城也。尉元傳下文上表云云如綱文所引。續云：「今若先定下邳，平宿豫，鎮淮陽，戍東安，則青冀諸鎮可不攻而克。」是明齊地南行有東西兩道也。通鑑一三二宋泰始四年紀云，（宋）東徐州刺史張讜以團城降魏，魏以中書侍郎高閭與讜對爲東徐州刺史（治團城，即東安）。李璨與宋降人畢衆敬對爲東兗州刺史（治瑕丘）。是亦以東西兩道而特重之，如尉元之策也。

復考此前，晉永和十二年，燕慕容恪經營齊地，圍段龕於廣固（青州），晉遣荀羨由下邳進兵琅邪（今臨沂城北），陽都（今臨沂北境），欲救龕。聞廣固已陷，還屯下邳；而留軍分守琅邪、泰山（泰山郡，今泰安境），旋復由下邳水道北征至東阿（今陽穀東北五十里阿城鎮）。琅邪陽都當東道，泰山東阿在西道。是由東道赴青州；及退兵，仍東西道並守，旋復由西道北征也。此其二。

晉書七五荀崧傳附羨傳，「除北中郎將，徐州刺史、監徐兗二州（略）諸軍事……又領兗州刺史，鎮下邳。……及慕容儁攻段蘭〔龕〕於青州，詔使羨救之。儁將王騰、趙盤寇琅邪、鄄城，……羨……擒騰，盤迸走。軍次琅邪，而蘭〔龕〕已沒，羨退還下邳。留將軍諸葛攸、高平太守劉莊等三千人守琅邪，參軍戴逯蕭鎋二千人守泰山。

是時，慕容蘭以數萬衆屯汴〔卞〕城……羨自光水引汶通渠，至於東阿以征之，臨陣斬蘭。」通鑑一〇〇晉永和十二年紀略同。云羨至琅邪，進攻陽都，克之。而慕容儁作慕容恪，段蘭作段龕。儁爲燕主，恪爲統軍大將，蘭則誤。（參晉書校記。）胡注，「余謂汴當作卞，魯國卞縣城也。劉昫曰，兗州泗水縣，卞縣古城也。」晉書校記引斠注：「惜抱軒筆記曰，魯郡有卞縣，與汶水東阿近，故右軍有一帖云，荀侯定居下邳，復遣兵取卞城，正指此事。」是羨先由東道循沂水河谷北征至琅邪陽都，後又由西道北征，至於東阿也。

又晉末義熙五年慕容超據廣固（今益都），劉裕征之，由下邳循沂水河谷進軍，經琅邪（今臨沂），東莞（今沂水縣），越大峴（即穆陵關），陷廣固；而偏師自瑕丘經魯城（今曲阜），泰山（今泰安），東入萊蕪谷路至臨淄。是主力取東道，偏師取西道也。而燕臣公孫五樓策劃，中軍守大峴，一軍由兗州背擊裕軍。超不從。琅邪、東莞、大峴爲東道，而兗州、萊蕪谷爲西道。是攻守雙方皆取兩道也。此其三。

宋書一武帝紀上，慕容超據青州，義熙五年，公北討，「四月，舟師發京都，泝淮入泗。五月至下邳，留船艦輜重，步軍進琅邪。」遂北入大峴，陷廣固。晉書一二八慕容超載記，劉裕來伐，公孫五樓策之曰，「宜據大峴，使之不得入。……可徐簡精騎二千，循海而南，絕其糧運；別敕段暉率兗州之軍，緣山東下，腹背擊之，上策也。」超不聽。其夏，王師次東莞，度大峴，敗燕兵於臨朐，進圍廣固。通鑑一一五晉義熙五年紀，略同。胡注：「南燕兗州治梁父（今泰安南六十里）。」是劉裕由東道循沂水河谷進兵，而公孫五樓策劃，東道守，而西道攻也。至於晉之偏師，史雖不記，但從征記之作者，伍緝之由瑕邱東北取萊蕪谷路至臨淄，明即劉裕北伐時事，詳後文萊蕪谷路條。是此次北伐，裕主力取東道，別有偏師取西道也。

其後宋元嘉二十七年，魏太武帝南侵，由杬頭濟河至東平（無鹽，今東平東二十里），命諸將分道並進，永昌王仁自洛陽出壽春，高涼王那自青州趨下邳，車駕自中道經鄒山（今鄒縣東南二十里），次彭城，趨盱眙。是中道即海岱地區南北交通之西道，那由青州趨下邳，即東道也。此其四。

此見魏書四下世祖紀下眞君十一年條，及宋書九五索虜傳。太武中軍路線，下文考兩道節有詳引。

㈡東道——沂水、大峴山道

茲先考東道：取東道之顯著史例，除上引劉裕由下邳取沂水、大峴路伐南燕，荀羨由下邳進兵琅邪、陽都欲救段龕於廣固及魏高涼王那由青州出下邳之外，宋檀道濟由南兗州北出大峴，軍臨朐，解東陽之圍，亦此道也。

檀道濟事，見宋書四三檀道濟傳及通鑑一一九宋景平元年紀，下文大峴條有詳引。

東道南端起點爲下邳。下邳縣，春秋邳國，即張良遇黃石公處。韓信爲楚王，都下邳，漢爲縣（今城湖南岸有舊邳州遺址，E117°53'. N34°7'。）地當沂、泗二水之會，四周環水。西六里有嶧陽山。此城自古爲兵家必爭之重鎭，故築城三重，甚險固。

下邳當泗沂二水之會，見水經注二五沂水注云：「沂水於下邳縣北，西流分爲二水，一水於城北，西南入泗，一水逕城東，屈從縣南，亦注泗，謂之小沂水。水上有橋，徐泗間以爲圯，昔張子房遇黃石公於圯上，即此處也。」此述下邳爲沂泗迴環甚詳悉。又泗水注，下邳城有三重，大城、中城、小城。中城即呂布所守，小城爲晋中興北中郎將荀羨、郗曇所治。元和志九泗洲下邳縣，略採酈注，並云在嶧陽山東六里，在淮水北六十里。亦云，「下邳城有三重，大城周迴一十二里半。中城周四里，呂布所守也。魏武帝擒呂布於白門，即大城之門也。小城累磚堅峻，周二里許。西南又有一小城，周三百七十步，征虜將軍石崇之所築也。」

下邳歷代沿革，詳紀要二二淮安府邳州下邳縣條。其今地，明清志書多云即今邳州治。紀要引志云，「今州東三里有土城故址，即下邳舊城。今城金人所置。」但沂水注合校引孫校曰，「下邳故城，今州東三十里。」泗水注楊疏云，「在今邳州西南。」楊氏水經注圖（南五東一）繪於今邳縣・頗遠。檢民國地圖集・江蘇安徽地形圖，邳縣南約七八十里處有古邳鎮遺址，在黃墩湖西、城湖南岸，約E117°53'、N34°7'處。復檢中共地圖集・江蘇省圖有古邳地名。ONC-G-10有舊邳州地名，其EN與民國圖集略相當。此眞邳州故城，下邳城爲相近矣。元和志、寰宇記云東北至郯城故城一百五十里。地望亦正合。民國地圖集・江蘇安徽地形圖，此遺址西有山，爲近區所無。ONC圖，此山海拔600呎，於此地區爲突兀矣。傳即古嶧陽山，恐未然也。

由下邳東北循沂水河谷上行六十里，至良城故城（蓋近今邳縣），在水東。又九十里至郯城故城，春秋郯國，漢爲縣，東漢徐州治此。唐初曾置郯城縣，在水東。（今郯城西南有故城。）又北有襄賁故城，在水西。（今郯城西北。）又北至沂州治所臨沂縣（今縣），南去下邳二百七十七里。縣在沂水西一里。治水自西北流經城北，入沂水。開陽故城蓋在縣城北，治水南岸，乃春秋鄅國，魯哀三年，城啓陽，即此。漢爲開陽縣，東漢、晉爲琅邪國都。由縣北渡治水，五十里至臨沂故城（今縣北五十里臨沂社），在沂水西，漢縣也。其南有王導故宅（今臨沂東北三十八里）。

元和志一一沂州，「東(西)南至泗州下邳縣二百七十七里。」而寰宇記一七淮陽軍，治下邳，「北至沂州臨沂縣二百三十里。」里距頗異。檢今圖，元和志爲合理。且記亦云，古郯城在下邳東北一百五十里。郯城故城北至臨沂斷不止八十里也。又按元和志書例，各州四至只記至他州里數，不記至他州某縣之里數，沂州此條記至下邳之里數，實爲特例，正見沂州至下邳爲要道耳。臨沂在沂水西一里及王導故宅皆見元和志、寰宇記。記云，王宅在臨沂東北三十八里，臨沂故城南三里。

臨沂故城、開陽故城　水經注二五沂水注，經云：

「南過瑯琊臨沂縣東。又南過開陽縣東。又南過襄賁縣東，屈從縣南西流。又屈南，過郯縣西。又南過良城縣西。又南過下邳縣西，南入於泗。」

此條經文已甚詳明。注云：

「沂水又南逕臨沂縣故城東。郡國志曰，瑯邪有臨沂縣，故屬東海郡。有治水注之。水出泰山(郡)南武陽縣之冠石山，……南流，注於沂。沂水又南逕開陽縣故城東，縣故鄅國也。……後更名開陽。……縣故琅邪郡治也。」「郯故國也，少昊之後。」

此見臨沂故城、開陽故城與治水之相對關係。前引宋書武帝紀上，北討慕容超，舟師泝淮入泗。至下邳，步軍進琅邪。琅邪即此開陽故城也。據上引酈注，開陽故城當在治水注入沂水處之南。而一統志沂州府卷古蹟目開陽故城條云，「齊乘，開陽城在州北十五里，舊志有古城社，在洲東北十五里，即古開陽也。」若在州北十五里，則當在治水之北，與酈注不合。今據酈注書之。至於臨沂故城，一統志沂州古蹟目臨沂故城條引舊志，「有臨沂社在州北五十里，故縣治此。」與水經注合。

艮城故城　寰宇記一七淮陽軍治下邳縣，「古艮城在今縣北六十里。」下述沿革。前引沂水經，沂水南過艮城縣西。據上文考下邳今地，則此艮城當在今邳縣近地。

郯城故城　元和志，沂州下邳縣，「故郯城在縣東北一百五十里。」寰宇記淮陽軍下邳縣目；同。沂水經，「又東過襄賁縣東，屈從縣南，西流，又屈南過郯縣西。」在艮城之北。據此，沂水於襄賁之東南，由南流折而西流，復折而南流。合校引孫校曰：「今郯城縣西南有郯縣故城。」檢今圖，郯城縣西，沂水流程正有此形勢，即郯縣故城地望當不誤。襄賁故城當在其北。一統志沂州府卷古蹟目，襄賁故城在蘭山縣西南一百二十里。紀要三三沂州，同。蘭山即今臨沂縣。則是在今郯城縣西北不遠，沂水南流折西流之北岸。

由臨沂故城循沂水西岸北行，渡蒙山水（今東沂水）至陽都故城。春秋陽國，在沂水西，（約E118°25'、N35°22'。）後代稱爲諸葛城（今沂水東有葛溝店。）蒙山水口南、沂水東岸有中邱故城，（約今湯頭E118°28'、N35°17'。）春秋魯邑也。中邱城與相近之王僧辯城亦皆有諸葛城之名。諸葛亮陽都人，故諸城多以受名也。由陽都城北渡桑泉水（今汶河），又北渡時密水，至東安故城，漢縣也，（約E118°30'．N35°40'。）在沂水西。又北約三十里東渡沂水至沂水縣（今縣），去沂州臨沂縣二百里，即東莞故城、團城故城，南北朝時代爲軍事要地，北魏置團城鎮。

東莞、團城鎮　通鑑一一五義熙五年，劉裕伐南燕慕容超，由下邳經琅邪，「六月己巳，裕至東莞」，北過大峴。晉書一二八慕容超載記亦云其夏王師次東莞。考沂水注云：

「沂水又東南逕東莞縣故城西，與小沂水合。……漢武帝元朔二年封城陽共王子吉為東莞侯，魏文帝黃初中立為東莞郡。東燕錄謂之團城。劉武帝北伐廣固，登之以望王難〔五龍〕。魏南青州治。」是東莞即十六國時代之團城，在沂水之東。元和志沂州，沂水縣南至州二百里，本漢東莞縣，開皇十六年為沂水縣。寰宇記，同。且云，「縣理城本漢東莞縣城也。南燕於此置團城鎮，去東安郡三十里。城圓，因名團城。」一統志沂州府卷古蹟目，東莞故城，今沂水縣。是也。

東安、陽都　沂水注「東南逕東莞縣故城西，與小沂水合」，下云：

「沂水又南，與閭山水合。……沂水南逕東安縣故城東，而南合時密水。水出時密山。……時密水東流逕東安城南，漢封魯孝王子強為東安侯。時密水又東南流入沂。沂水又南。。桑泉水北出五女山，東南流。（孫校曰五女山在今蒙陰縣西南，有桑泉水出。）……逕蒙陰縣故城北，……又東南與嶼崮水合。水……俗謂之汶水也。東逕蒙陰縣，注桑泉水。……桑泉水又東南，……入於沂。沂水又南逕陽都縣故城東，縣故陽國也。……沂水又南，與蒙山水合。水出蒙山之陰，東流逕陽都縣南，東注沂水。……沂水南逕中邱城西。……沂水又南逕臨沂縣故城東……。」

此述沂水自東莞故城下至臨沂故城之流經甚詳。其東安城在東莞城（今沂水）南行、洵水右岸（西岸）第二水口之北。檢今圖，當在界湖（中共圖集之沂南縣）北之一水口之北，約E118°30'．N35°40'地區。桑泉水甚大，顯即今圖之汶河，蒙山水即今圖之東汶河，陽都故城在沂水西，此兩河入沂水口之間，約E118°25'．N35°22'地點。

東安　前引魏書尉元傳，表曰，「下邳水陸所湊，……賊……趣青州路，亦由下邳入沂水，經東安。」是東安在道上。前引寰宇記，團城去東安郡三十里。一統志沂州府卷古蹟目東安故城條引舊志，在今沂水縣南三十里。與上文所擬定之地望甚合。

陽都　通鑑一〇〇晉永和十二年，段龕據廣固，燕太原王恪攻圍之，龕所署徐州刺史陽都公王騰降燕，以故職還屯陽都。龕來求救，詔徐州刺史荀羨將兵救之，羨至琅邪，進攻陽都，克之，獲王騰。會龕已敗亡，羨還屯下邳。是荀羨進軍即循此路線，而陽都在道中也。一統志沂州府卷古蹟目陽都故城條引齊乘，沂水南逕諸葛城，蓋即故縣（陽都縣），以諸葛氏本陽都人，故名。又中邱城條，在蘭山縣（今臨沂）東北三十里，魯隱七年夏，城中邱。引高士奇春秋地名考，「今沂州東北有中邱城，或謂之諸葛城，以諸葛武侯嘗居此地故名。」又王僧辯城條，在蘭山縣東北。引齊乘，土人呼諸葛城。今按中邱城已見上引沂水注，在蒙山水（今東沂河）入沂水口之南，沂水之東，約今圖湯頭（E118°28'・N35°17'）。王僧辯城，已見元和志、寰宇記，在縣東北五十里。按王僧辯似不可能曾在此築城。諸葛亮琅邪陽都人，陽都故城在臨沂縣東北，故此地區稱諸葛城者非一也。檢一統志沂州府卷關隘目，有葛溝店，「在莒州西南百二十里，然沂水縣界，舊置巡司，本朝康熙十六年裁。」檢今圖，葛溝正相當於沂水注所記陽都城之地望，惟在水東耳。

沂水縣北行度入沭水上源，大數一百里至大峴山。山在小泰山即沂山（E118°38'・N36°12'）東南。從征記云：「直度山二十五里，崖坂峭曲，石徑幽危」，刁雍所謂「大峴之南處處狹隘，車不得方軌」也。故為齊南險阻，與沂山皆為齊長城所經。唐時又名將軍峴。春秋有穆陵之名，所謂穆陵山者，殆即大峴。唐中葉曾置穆陵關於山北（今關E118°42'・N36°8'。）元和初廢。由關西北行掠沂山東北側約六十里至臨朐縣（今縣）。山東北四里有五壇，傳爲劉裕用兵時祭五帝處。縣東南三十五里，道中有破車峴，道徑險惡，故名。縣東臨朐彌水（巨洋水、巨蔑水、今彌河），因以受名。沿水上下，劉裕北伐廣固營壘尚存。由縣循水而北，四十里至青州治所益都縣，即南燕廣固城、南北朝之東陽城也。南去沂州四百五十里。

沂山、大峴山、穆陵關　元和志一一沂州沂水縣述縣北有三山云：

「沂山，在縣北一百二十四里。周禮，青州其鎮沂山。穆陵山，在縣北一百九十里。管仲曰，賜我先君履，南至於穆陵，是也。

大峴山，在縣北九十里。宋高祖北伐……（文長從略）……師過大峴，高祖喜曰，天贊我也。……伍緝之從征記曰：大峴去半城十八里，（校記引考證，「半」宜作「牟」，下引春秋宣九年根牟及洪亮吉說爲證。按沭水注，大弁山與小泰山連麓，水出山，東南流，「逕邳鄉南，南去縣八十許里。城有三面而不周於南，故俗謂之半城。」即此半城不誤。）直度山二十五里，崖坂峭曲，石徑幽危，四岳、三塗不是過也。」

寰宇記二三沂州沂水縣，同。惟增云，沂山即小泰山。又云大峴山西接小泰山。是大峴在沂山之東，而相連接。

按沂水縣北境不當有一百九十里之遠，兩書「一百九十里」必有譌誤。

又按此三山，沂山見史最早。其名，歷代不晦，參看一統志青州府卷山川目沂山條。檢今圖，約在E118°38'，N36°12'，海拔944公尺，一作1032公尺。

大峴山，似以宋書武帝紀、晉書慕容德載記爲最早見。前引宋武紀、慕容德載記及通鑑一一五義熙五年紀，劉裕北伐慕容超，舟師自淮入泗，至下邳，步進至琅邪，六月至東莞。超不聽大臣堅守大峴險阻之意見，裕「過大峴，燕兵不出，裕舉手指天，喜形於色」，曰「吾事濟矣。」與燕軍戰於臨朐南，大敗之，圍廣固。又宋書四三檀道濟傳及通鑑一一九宋景平元年紀述檀道濟救東陽事云：道濟爲南兗州刺史。景平元年，魏將叔孫建圍青州刺史竺夔於東陽城，道濟帥師救之。刁雍謂建曰，「賊畏官軍突騎，以鎖連車爲函陳。大峴已南，處處狹隘，車不得方軌，雍請（略）據險以邀之，破之必矣。」建不從。四月己巳，道濟軍於臨朐。壬申，建等燒營而遁。道濟至東陽，追虜不及，還鎭廣陵。此事亦略見魏書刁雍傳。又宋書六四何承天傳，請徙兗冀之民於泰山之南，「北阸大峴」爲守。通鑑一二四元嘉二十三年紀略同。以此見大峴爲東晋、南北朝前期，青州南通淮泗之軍道要阻，極爲兵家所重，史家亦特致意詳記之。故魏書地形志中青州齊郡盤陽縣條及水經注二五沭水注皆記此山。其後志書幾無不記之矣。前引元和志，所略一節，即此宋武伐廣固事也。

穆陵之名雖早見於左傳，然杜注並無指證。寰宇記沂水穆陵山條引伏琛齊記曰，「賜履南至於穆陵者，泰山南，龜山北，穆陵山是也。」此爲山名之始見，然所指地望不合。其後，隨書地理志中，北海郡臨朐縣，有逢山，沂山，穆陵山，大峴山。此爲穆陵山與沂山、大峴山並記之始。通典一八〇沂州，同。元和志、寰宇記亦從而三山並錄。沈亞之雜記（全唐文七三六）云：

「沂水北一百里有峴曰將軍，甚靈，民置祠於路左，享之不已。……西南有山曰鞍山，山北有關謂之穆陵，李師古不臣，作鎭於此，防遏不意。元和初，罷之。西有沂山，山有廟，則東安公也。」

此爲穆陵關見載籍之始，新唐志沂州沂水縣亦從而記此關。據沈記，將軍峴，當即大峴，穆陵關極相近。前引元和志、寰宇記「一百九十里」者，蓋衍「九十」或「一百」，或「九」「十」之一爲衍文也。而後代志書則悉不記穆陵山。

一統志沂州府卷山川目，沂山在沂水縣北一百十里；大峴山在沂水縣東北一百二十里。無穆陵山之名。又青州府卷山川目，沂山在臨朐縣南九十里。大峴山在臨朐縣東南一百五里。引齊乘，「大峴山即穆陵關也，爲齊南天險。」又同卷關隘目，穆陵關巡司，「在臨朐縣南一百里大峴山上，南接沂州府沂水縣界。」又引縣志，「穆陵關，元至正壬辰，命益都路副達魯噶齊建兵室，創戍樓，把截於此。」亦無穆陵山之名，而關即在大峴山上。紀要三〇山東重險，惟穆陵關一條，亦云「在臨朐縣東南百有五里，大峴山上。」而無穆陵山之名。蓋大峴、穆陵實一山，穆陵關即置於大峴山也。檢今圖，穆陵關約在E118°42'．N36°8'處，地在沂山之東南而相近。據前引史料，大峴山、穆陵關南去沂水縣、北去臨朐縣，里距雖略有參差，要在一百里上下。按通典、元和志、寰宇記所記青沂兩州間相距四百五十里，沂水南至沂州二百里，臨朐北至青州四十里，是臨朐至沂水當爲二百一十里，則山關南北皆約百里之譜，里距亦合。

沭水上源　水經注二五沂水經云：「出泰山（郡）蓋縣艾山。」是沂水上源在沂水縣之西北頗遠。又二六沭水注，水出大弁山，「東南流逕邳鄉南，……又東南流，左合峴水。水北出大峴山，東南流逕邳鄉東，東南流注於沭。」是發源於大峴山東南流之峴水爲沭水之北源，此道由沂水縣北北東至穆陵關正必經沭水上源地區也。

齊長城　別詳齊長城地理考。

沂山東北側及五壇　寰宇記沂州沂水縣沂山條，「山之東北四里，又有五壇，是宋武北伐南燕，於此立壇以祭五帝處也。」按沈亞之雜記，沂山「山北十里有樹五壇。」里距不同，壇檀字亦異。宋武祭五帝未必可信，但必在道上，故有此傳說，即此道出穆陵關，經沂山東北地也。觀今圖正合。

破車峴　見元和志青州臨朐縣，「破車峴，在縣東南三十五里。按峴高七十丈，周迴二十里，道徑險惡，因名。」寰宇記，同。

臨朐縣名，元和志青州臨朐縣，北至州四十里。本漢縣也。「東有朐山，因以爲名。」寰宇記，同。按水經注二六巨洋水注，「又逕臨朐縣東，……應劭曰，臨朐山名也，故縣氏之。朐亦水名。其城側臨朐川。……城上下沿水悉是劉武皇北伐廣固營壘所在矣。」是謂縣以山受名久矣。然酈注云，「城側臨朐川。」又云「巨洋水即國語所謂具水矣。袁宏謂之巨昧，王韶之以爲巨蔑，亦或曰朐瀰，皆一水也。」此明以濱臨朐水爲名，此例至多；於山似不能謂之臨也。楊疏，「今水正逕城下」。又朐山，元和志云在縣東南二里，寰宇記作七十里，紀要亦作二里。楊疏引縣志在瀰水東岸。是「七十」字誤。

按宋書六四何承天傳，元嘉中，上安邊論，請內徙界首之民，「青州民移東萊、平昌、北海諸郡，兗州、冀州移泰山以南，南至下邳，左沭右沂，田良野沃，西阻蘭陵，北阨大峴，四塞之內，其號險固，」此即東道所經之區域，四塞險固而田良野沃，故春秋古國甚多，中古仍藉沂水爲南北之通衢也。

(三)西道上——徐兗北通鄆齊道（西道主線）

西道南端起點爲徐州治所彭城縣（今銅山）。由下邳西北西行至彭城。南北朝時代，由彭城北歷沛縣（今縣），鄒山（今鄒縣東南二十里），兗州瑕丘，東平無鹽（今東平東二十里），至黃河碻磝津（今聊城、東阿間）。如魏太武、尉元南侵皆取此道；孝文南巡，由淮上班師，亦取此道北歸。

前引魏書尉元傳及通鑑一三二宋泰始二年紀，尉元受命南侵，自東平無鹽，經瑕丘至彭城。復考魏書四下世祖紀下眞君十一年條，述太武南侵事云：「車駕止枋頭（今濬縣西南淇門渡北方城村）……濟河……遂至東平。蕭斌之棄濟州（碻磝津），退保歷城，乃命諸將分道並進」。永昌王仁自洛陽出壽春，尚書長孫眞趨馬頭，楚王建趨鍾離，「高涼王那自青州趨下邳，車駕自中道。十有一月辛卯，至於鄒山。……壬子，次於彭城，遂趨盱眙。」據宋書九五索虜傳，燾自碻磝至鄒山，「趨苞橋，……沛民燒苞橋。」下文自彭城至淮上。是太武自枋頭渡河，東至濟州碻磝津，乃折南經鄒山，沛縣，至彭城也。碻磝即在東平北不過百十里。是太武南下路線與尉元大同。其後魏孝文帝南巡，魏書本紀述其由淮上鍾離班師，歷邵陽，（邵陽州在鳳陽東北三十八里淮水中。）下邳，彭城，小沛（今沛縣東北），瑕邱，魯城，碻磝，折西經滑臺，至石濟渡。是與太武南侵爲同一路線。

至南北朝末期，齊都鄴城，南北通使，取道濟州碻磝津與徐州彭城，是仍此道也。

北齊書三四楊愔傳，「爲聘梁使主，至碻磝戍。」又四三李稚廉傳，天平中，「詔以濟州控帶川陸，接對梁使，尤須得人。」梁使取濟州路，必取徐州彭城路無疑。又北史二四崔㥄傳，魏收聘梁過徐州，㥄子瞻聘陳，亦過彭城。足見南北通使亦取此道。

唐代徐州西北至兗州三百四十里，又一百九十里至鄆州，又一百二十里至濟州。鄆州即東平，濟州濟州津即碻磝津也。

徐、兗、鄆三州交通方向里距，據元和志三州目書之。通典、寰宇記大體相合。又通典一八〇，鄆濟間南北距一百二十里。天寶末，濟州廢，故元和志、寰宇記不記。

徐兗間中經沛、滕、鄒三縣。由徐州西北行約一百二三十里至沛縣（今縣），漢高祖起此。縣西臨泡水（即豐水）。東臨泗水，有泗水亭。東南六十五里有微山（今山E117°12'・N34°40'，在微山湖中），上有微子墓。由縣東北約七八十里至滕縣（今縣），去州二百里。縣西南十四里有滕國故城，東南四十三里有孟嘗君薛城故城。又由縣北北西行約八十里至鄒縣（今縣）。又六十里至兗州治所瑕丘縣。鄒縣本春秋邾國地，漢置南平陽縣，後縣廢，徙鄒縣治此。邾國，魯附庸，更名鄒，漢爲縣，故城在唐縣東南二十六里，鄒山之陽。山在縣東南二十二里，（E117°2'・N35°20'）一名嶧山，高秀獨出，海拔650公尺，積石相臨，殆無土壤，玲瓏峭特，爲齊魯諸山之最。石間多孔穴，相連可屋居。秦始皇刻石在北巖，唐開元間似尚存，故杜翁詩云，「弧嶂秦碑在」也。然刻文已焚，空餘碑石耳。

按前引魏書太武紀、孝文紀，彭城、瑕丘間，道過小沛（今沛縣東北）、鄒山，其於唐道，即過沛縣、鄒縣也。滕縣居此兩縣間，亦必過之，且里數亦相契合。

沛縣，元和志九徐州，沛縣東南至州一百四十三里。微山上有微子冢，去縣六十五里。泗水西北流入，東去縣五十步。泡水即豐水也，西去縣一百五十步。泗水亭在東南一百步。寰宇記一五徐州，沛縣在州南一百十里，泗水亭在縣東南二里。微山在縣東南，上有微子冢，山下有故沛城存焉。微山有方位，可補元和志。檢今圖，山在微山湖中，海拔272呎。泗水亭里距小異，姑不論。縣去州里數有三十餘里之差。檢一統志徐州府卷，在府西北一百二十里，今參合滕縣里距書之。

滕縣　據元和志書之。志云南至州二百里，寰宇記作一百九十四里，今取大數。則沛滕間約七八十里也。

鄒縣　據元和志一〇袞州鄒縣目書之。惟今本奪至州方位里數。校記引史記樊酈滕灌列傳正義云，「鄒，兗州縣，在州東南六十里。」檢寰宇記二一兗州鄒縣目，亦作東南六十里。是也。參之徐兗間里數，則滕鄒間約八十里。紀要三二兗州府，鄒縣東南至滕縣九十里，亦略合。

嶧山　元和志一〇兗州鄒縣，「嶧山一名鄒山，在縣南二十二里。禹貢曰，嶧陽孤桐，即此。秦始皇二十六（八）年觀禮於魯，刻石於嶧山。」校記：「按通鑑秦始皇紀注引括地志作三十二里。史記夏本紀正義與此同。」檢通鑑始皇紀胡注引括地志，實亦作二十二里。惟史記始皇紀正義引國系作三十二里。字譌。按寰宇記二一兗州鄒縣目作二十里。一統志兗州府卷山川目，在縣東南二十里。檢ONC-G-10，鄒縣東南約二十里處（E117°2'-N35°20'）有海拔2132呎山峯，是也。考水經注二五泗水注云：

「漷水又逕魯國鄒山東南，而西南流，春秋左傳所謂嶧山也。邾文公之所遷，今城在鄒山之陽，依嚴阻以墉固。……京相璠曰，地理志，嶧山在鄒縣北。……山東西二十里，高秀獨出，積石相臨，殆無土壤，石間多孔穴，洞達相通，往往有如數間屋處（居?）其俗謂之嶧孔，遭亂輒將家入嶧，外寇雖來，無所施害。晉永嘉中，太尉郗鑒將鄉曲保此山，胡賊攻守不能得。今山有大嶧，名曰郗公嶧。山北有絕巖，秦始皇……登於嶧山之上，命丞相李斯以大篆勒銘山嶺，名曰晝門。」

按此為狀形此山之早期最詳史料。又見續郡國志二魯國騶縣條劉昭注，通典一八〇魯郡鄒縣條、寰宇記二一兗州鄒縣條，可參看。紀要三二袞州府鄒縣邾城條、嶧山條及一統志兗州府卷山川目鄒嶧山條亦可參看。

嶧山石刻　宋書九五索虜傳，元嘉二十七年，「（拓跋）燾登鄒山，見秦始皇石刻，使人排倒之。」然杜翁登兗州城樓（詳注一）云，「孤嶂秦碑在」，則開元天寶時代，此石刻似仍見在，蓋魏太武雖仆其碑，但其地旋復歸宋，復爲植立，固宜。然檢石墨鐫華一秦嶧山石刻條云：「唐封演謂魏太武登山，排倒此碑，然猶模拓者多，邑人疲於奔命，聚薪焚之。有縣宰取舊文勒於石。其後徐鉉得模本，鄭文寶刻於長安。自此刻者甚衆，評者謂長安第一，鄒縣最下。而杜甫詩又云嶧山之碑野火焚，棗木傳刻肥失眞。據此數說，則嶧山舊石亡在開元之前，其翻本，或以石，或以木矣！」則開元時代，碑石雖存，但刻文已毀矣。

山南山下，唐以前曾置驛，名郗公驛，以郗鑒受名，規制甚大。

上條引泗水注，記郗山事云，郗鑒將鄉曲保此山避胡賊，「今山南有大嶧，名曰郗公嶧。」而寰宇記二一兗州鄒縣引郡國志云，「鄒山古之嶧山也。……晉太尉郄鑒避胡賊於此。」「山下有大驛，名郄公驛。」是在嶧山之南山下，作「驛」，是驛名。按寰宇記引郡國志，史源不一定後於酈注。又按爾雅七釋山，「屬者嶧」。郭注，「言駱驛相連屬。」主山本名嶧，云山之南面山下「有大嶧名郗公嶧」，殊不可解，且山水亦甚少因人受名，疑此字當從郡國志作驛，因郗鑒曾居此而受名，於理爲順。其地在鄒縣南正約三十里。

鄒縣西北六十里至兗州治所瑕丘縣。

此見寰宇記等，前鄒縣條已詳引。

兗州東鄰曲阜，即春秋魯國。春秋時代，泰山之北，齊也；泰山之南，魯也。兩國間主道有二；分別取泰山之東西側相交通。東道行於泰山之東，西道行於泰山之西。如魯桓三年正月，與齊侯會於嬴（今萊蕪北四十里），結姻好。九月，齊侯送女於讙（今肥城西南），魯公與會，親迎之。是正月之會取東道，九月之會取西道也。其後魯宣會齊侯於平州（在萊蕪西），魯定會齊侯於夾谷（今萊蕪南三十里），是皆取東道。而魯桓會齊侯於濼（今歷城西），遂如齊；魯莊夫人姜氏會齊侯於穀（今東阿）；魯莊盟齊侯於柯（今陽穀東北五十里阿城鎮）；魯昭如齊，齊侯唁於野井（今長清東北）；是皆取西道也。

嬴、讙之會　左傳桓公三年，經云：「正月，公會齊侯於嬴。」傳云，「會於嬴，成昏於齊也。」經又云：「九月，齊侯送姜氏於讙。公會齊侯於讙，夫人姜氏至自齊。」杜注：「讙，魯地，濟北蛇邱縣西有下讙亭。」一統志泰安府卷古蹟目，下讙城在肥城縣西南。是齊侯送女至讙，蓋經泰山之北，折經泰山之西也。嬴之地，杜注云：「齊邑，今泰山嬴縣。」一統志同卷嬴縣故城，「在萊蕪縣西北。水經注，汶水又西南逕嬴縣故城南。……縣志，古城在西北四十里，北汶水之北，俗名城子縣。」是齊侯來嬴必經泰山之東也。

平州之會　左傳一〇宣公元年，經云，三月，「公會齊侯於平州。」杜注：「平州，齊地，在泰山牟縣西。」一統志泰安府卷古蹟目，牟縣故城在萊蕪縣東二十里。平州城在萊蕪縣西。是齊魯之會，在泰山之東也。

夾谷之會　左傳二八定公十年，經云，「夏，公會齊侯於夾谷。」傳云：「公會齊侯於祝其，實夾谷，孔丘相。」杜注，「夾谷，即祝其也。」一統志泰安府卷山川目，夾谷峽，在萊蕪縣南三十里，接新泰縣界，左爲龍門崖，右爲鳳凰山。」是兩君之會亦在泰山之東也。紀要三一濟南府淄川縣，「夾谷山在縣西南三十里，一名祝其，其陽即齊魯會盟處。」按齊魯屢會，皆近魯遠齊，疑統志爲正。若紀要爲正，亦取道泰山之東也。至於寰宇記二二海州目，指爲海州懷仁縣，必誤。

濼之會　左傳二桓公十八年，「公會齊侯於濼。公與夫人姜氏遂如齊。」杜注：「濼水在濟南歷城縣西，北入濟。」是桓公如齊，取道泰山之西也。

穀之會　左傳三莊公七年，經云：「夫人姜氏會齊侯於穀。」杜注：「穀，齊地，今濟北穀城縣。」按穀城，今東阿縣。

柯之盟　左傳三莊公十三年，「公會齊侯，盟於柯。」杜注「此柯，今濟北東阿。齊之阿邑，猶祝柯，今爲祝阿縣也。」按今陽穀縣東北五十里阿城鎮。

野井之會　左傳二五昭公二十五年，經云：「九月己亥，公孫于齊，次於陽州，齊侯唁公於野井。」傳云，「乙亥，公孫於齊，次於陽州。齊侯將唁公於平陰，公先至於野井。」杜注：「陽州，齊魯竟上邑，「濟南祝阿縣東有野井亭。齊侯來唁公，公不敢遠勞，故逆之至野井。」一統志泰安府卷古蹟目陽州城條引彙纂，今山東袞州府東平州東北有陽州城，是也。」又祝阿故城，在長清縣東北。引寰宇記，在長清東北四十五里。又元和志一〇濟州平陰縣，「平陰故城在縣東北三十五里。」是魯公奔齊，取泰山西道，齊侯由泰山之北，逆之於今平陰、長清線上也。

又如延陵季子適齊，喪子於嬴（今萊蕪西北）、博（今泰安東北）之間，孟子「自齊葬於魯，反於齊，止於嬴。」皆取東道也。樂正子春弟子適齊，過肥（今肥城），取西道也。

孟子事見孟子二公孫丑篇。水經注二汶水注，「奉高縣……泰山郡治也。縣北有吳季札子墓，在汶水南曲中。季札之聘上國也，喪子於嬴博之間，即此處也。……」又參元和志一〇兗州乾封縣目。汶水注又云：「洮水……出肥成縣東北原，……樂正子春謂其弟子曰，子適齊，過肥。」即今肥城縣。

東道即唐代之兖淄道，程捷而路險。西道可能有二，即唐代之衮鄆道與兖齊道，程迂而平易。茲先論西線兩道：

兖州西北至鄆州一百九十里。由兖州西北行九十里至中都縣（今汶上），本隋平陸縣，天寶元年更名。孔子爲中都宰，故城在縣西南三十九里，一名殷密城。由縣又北二十四里渡汶水，又北，中經遞坊鎮，一作遞公鎮，七十六里至鄆州治所東平縣（今縣西北七十五里），在濟水東二里。

元和志一〇鄆州，東南至兖州一百九十里。同卷兖州目，方向里距同。按觀地圖，此道當經今汶上縣，唐曰中都。舊五代史梁書二一王彥章傳，「彥章渡汶，近略鄆境，至遞坊鎮，爲晉人所襲，彥章退保中都」，兵敗被擒。晉王問曰，「何不保守兖州，此邑（謂中都）素無城壘，何以自固？」新史三二略同。按彥章攻鄆州不克，退保中都，蓋即欲退保兖州也。元和志，中都在鄆州東南一百里。則東南至兖州九十里。檢圖正合。中都舊名及孔子中都宰故城以及汶水，皆見元和志及寰宇記一三鄆州中都縣目。遞坊鎮見前引王彥章傳，舊史唐書五莊宗紀作遞公鎮，參附注。其地在汶水以北。據一統志泰安府卷關隘目，鎮在東平州南。

鄆州地望詳洛陽東通登萊道篇。

鄆州西北至濟州治所盧縣故城（今聊城東阿間），渡濟州津，即東晉南北朝時代之碻磝津，南北朝聘使常所取途。天寶十三年，城爲洪水所毀，濟州亦廢。至唐代後期，故津河上，又有楊劉渡興起，爲鄆博間交通津要，形勢如故。

濟州、碻磝津興廢及楊劉渡，詳唐代交通圖考篇四六河陽以東黃河流程與津渡（頁1578-9）。南北朝末期，南北聘使皆取碻磝津道，已詳前引。

又兗州正北微東至齊州（今濟南）三百三十里。其間所經不詳。若以今道擬之，參以唐前故事，則當由州正北行五十里至龔丘縣（今寧陽）。漢寧陽故城在縣南十七里；汶陽故城在縣東北五十四里。據酈注，城在水南（今大汶口西）；而魯汶陽之田土田沃饒者乃在水北。又北經肥城故城（今縣），長清縣（今縣南），至齊州治所歷城縣（今濟南），此正樂正子春弟子過肥適齊之道也。

通鑑一二一宋元嘉七年，到彥之還保東平，（胡注，東平郡時治須昌。）「欲焚舟步走，……乃引兵自清入濟，南至歷城，焚舟棄甲，步趨彭城。」當即由歷城經兗州至彭城也。

元和志一〇兗州，「正北微東至齊州二百三十里。」同卷齊州目作正南微西至兗州三百三十里。據寰宇記二一兗州目，「三百」爲正。又一九齊州目作三百三十里。今取大數。

此三百三十里之路線，不知所經。按龔丘縣（今寧陽）在兗州北五十里。今檢地圖，寧陽有汽車道北經肥城至長清，則通濟南之道也。前引左傳，桓公三年，齊侯送姜氏於讙，公與齊侯會，迎姜氏。杜預有注，酈注亦詳，地在蛇丘縣西。蛇丘故城在今肥城縣南，讙在今寧陽北，肥城西南，正齊魯古道經此之證。又通鑑一三二宋泰始三年，慕容白曜拔無鹽，下肥城，進兵歷城，於肥城獲粟三十萬斛。是其地頗當鄆齊軍道之要。胡注引李賢曰，「肥城縣故城在今濟州平陰縣東南。」即今肥城縣也。按前引汶水注，樂正子春弟子適齊，過肥。則亦魯通齊國之道也。以與今道合觀，蓋唐道即由兗州北經龔丘縣，肥城故城，北至長淸，與今道同。

龔丘縣及兩故城，皆據元和志書之。據水經注二四汶水注云：「汶水又西逕汶陽縣故城北，而西注。……又西逕蛇丘縣南。……汶水又西，蛇水注之。水出縣東北泰山，西南流逕汶陽之田，齊所侵也。自汶之北平暢極目，僖公以賜季友。」則汶陽之田在水北，而城乃在水之南也。檢今圖，地居大小汶水合流處大汶口之下游。

至於高宗由齊州經靈巖頓登封泰山，禪社首，南下泰山至曲阜者，蓋非大道矣。

舊高宗紀，麟德二年十二月，丙午御齊州大廳。丙辰發靈巖頓。乾封元年正月戊辰朔，車駕至泰山頓。己巳升山行封禪之禮。庚午禪於社首。丙戌發自泰山。甲午次曲阜縣。按此乃上山之道，蓋非常道也。

(四)西道下——兗州東北通淄青道（萊蕪谷道）

次論齊魯交通之東道。此道蓋即水經注所記之萊蕪谷道。泰山、魯山、沂山一脈自西而東，橫亙於今山東省境，分全省爲南北兩部。萊蕪谷者即此東西橫貫山脈在淄川博山南境之斷陘。西南端谷口在今萊蕪縣（E117°40'·N36°13'）西南約三十里處。東北端谷口在今臨淄縣（春秋齊都之南）西南，（約E118°10'·N36°40'地段。）淄水東北流，由此谷口出山，口南谷中有萊蕪故城，漢置縣，在水北。（今淄川東南六十里，約今泰河鎮E118°10'·N36°35'。）按淄汶二水同發源於原山，（今博山西南E117°48'·N36°25'處有海拔866公尺山峯。）淄水循萊蕪谷東北段，東北流入齊；汶水西南流入魯，蓋部分河段亦在萊蕪谷中。谷長一百數十里，水流其中，道亦行其中，兩壁連山，林木蔭翳，甚爲險峻，從征記至以懸度擬之。春秋齊晉鞍（今平陰東）之戰，齊侯敗績，自徐關（今博山縣東）入；旋齊國佐由盧（今長清南二十五里）、穀（今東阿）回國，齊侯盟之於徐關，蓋齊侯、國佐皆取此谷道東歸歟？

水經注二四汶水注，經云，「汶水出泰山（郡）萊蕪縣（故城，漢置縣）原山，西南過其縣南。又西南過奉高縣（今泰安東南十七里）北，屈從縣西南流。」注云：

「萊蕪縣在齊城（謂臨淄）西南，原山又在縣西南六十許里。……從征記曰，汶水出縣，西南流。又言自入萊蕪谷，夾路連山百數（十）里。（熊疏，「名勝志引此，數下有十字。」度今圖，蓋是。）水隍多行石澗中，出藥草，饒松柏，林藿綿濛，崖壁相望，或傾岑阻徑，或迴巖絕谷，清風鳴條，山壑俱響，凌高降深，兼惴慄之懼，危蹊斷徑，過懸度之艱。未出谷十餘里，有別谷在孤山，……余時逕此，爲之躊躕，爲之屢眷矣。……（汶水）又西南，逕嬴縣故城南。」

又卷二六淄水注，經云，「淄水出泰山萊蕪縣原山，東北過臨淄縣東。」注云：

「淄水出縣西南山下，世謂之原泉。地理志曰，原山，淄水所出，故經有原山之論矣。……東北流，逕萊蕪谷，屈而西北流，逕其縣故城南。從征記曰，城在萊蕪谷，當路阻絕，兩山間，道由南北門。……淄水又西北轉逕城西，又東北流與一水合，水出縣東南。……又北出山，謂之萊蕪口，東北流者也。淄水自山東北流逕牛山西，又東逕臨淄故城南，……又北逕其城東……。」

按此兩條，所謂泰山郡萊蕪縣乃漢縣。魏書地形志中，齊州東清河郡貝丘縣「有萊蕪城。」據元和志一一，淄州治淄川縣，本宋置貝丘縣，開皇十八年更名。蓋宋置縣，後入魏，屬東清河郡也。又據元和志一〇兗州萊蕪縣目，漢萊蕪縣故城「在今淄州東南六十里。」即漢代萊蕪縣地望可確指。在今淄川縣東南六十里，淄水河谷之北岸。檢民國地圖集．山東省兩圖，約在泰河鎮地。據酈氏此注，原山在萊蕪故城西南六十里，而元和志一一淄州治所淄川縣，「淄水出縣東南原山，去縣六十里。」是與酈注不合，疑元和志誤錄舊文。按紀要三一濟南府淄川縣，「原山在縣南九十里，西去萊蕪縣七十里。」一統志泰安府卷山川目，原山在（今）萊蕪縣東北七十里。引明統志作八十里。蓋爲得之。然今淄川南有博山縣。檢一統志青州府卷沿革目博山縣條、濟南府卷沿革目淄川縣條，博山縣在淄川縣南四十二里，則萊蕪故城約在今博山縣東不太遠處，原山當在今博山縣南境。檢ONC-G.10，博山縣西南約三十里處（E117°48'．N36°25'）有海拔2839呎之山峯，東北去淄川，西南去萊蕪，里距略相當，蓋即原山之一峯也。

據酈注，此兩條及其所引從征記，萊蕪谷長一百數十里，道行其中，夾路連山，極險峻，至以懸度擬之。而萊蕪故城即在谷中。淄水發源於原山，循谷東北流逕城西，又東北流出山區，謂之萊蕪口，即谷口也。此在萊蕪故城之北、淄水流程中。觀ONC-G-10所繪地形狀況，此谷口當在E118°10'．N36°40'地區、淄水流程中。民國地圖集．山東地形圖亦同。又紀要三一濟南府泰安州萊蕪縣，萊蕪谷在縣西南。一統志泰安府卷山川目，萊蕪谷在縣西南三十里，接泰安府界。其去東北口正有一百數十里。其走向由西南而東北，是即東西橫亙山東省境主幹山脈之一斷徑耳。

徐關　左傳一二成公二年，晉率諸侯師及齊侯戰於鞌，齊師敗績，「遂自徐關入。」又左傳一三成公十七年，高弱以盧叛。齊侯使崔杼、慶克帥師圍盧。「圖佐從諸侯圍鄭，以難請而歸，遂如盧師，殺慶克，以穀叛。齊侯與之盟於徐關而復之。」鞌，杜注，「鞌去齊五百里。」通典一八〇濟州濟陽郡平陰縣條，「左傳，齊晉戰鞍城，亦在縣東。」寰宇記一三鄆州平陰縣條，同。盧自春秋以下為名地。一統志濟南府卷古蹟目，盧縣故城，在長清縣南，春秋齊邑，引舊志，在今縣南二十五里。穀，亦見左傳三莊公七年經，「夫人姜氏會齊侯於穀。」杜注：「穀，齊地。今濟北穀城縣。」今東阿縣境。徐關，一統志青州府卷關隘目，徐關在博山縣東。是鞌、盧、穀皆在泰山西南地區，齊侯敗於鞍，由泰山南路入徐關，當取萊蕪谷道返國都。國佐由盧穀返齊，蓋亦取此谷道，故與齊侯盟於徐關也。

酈注於淄、汶、泗、洙諸水篇屢引從征記，知作者伍緝之行程，歷瑕丘（今滋陽），魯城（曲阜），泰山（今泰安），嬴縣（今萊蕪西北四十里汶水之北），又東入萊蕪谷，經萊蕪故城（今博山東淄水河谷中），出萊蕪口至廣固、臨淄地。蓋劉裕北伐廣固，主力取沂水大峴道，而遣偏師自彭城，歷瑕丘，取萊蕪谷道；作者從行，因有此記也。

水經注除上引兩條錄從征記外，淄水注又屢引從征記，如曰「廣固城北三里有堯山祠」云云，「（女）水西有桓公冢，甚高大」云云，「（澠）水出臨淄縣北，逕樂安、博昌南界，西入時水」云云。汶水注又引從征記曰，「嬴縣（今萊蕪縣西北四十里汶水之北）西六十里有季札兒冢」云云，「泰山有下中上三廟，牆闕嚴整」云云。又水經注二五泗水注引從征記曰，「洙泗二水交於魯城東北十七里。」云云。同卷洙水注引從征記曰「杜（預）謂顯閭，閭丘也」云云，地在瑕丘（即兗州、今滋陽西）。按此書，隋書經籍志、舊唐書經籍誌、新唐書藝文志皆不見著錄。據前引元和志一一沂州沂水縣條引從征記記大峴山，知此書撰者爲伍緝之。據上引記萊蕪谷事及此諸條，其行程顯然經今滋陽、曲阜、泰安、萊蕪，東北入萊蕪谷至益都（即廣固），臨淄。曰廣固，不曰東陽，頗疑劉裕北伐廣固，大軍主力取沂水，大峴道，而遣偏師由西道，取萊蕪谷路會師廣固，伍緝之隨偏師征行，故有此記。原山盤亙於今博山縣境，北接淄川，東接益都，西接章邱南境，一名馬耳山；北魏有馬耳山祠。陘谷中有馬耳關，在今萊蕪縣東北七十里。晉南北朝已屢見史，爲兗州通般陽（唐淄州今淄川）、東陽（舊廣固，唐青州，今益都）之要道。通東陽即取前考萊蕪谷東北段；通般陽，則直北行，蓋所謂馬耳谷歟？

魏書五〇慕容白曜傳云：

白曜南赴徐州，「到瑕丘，……會（房）崇吉與從弟法壽盜或盤陽城以贖母妻，白曜自瑕丘遣將軍長孫觀等率騎入自馬耳關赴之。觀至盤陽，諸縣悉降。」

又三八刁雍傳云：

「雍遂於河濟之間招集流散，……擾動徐兗。……劉裕遣將李嵩等討雍，雍斬之於蒙山，於是衆至二萬，進屯固山。……雍又侵裕青州；雍敗，乃收散卒保於馬耳山。」

按此兩傳所見馬耳關、馬耳山當在一地，或相近。又通鑑一一四晉義熙三年，秦王興還南燕主超母妻，下云：

「超親帥六宮迎於馬耳關。」

同書一二一宋元嘉七年，云：

「到彥之、王仲德……還保東平。……彥之聞洛陽、虎牢不守，……欲引兵還，……焚舟步走，王仲德曰，……虜去我猶千里，……若遽捨舟南走，士卒必散。當引舟入濟，至馬耳谷口，更詳所宜。彥之先有目疾，……乃引兵自清入齊，南至歷城，焚舟棄甲，步趨彭城。……青、兗大擾。」

胡注：「馬耳谷口即馬耳關。」據此四事，晉南北朝時代，馬耳關爲泰山迤東橫貫齊魯間山脈中之一重要南北關口。據慕容白曜傳，此關爲瑕丘（兗州）通盤陽（今淄川）之要道；據刁雍傳，當亦通青州東陽城（即舊廣固，今益都）。以釋慕容超親迎母妻事，亦合。超都廣固，秦還其母妻，蓋取道泰山之南，故超迎之於此。則馬耳關必與前考萊蕪谷道相近。到彥之不從王仲德之策，而自歷城即焚舟棄甲南歸彭城，亦見馬耳谷在泰山以東地段。以萊蕪谷道釋之，亦無不合。

復考魏書地形志中，兗州泰山郡嬴縣，「有馬耳山祠，汶水出焉。」嬴縣在今萊蕪縣西北。前引汶水注，發源於原山。紀要三一萊蕪縣原山條，據地形志此文，謂馬耳山即原山。是也。亦與上引慕容白曜、刁雍事及慕容超迎母事絕相契合。檢一統志泰安府卷關隘目，馬耳關「在萊蕪縣東北七十里原山西麓。」又山川目，原山「在萊蕪縣東北七十里，高二十餘里，……東接益都，西接章邱，北接淄川，聳出羣山之上。一名馬耳山，舊有馬耳山關，爲扼要之所，亦曰馬耳谷。」此所記雖爲今地，然即古代關山亦無疑。所謂原山在萊蕪縣東北七十里者，即指關而言耳。由兗州（瑕丘）東北至盤陽（淄川）、東陽（廣固）者，道至原山馬耳關、若由關東北至東陽，則循淄水上源，行於萊蕪谷東北段中；若由關北至盤陽，則爲另一道，蓋即所謂馬耳谷矣。水經注於齊境兩記馬耳山。其一，卷八濟水注，經云「又東北過臺縣北」。注云，關盧水「導源馬耳山，北逕博亭城西，西北流至平陵城。」楊圖繪山於章邱縣南境。又二六濰水注，上源之一涓水出馬耳山。楊圖繪山於今諸城縣之南。按楊圖所繪皆正確。前引一統志，馬耳山甚大，東接益都，西接章邱，則濟水注之馬耳山即此山無疑。至於濰水注之馬耳山，則距原山太遠，自是別一山耳。

此齊魯間萊蕪谷、馬耳關道，其在唐世，即袞州東北通淄州（淄川）道，唐宋志書多謂三百七十里，實當逾四百里。其路線，由袞州治所瑕丘縣（今滋陽西北二十五里）東北行四十五里至曲阜縣（今縣），故魯國。又東北入汶水河谷，至博城縣，本漢博縣，長安元年更名乾封，（今泰安東南三十里，舊縣鎮E117°12,N36°8，）西南去兗州一百六十里。汶水在縣南三里，泰山在縣西北三十里，置岳廟。春秋戰國陽關故城在縣南二十九里，汶水東岸。乾封又東一百里至萊蕪縣（今縣）。道中有奉高故城（今泰安東北十七里），在水南，吳季札子墓在城北水南曲中。有嬴縣故城（今萊蕪西北四十里），在水北。自萊蕪縣境入萊蕪谷，黃巢死於狼虎合，即此處。入谷東北經原山、馬耳關至淄州，蓋約一百五十里之譜。而原山以東萊蕪谷、徐關道當仍存在，東北通青州道也。

元和志一一淄州，「西南至兗洲三百七十里。」寰宇記一九淄州目、二一兗州目，並同。九域志一兗州，東北至本州界三百二十里，自界首至淄州五十里。是總程與元和志、寰宇記亦同。但淄州目，南至本州界五十四里，自界首至兗州三百八十里，其總程四百三十四里。是踰四百里，爲特異。參今地圖，似爲最正。

參稽汶水流程、唐置縣名及前考路線，此踰四百里路程，當中經曲阜、乾封、萊蕪三縣，入萊蕪谷、至原山西麓馬耳關，又北至淄州。考通鑑二五六中和四年六月，「武寧將李師悅與尚讓追黃巢至瑕丘，敗之。巢衆殆盡，走至狼虎谷。丙午，巢甥林言斬巢兄弟妻子首，將詣時溥。」舊二〇〇下黃巢傳，「黃巢入泰山，……至狼虎谷，巢將林言斬巢……首，……送徐州。」胡注：「狼虎谷在泰山東南萊蕪界。」一統志泰安府卷山川目，萊蕪谷，「府志亦名狼虎谷。……狼虎，蓋萊蕪之轉音也。今亦名降寇集。」是黃巢由兗州瑕丘，經泰山，東至萊蕪，即曾經曲阜、乾封、萊蕪至萊蕪谷也。玆就此三縣去兗州里程計之。

曲阜縣　元和志一〇兗州，曲阜縣「西北至州四十五里。」而寰宇記二一兗州曲阜縣目，在州東三十里。是不合。檢一統志兗州府卷，曲阜縣在府東三十里。紀要三二兗州曲阜縣條，同。似寰宇記爲正。然紀要滋陽縣瑕丘城條，在府西二十五里；明洪武十八年改築府城，因移縣於今治。一統志兗州府卷古蹟目，瑕邱舊城條亦云在滋陽縣西二十五里。則元和志爲正，曲阜西南至州至少四十五里也。

博城、乾封縣　元和志一〇兗州乾封縣，西南至州一百六十里。本齊之博邑，延陵季子適齊，子死，葬於嬴博之間。至漢武帝，分嬴博立奉高縣。後魏改爲博平。隋開皇十七年改爲博城縣。長安元年改博城縣爲乾封縣。泰山在縣西北三十里，泰山之南。汶水源出原山，西南流經縣理南，去縣三里。寰宇記二一，同；惟改名乾封年分小異。檢紀要三一泰安府奉符廢縣條，引志云，古博城在今州東南三十里，乾封初爲乾封縣。宋開寶五年，移縣治岱岳鎭，即今州治也。一統志泰安府卷古蹟目，博縣故城條略同。是隋唐縣在今泰安縣東南三十里。檢民國地圖集、山東人文圖，泰安東南、汶水北岸有舊縣鎭（約E117°12’ N36°8’），殆即其地。奉高故城及季札子墓在水南，皆見水經注二四汶水注。

萊蕪縣　元和志一〇兗州，萊蕪縣西南至州二百六十里。本嬴縣故地，長安四年於廢縣置萊蕪縣，取漢舊名。寰宇記二一，同。檢一統志泰安府卷古蹟目，嬴縣故城條，引縣志「古城在（萊蕪縣）西北四十里，北汶水之北，俗名城子縣，即故嬴地也。」

徐淄間里距　按萊蕪西南至兗州二百六十里，若兗淄間三百七十里，則萊蕪至淄州僅一百十一里。然紀要三一濟南府泰安州、萊蕪縣東北至淄川縣一百六十里。一統志泰安府卷萊蕪縣東北至博山縣界八十里。青州府卷，博山縣西至萊蕪縣界三十里，南至萊蕪縣界十五里。又前據一統志，博山縣北至淄川四十二里，則萊蕪縣東北至淄川（唐淄州）多則一百五十二里，少亦一百三十七里。是明清志書與一百一十里之數均不合，即與兗州間三百七十里之數不合，但與九域志淄州目作四百三十四里者反略相近。今觀地圖，萊蕪與淄川間亦絕不只一百一十里，則兗淄間當在四百里以上無疑。

陽關故城　陽關屢見左傳。史記四六田敬仲完世家，威王「六年，魯伐我，入陽關。」正義引括地志，「魯陽關故城在兗州博城縣南二十九里，西臨汶水。」水經注二四汶水注，「汶水又西南逕陽關故城西，本鉅平縣之陽關亭矣。」檢紀要三二兗州府寧陽縣陽關城條，在寧陽縣東北。蓋故關已入寧陽縣東北境也。

徐關　杜詩兩見徐關。其一臨邑舍弟書至苦雨（詳注一）云，「徐關深水府，碣石小秋毫。」其二送舍弟穎趨齊州（詳注二四）云，「徐關東海西」。按此可就故蹟言，亦可就當時關防言。然春秋有此關，清代志書仍見此關址，而萊蕪通青州亦當有道。故疑唐代仍當有此關道，惟兗青已不接境，故唐宋志書不記耳。

綜結

綜此所考，東道以下邳（今遺址E117°53'．N34°7'）爲起點。下邳居泗沂二水之會，當今考東西兩道之口，故爲淮北重鎭。東道由下邳而北；緣沂水河谷上行，先蓋行於水東，至郯城故城（今縣西南），春秋郯國也。由此渡沂水至襄賁故城（今郯城西北），又緣沂水西岸北行至沂州治所臨沂縣（今縣），地居治水（今枋河）入沂水處，南去下邳二百七十七里。城北近處有開陽故城，春秋鄅國也。由州北度治水至臨沂故城，又北度蒙山水（今東沂水）至陽都故城，春秋陽國也。諸葛亮爲陽都人，故此城及相近城邑多有諸葛之名。（今水東尚有葛溝店。）又北渡桑泉水（今汶河），時密水，至東安故城（約E118°30'・N35°40'）。自襄賁至此皆緣沂水西岸行。東安東北渡沂水至沂水縣（今縣），南去沂州二百里，即東莞故城、團城故城也，爲東晋南北朝時代之重鎭。由此離開沂水，度入沂水上源，約一百里至大峴山、穆陵關（今關E118°42'・N36°8'），古稱齊南之險阻，極爲兵家所重。又西北行於沂山（E118°38'・N36°12'）東北側，約一百里至臨朐縣（今縣）。又北四十里至青州治所益都縣（今縣），即古東陽城、廣固城也。南去沂州四百五十里。全程七百二十七里。

西道由徐州彭城而北，歷沛縣（今縣），滕縣（今縣），鄒縣（今縣）至兗州治所瑕丘縣（今滋陽西二十五里），去彭城三百四十里。兗州北行有西中東三道：西道西北行經中都縣（今汶上），渡汶水，經遞坊鎭至鄆州治所東平縣（今縣西北十五里），在濟水東二里，去兗州一百九十里。鄆州又西北一百二十里至濟州治所盧縣故城（今聊城、東阿間），渡河而北即博州。濟州河津即古碻磝津，爲南北津渡之要。天寶末，河水毀濟州城，此津亦廢。至唐末復有楊劉渡，顯名史册。中道由兗州北行經龔丘縣（今寧陽），渡汶水，經肥城故城（今縣），長淸縣（今縣南），至齊州治所歷城縣（今濟南），共凡三百三十里。此即樂正子春弟子由魯適齊之道也。東道即古代齊魯交通捷徑。由魯國（今曲阜）東北循汶水河谷上行，入萊蕪谷經徐關至齊國（今臨淄北）。就唐言之，由兗州東行，經曲阜縣（今縣），又東北入汶水河谷，經博城縣，更名乾封（今泰安東南三十里舊縣鎮），又經萊蕪縣（今縣），東入萊蕪谷，黃巢走死狼虎谷，即此。谷道即泰山、原山、沂山山脈之斷陘，長一百數十里，甚峻狹深險。循谷東北行，經原山（今博山縣南）之南，度入淄水河谷，下行，經萊蕪故城（在水北，約今泰河鎮地），漢縣也。出谷口至青州治所益都縣（今縣）。又由萊蕪谷中，北踰原山馬耳關，至淄州治所淄川縣（今縣），去兗州四百餘里，此即南北朝兗州通般陽（今淄川）之道也。

按此西道之北段三線，東線汶水萊蕪谷道爲古代齊魯交通之捷徑。而西線爲中古時代黃河南北交通之主線，南北用兵與通使多取此道，由碻磝津渡河，經東平（鄆州）、瑕丘（兗州）至彭城（徐州）也。且此西線之西側，又有清泗水道，略與此陸路相平行，如桓溫、劉裕北伐中原，皆舟師經彭城北航，歷任城（今濟寧）、中都（今汶上）境，入河濟。尉元南侵，亦請起濟兗諸州粟，「沿清運致」彭城。此殆即酈注所謂四瀆津口者（今平陰東北境），「河水東分濟，……自河入濟，自濟入淮，自淮達江，水徑周通，故有四瀆之名。」今檢地圖，亦正元代運河之取線矣。別詳中原東南通江淮諸水陸道篇。此西線之西道，既居黃河以南大平原之東緣，爲南北交通走廊，又有水路與之相輔，宜其在南北交通史上居於重要幹線之地位矣。

民國七十六年（1987）二月二十四日初稿，五月四日增訂。

北魏之統治政策兼論州郡守宰之貪殘

蘇慶彬

一、引言

官吏貪殘，歷代有之，而貪殘之盛，大抵多在衰世。惟北魏拓跋政權，不但末世極爲猖獗，甚至國勢鼎盛之際，官吏之貪墨，亦不遜於末世，尤以州郡之守宰爲甚。

近人呂思勉先生所著讀史札記丙帙，後魏吏治條云：「廿二史劄記謂魏人入中原，頗以吏治爲意，及其末造，國亂政淆，宰縣者乃多廝役，入北齊而更甚。（卷十五）此誤也。拓跋氏非知治體者，其屢詔整飭吏治，必其虐民實甚，更難坐視，此不足見其留意吏治，適足見其吏治之壞耳。」呂思勉先生不以趙翼之說爲然，而謂後魏之屢詔整飭吏治，反而益見其吏治之壞。此言甚是。惟呂氏析論後魏州郡弊政之深，以爲不外兩途：一由於督察之不力；一由於選用之太輕而已。按後魏吏治之壞，固與上述兩點頗有關係，但尚未深論之。蓋後魏吏治之壞實與其統治之基本政策有莫大關係，不能純以外選業之寖輕，及溯自魏晋之世及後魏拓跋氏不知治體所致作爲解釋。

本文試圖從北魏入主中原迄於高祖孝文，述論其統治政策與吏治之關係，藉以闡釋北魏政權雖在盛世，猶未能遏止州郡守宰貪殘之關鍵所在。

二、魏初仍襲行國之舊習

北魏拓跋氏，起自漠北，其後逐漸發展，統一中國北方，結束晉永嘉之亂後北方諸胡割據之局面。蓋拓跋氏之祖先，魏書卷一序紀稱：

昔黃帝有子二十五人，或內列諸華，或外分荒服，昌意少子，受封北土，國有大鮮卑山，因以爲號。其後世爲君長，統幽都之北，廣漠之野，畜牧遷徙，射獵爲業。……黃帝以土德王，北俗謂土爲托，謂后爲跋，故以爲氏。

序紀在於說明鮮卑托跋氏命氏之所由；（註一）且追述遠祖源遠流長出自黃帝之後，並與漢人祖先同出。此說可視爲後世修史者之附會，或有意調和胡、漢民族之衝突耳，此事殊不足信。但謂其先世之生活「世爲君長，統幽都之北廣漠之野，畜牧遷徙，射獵爲業。」則爲事實，毋庸爭辯。

拓跋氏之祖先，魏書序紀述自成皇帝拓跋毛始。因其武略，「爲遠近所推，統國三十六，大姓九十九，威振北方，莫不率服。」此後數傳，序紀雖有著錄，而事蹟無可考。逮始祖神元皇帝拓跋力微，史蹟較前稍詳，惟在位五十八年中，前三十年乃一片空白。迄三十九年遷都定襄之盛樂後，始與曹魏和親，遣子留魏。魏、晉禪代，仍與晉室維持關係。

始祖力微死後，數傳至穆帝拓拔猗盧統攝三部，（註二）遂成爲塞上新興之强大部族。時值中原板蕩，匈奴劉淵、羯人石勒，相繼崛起，晉室南渡，并州刺史劉琨，孤軍留駐北方，琨欲藉鮮卑之力，牽制劉、石。請晉封猗盧爲代公，並給予馬邑、陰館、樓煩、繁畤、崞五縣之地。至愍帝，再進封為代王。（註三）其勢益盛。

穆帝猗盧死，再傳文帝鬱律（思帝子），破劉虎，西兼烏孫故地；東呑勿吉以西，史稱其「控弦上馬將有百萬。」是時劉曜遣使請和，鬱律不納。石勒遣使乞和，請為兄弟，又斬其使者以絕之。琅邪王睿即位江東，亦遣使加崇爵服，不受。自是與晉之關係遂絕，進而有平南夏之意。

拓拔氏再數傳至昭成皇帝什翼犍，即位於繁畤之北，稱建國元年。史稱二年始置百官，分掌衆職。三年，移都於雲中之盛樂宮，稍有立國之規模。此際，諸部族亦紛紛遣使朝貢。建國三十九年，前秦苻堅大舉進迫，什翼犍出師不利，退守陰山之北。高車雜種乘機四面寇鈔，因不得芻牧，復度漠南。其後，為其子所弒。拓跋氏所建立之代政權，由是潰散。

綜觀鮮卑拓跋氏初期之發展過程，從力微至什翼犍，政制粗具規模。而所謂王位之傳授，近代史家有謂自力微起，其繼承法為兄終弟及制，實則此時並無一定之繼承法，仍以強者為雄，有力者勝，族人亦處於游牧生活，政權基礎尚未鞏固。再觀昭成什翼犍為苻堅所迫，避地陰山之北，復受高車鈔掠，以「不得芻牧而復度漠南。」則可見其部落逐水草而居之生活猶未改變。又什翼犍嘗為石勒質子，居鄴多年，始受漢俗之影響，殆有定都之意。而魏書卷十三平文皇后王氏傳載其事云：

> 昭成初欲定都於灅源川，築城郭，起宮室，議不決。后聞之曰：「國自上世，遷徙為業，今事難之後，基業未固，若城郭而居，一旦寇來，難卒遷動。」乃止。

什翼犍欲立國定都而「議不決」一事，可見其部族成員之反對力量甚為頑強。而平文皇后之勸止，恐非個人所能獨斷，當有鑒於其時國人意向多樂於保持原有之游牧生活方式者，而謂「若城郭而居，一旦寇來，難卒遷動。」正透露國人之心聲。又魏書卷二四燕鳳傳，載燕鳳使秦，與苻堅對話：

堅問鳳：「代王何如人？鳳對曰：「寬和仁愛，經略高遠，一時之雄主，常有幷吞天下之志。」堅曰：「卿輩北人，無鋼甲利器，敵弱則進，强即退走，安能幷兼？」鳳曰：「北人壯悍，上馬持三仗，驅馳若飛，主上雄儁，率服北土，控弦百萬，號令若一。軍無輜重樵爨之苦，輕行速捷，因敵取資。此南方所以疲弊，而北方之所以常勝也。」堅曰：「彼國人馬，實爲多少？」鳳曰：「控弦之士數十萬，馬百萬匹。」堅曰：「卿言人衆可爾，說馬太多，是虛辭耳。」鳳曰：「雲中川自東山至西河二百里，北山至南山百有餘里，每歲孟秋，馬常大集，略爲滿川。以此推之，使人之言，猶當未盡。」

苻堅認爲什翼犍，「敵弱則進，强即退走，」在於掠奪，非有土地幷兼之志。燕鳳亦坦言其軍「無輜重樵爨之苦」，「輕行速捷，因敵取資。」正說明其爲行國之本質未變。

逮苻堅平涼州後，率大軍討什翼犍，什翼犍敗退陰山，爲其子所縛請降。散其部落於漢鄣邊故地。苻堅亦以什翼犍荒俗，未參仁義，使入太學習禮。晉書卷一一三苻堅載記云：

堅嘗之太學，召涉翼犍問曰：「中國以學養性，而人壽考，漠北噉牛羊而人不壽，何也？」翼犍不能答。又問：「卿種人有堪將者，可召爲國家用？」對曰：「漠北人能捕六畜，善馳走，逐水草而已，何堪爲將！」又問：「好學否？」對曰：「若不好學，陛下用教臣何爲？」

史載此一問一答，雖本意在描繪什翼犍之靈敏機智，但從其描述族人之所長，益可證其國人仍停留於游牧生活中，而較諸當時北方其他諸胡人霑染華風之程度，相去甚遠。

三、道武之掠奪與分贓式之統治

前秦苻堅自淝水戰敗後，政權旋即瓦解，北方形勢頓變，諸胡民族紛紛乘機自立。時什翼犍孫拓跋珪於代政權潰散後，流寓獨孤部、賀蘭部，卒獲鮮卑及各族擁護，並得後燕慕容垂之支持得以復國，大會諸部於牛川，即代王位。建元登國元年（公元三八六年）以長孫嵩爲南部大人；叔孫普洛爲北部大人。班爵叙勳。又幸定襄之盛樂。息衆課農，是年改稱魏王。九年，又使東平公元儀屯田於河北五原，逐步推擴農業。（註四）皇始元年（公元三九六年）七月，左司馬許謙上書勸進尊號，始建天子旌旗，出入警蹕。及平幷州，「初建臺省，置百官，封拜諸侯、將軍、刺史、太守、尚書郎以下悉用文人。」（魏書太祖紀）天興元年（公元三九八年）七月，遷都平城，始營宮室，建宗廟，立社稷。十一月，詔尚書吏部郎中鄧淵典官制，立爵品、定律呂、協音樂；儀曹郎中董謐撰郊廟、社稷、朝覲、饗宴之儀；三公郎中王德定律令，申科禁；太史令晁崇造渾儀，定天象，吏部尚書總而裁之。二年，初令五經羣書各置博士，增國子太學生員三千人。天賜元年（公元四〇四年）九月，臨昭陽殿，分置衆職，引朝臣文武，親自簡擇，量能叙用，制爵四等（王、公、侯、子）追錄舊臣，加以封爵。

按太祖道武帝一系列之建制，大抵爲配合與適應其在中原日益拓展之需要。同時又標榜漢人之德治。天興元年（公元三九八年）詔曰：

昔朕遠祖，總御幽都，控制遐國，雖踐王位，未定九州，逮於朕躬，處百代之季，天下分裂，諸華乏主（

乏字據中華本改），民俗雖殊，撫之在德。

道武此詔，有意推行德治，是對中原漢人而發，蓋拓跋氏之部落斯時漢化未深，君主又焉知推行德治？其所謂「撫之在德者」，欲藉此以安撫漢人，以利其穩定在中原之統治耳。天興三年（公元三九九年）又下詔曰：

世俗謂漢高起於布衣而有天下，此未達其故也。夫劉承堯統，曠世繼德，有龍蛇之徵，致雲彩之應，五緯上聚，天人俱協，明革命之主，大運所鍾，不可以非望求也。然狂狡之徒，所以顛蹶而不已者，誠惑於逐鹿之說，而迷於天命也。故有踵覆車之軌，蹈釁逆之蹤，毒甚者傾州郡，害微者敗邑里，至乃身死名頹，殃及九族，從亂隨流，死而不悔，豈不痛哉！春秋之義，大一統之美，吳、楚僭號，久加誅絕，君子賤其僞名，比之塵垢，自非繼聖載德，天人合會，帝王之業，夫豈虛應。歷觀古今，不義而求非望者，徒喪其保家之道，而伏刀鋸之誅。有國有家者，誠能推廢興之有期，審天命之不易，察徵應之潛授，杜競逐之邪言，絕姦雄之僭肆，思多福於止足，則幾於神智矣。如此，則可保榮祿於天年，流餘慶於後世。夫然，故禍悖無緣而生，兵甲何因而起？凡厥來世，勗哉戒之，可不慎歟！

道武此詔，更進一步欲顯示其爲天命所歸，君位亦復天授，目的在於「杜競逐之邪言，絕姦雄之僭肆」而已。是年，太史屢奏天文錯亂，道武更慮羣下疑惑，復下詔曰：

上古之治，尚德下名，有任而無爵，易治而事序，故邪謀息而不起，姦慝絕而不作。周姬之末，下凌上替，以號自定，以位制祿，卿世其官，大夫遂事，陽德不暢，議發家陪，故釁由此而起，兵由此作。秦漢之弊，捨德崇侈，能否混雜，賢愚相亂，庶官失序，任非其人。於是忠義之道寢，廉耻之節廢，退讓之風絕，毀譽之議興，莫不由乎貴尚名位，而禍敗及之矣。古置三公，職大憂重，故曰「待罪宰相」，將委任責成，非虛寵祿也。而今世俗，僉以台輔爲榮貴，企慕而求之。夫此職司，在人主之所任耳。用之則重，捨之則輕，然則官無常名，而任有定分，是則所貴者至矣，何取於鼎司之虛稱也。夫桀紂之南面，雖高而可薄，姬旦之爲下，雖卑而可尊。一官可以効智，華門可以垂範，苟以道德爲實，賢於覆餗蔀家矣。故量己者，令終而義全；昧利者，身陷而名滅。利之與名，毀譽之疵競，道之與德，神識之家室。是故道義，治之本，名爵，治之末。名不本於道，不可以爲宜；爵無補於時，不可以爲用。用而不禁，爲病深矣。能通其變，不失其正者，其爲聖人乎？來者思成敗之理，察治亂之由，鑒殷周之失，革秦漢之弊，則幾於治矣。

綜觀道武前後兩年，三度下詔，均强調儒家所重之德治、天命、道義諸端，似有革除秦、漢之弊政，追蹤先王治道之意。蓋拓跋珪入主中原未久，威信未立。揆諸當時情勢，外有諸部族之叛服無常，內有宗室親貴覬覦之心（註五）。其所倡德治、天命、道義之說，引儒學之經典，陳述殷周秦漢治亂因由，恐非道武眞能深知中國先王之治道，殆爲漢儒所教，純屬政治宣傳耳。所謂職司者，「在人主之所任，用之則重，捨之則輕。」其目的一在於籠絡漢人，一在於加强君主之威權，未可視爲北魏政權此際已臻於德治之境界。

考道武之世，其統治之基本政策，不脫部落掠奪本質，以擄獲所得，充實國庫。檢魏書卷五八楊播傳附弟椿傳：「自太祖（珪）平中山，多置軍府，以相威攝。凡有八軍，軍各配兵五千，食祿主帥軍各四十六人。」從楊椿所追述太祖事，可見不但用此以班賜將士、從臣作爲鼓勵，且爲當時部族政權之常制。道武一朝，其從事戰爭掠奪與及其所得賞賜將士羣臣，屢見不鮮，茲列舉魏書卷二太祖紀所載：

登國三年五月……北征庫莫奚……大破之。獲其四部雜畜十餘萬，渡弱落水。班賞將士各有差。冬十月……車駕西征，至女水，討鮮如部，大破之。獲男女雜畜十數萬。

五年……三月……帝西征……襲高車袁紇部，大破之，虜獲生口、馬牛羊二十餘萬。

六年……九月，帝襲五原，屠之，收其積穀。

十月……北征蠕蠕……大破之，班賜從臣各有差。

十有一月……衞辰遣子直力鞮寇南部……車駕出討……獲其器械輜重，牛羊二十餘萬……諸部悉平。簿其珍寶畜產，名馬三十餘萬匹，牛羊四百餘萬頭。班賜大臣各有差。收衞辰子弟宗黨無少長五千餘人，盡殺之。

七年……三月……西部泣黎大人茂鮮叛走，遣南部大人長孫嵩追討，大破之。夏五月，班賜諸官馬牛羊各有差。

八年……八月，帝南征薛干部帥太悉佛於三城……帝乘虛屠其城……徙其民而還。

十年，冬十月……（慕容）寶燒船夜遁。十一月……大破之……生擒其陳留王紹、魯陽王倭奴……以下文武將吏數千人，器甲輜重，軍資雜財十餘萬計。……班賞大臣將校各有差。

皇始二年……二月……寶悉衆犯營……帝設奇陳……縱騎衝之，寶衆大敗，斬首萬餘級，擒其將軍高長等四千餘人……寶走中山，獲其器仗輜重數十萬計。

四月……（慕容）普鄰出步卒六千餘人，伺間犯諸屯兵，詔將軍長孫肥等輕騎挑之，帝以虎隊五千橫截其後，斬首五千，生虜七百人。

冬十月……帝進軍新市，賀麟退阻泒水……帝臨其營……大破之，斬首九千餘級……獲其所傳皇帝璽綬、圖書、府庫、珍寶、簿列數萬。班賜功臣及將士各有差。中山平。

天興元年春正月，幕容德走保滑台，（衞王）儀克鄴，收其倉庫。詔賞將士各有差。……徙山東六州民吏及徒何、高麗雜夷三十六萬，百工伎巧十萬餘口，以充京師。

十二月……徙六州二十二郡守宰、豪傑、吏民二千家於代郡。

二年……二月……諸軍同會，破高車雜種三十餘部，獲七萬餘口，馬三十餘萬匹，牛羊百四十餘萬……破其遺迸七部，獲二萬餘口，馬五萬餘匹，牛羊二十餘萬頭，高車二十餘萬乘，並服玩諸物。……班賜從臣各有差。

五年春正月……材官將軍和突破黜弗、素古延等諸部，獲馬三千餘匹，牛羊七萬餘頭……蠕蠕社崙遣騎救素古延等，和突逆擊破之於山南河曲，獲鎧馬二千餘匹。班師，賞賜將士各有差。

二月……征西大將軍、常山王遵等至安定之高平，木易于率千騎與衞辰、屈丐棄國遁走……獲其輜重府藏、馬四萬餘匹、駱駝、氂牛三千餘頭，牛羊九萬餘口，班賜將士各有差。徙其民於京師。

綜觀上述資料，道武一朝用兵四方，其中除少數受外來侵襲而給予還擊外，大都主動向外擴張，藉此掠取大量財富，包括人口、牛、馬、羊、駱駝、器械輜重雜物。並以其所掠諸物分賞將士、從官、大臣、諸官、功臣，以滿足其部族之成員。於此可顯示道武帝珪統治之基本政策，誠爲掠奪與分贓式之統治，與其所倡言之德治，則相距甚遠。

四、明元採安撫政策之本質

太宗明元帝拓跋嗣，「以戡亂自立」，即位之後，及鞏固王位最爲急切。（註六）永興元年（公元四〇九年）首先命「公卿大臣先罷歸第不與朝政者，悉復登用之。」（太宗紀）務求緩和內部權力之爭奪，減少對外擴張。明元統治十五年中，有少數部落叛亂外，無大規模之戰事，政局堪稱安定。既無戰爭，虜獲亦相應減少，以往賴以掠奪所得維持國庫之資源，隨之枯竭。昔日道武賞賜扈從將士、大臣者，率以人口、畜產爲主。綜觀明元一朝，賞賜將士羣臣者，與道武迥異，茲就魏書卷三太宗紀所載，列舉如下：

永興三年……七月，賜衞士酺三日，布帛各有差……賜附國大人錦罽衣服各有差。

四年春二月……賜南平公長孫嵩等布帛各有差。

七月……西巡，幸北部諸落，賜以繒帛。

八月……賜王公以下至宿衞將士布帛各有差。

十一月……賜宗室近屬……下至於緦麻之親布帛各有差。

五年正月……頒拔大、渠帥四十餘人詣闕奉貢，賜以繒錦罽各有差。

二月……賜陽平王熙及諸王、公、侯、將士布帛各有差。

七月……車駕自大室西南巡諸部落，賜其渠帥繒帛各有差。

八月……帝臨白登，觀降民、數軍實……賜征還將士，牛、馬、奴婢各有差。置新民於大寧川，給農器計口授田。
神瑞元年春正月……幸繁畤。賜王公以下至於士卒，百工布帛各有差。
二年春正月……車駕至自北伐，賜從征將士布帛各有差。
二月……大饗於西宮，賜附國大、渠帥朝歲首者繒布金罽各有差。
泰常五年春正月……自薛林東還、至於屋竇城，饗勞將士，大酺二日，班禽獸以賜之。
七年春正月……自雲中西行，至屋竇城，賜從者大酺三日，蕃渠帥繒帛各有差。
二月，車駕還宮，賜從者布帛各有差。
八年……四月……帝還至晋陽，班賜從官、王公已下逮於廝賤，無不霑給。
十月……帝崩於西宮（年三十二），遺詔以司空奚斤所獲軍實賜大臣，自司徒長孫嵩已下至士卒各有差。
據太宗紀所著錄，明元一朝賞賜將士、羣臣、凡二十次。除兩次以所獲軍資作班賜物外，其餘均以繒帛、錦罽。檢太祖紀所著錄，二十餘年來，其賜羣臣、鎮戍將士以布帛者，僅兩見而已。逮明元則代之以中原地區所徵收賦調之繒帛。正顯示北魏明元時代，對中原農民賦調之需求轉趨殷切。因而對州郡之吏治更加以注意。
此時拓跋魏政權之國用，在日益倚賴租調之供應下，不能不關注各地區之民情與官吏。永興元年，遣山陽侯奚斤巡行諸州，問民疾苦，撫恤窮乏，以求家給人足。（註七）三年，又「詔北新侯安同持節循行幷、定二州，及諸山居雜胡、丁零，問其疾苦。察舉守宰不法，其寃窮失職、强弱相陵，孤寒不能自存者，各以事聞。」（太宗紀）守宰如何不法，魏書卷三〇安同傳則有較具體說明：

太宗……詔與肥如侯賀護持節循察幷、定二州及諸山居雜胡、丁零，宣詔撫慰……同至幷州，表曰：「竊見幷州所部守宰，多不奉法。又刺史擅用御府鍼工，古彤爲晋陽令，交通財賄，共爲姦利，請按治罪。」

安同明顯指出兩點，一爲守宰多不奉法，一爲刺史擅用御府鍼工，爲縣令互相交通財賄，共爲姦利。安同爲當時之重臣，明元遣其親往諸州撫慰，一、顯示朝廷對地方政治之日趨重視。二、地方守宰之不法行爲日益嚴重。神瑞元年（公元四一四年）十一月又：

詔使者巡行諸州，校閱守宰資財，非自家所齎，悉簿爲贓。詔：守宰不如法，聽民詣闕告之。

從上述詔令所透露，守宰不奉法，貪贓以自肥之現象必定極爲嚴重。不能不專遣使者巡行諸州，厲行清查守宰資財，嚴禁其貪汚，並申聽百姓詣闕擧告不法之守宰，以收阻赫之用。遂於翌年三月再下詔曰：

刺史守宰，率多逋慢，前後怠惰，數加督罰，猶不悛改。今年貲調懸違者，謫出家財充之，不聽徵發於民。

明元雖嚴加督察守宰治行，「數加督罰，猶不悛改，」未能產生阻赫作用。蓋拓跋氏政權之建立，端賴其强悍之軍事力量，誠如文獻通考稱魏「起自雲朔，據有中原，兵戎乃其所以爲國也」（兵考三），而軍事力量所能控制者，僅爲若干重要據點，其他廣大地區，則依靠守宰之維繫。誠如泰常二年二月詔令所言：

九州之民，隔遠京邑，時有壅滯，守宰至不以聞。

守宰不以聞，而朝廷亦無可如何。唯一辦法，得差遣使者巡行州郡，檢擧貪暴而已，使中央所倚賴地方之租調毋受守宰之侵奪。

明元帝拓跋嗣，一面防範公物毋爲守宰所侵奪，而整飭地方吏治，同時不能不對州郡農民施予恩惠，採取安撫政策。魏書卷三太宗紀載：

神瑞二年……六月……幸赤城，親見長老，問民疾苦，復租一年，南次石亭，幸上谷，問百年，訪賢俊，復田租之半。

七月，還宮，復所過田租之半。

泰常二年……十一月……討西山丁零、翟蜀、洛支等，悉滅餘黨而還。復諸州租稅。

三年……三月……以范陽去年水，復其租稅。

八月，雁門，河內大雨水，復其租稅。

四年……四月……南巡，幸雁門，賜所過無出今年租賦。

五月……車駕還宮。復所過一年租賦。

八月……東巡……車駕還宮，所過復一年田租。

七年……十月……車駕還宮，復所過田租之半。

分析上述之資料顯示，其復民田租，可分爲三類，一鑒於民間之疾苦；二爲自然之災害；三爲車駕所經之地。而三者之中，尤以車駕所過得復貲租者最多。考道武統治數十年中，爲「大軍所過」而復田租，僅得一見。而明元則經常於其所過之地區，復民田租，此舉用意，顯在懷柔。此時，鮮卑部族，深入中原，人數尚寡，自有勢孤力弱之感。胡主此種心態，以崔浩、周澹最爲了解。魏書卷三五崔浩傳載：

神瑞二年，秋穀不登，太史令王亮、蘇坦……勸太宗遷都。浩與特進周澹言於太宗曰：「今國家遷都於鄴，可救今年之飢，非長久之策也。東州之人，常謂國家居廣漠之地，民畜無算，號稱牛毛之衆。今留守舊都，分家南徙，恐不滿諸州之地。參居郡縣，處榛林之間，不便水土，疾疫死傷，情見事露，則百姓意沮。四方聞之，有輕侮之意……今居北方，假令山東有變，輕騎南出，耀威桑梓之中，誰知多少？百姓見之，望塵震服。此是國家威制諸夏之長策也。」……太宗深然之，曰：「唯此二人，與朕意同」。

崔浩述論遷都於鄴之不利，論史者雖有謂崔氏有民族意識，不欲鮮卑入主中土，而所陳述之主要理由，則國人南徙，不滿諸州，使四方有輕侮之意。而明元深然崔、周之說，是知其本族處於中原廣漠人衆之地，存有戒懼之心。深知非獲得民心悅服，不能久存，其常復民租稅，意或在此。益見拓跋嗣之統治中原，猶未具信心。其對中原百姓之施以惠政之故，或加强守宰之督察檢擧，杜絕其盜取公物，大抵迫於當時形勢而已。

五、太武恢復軍事掠奪政策

北魏拓跋氏政權之締造者爲道武帝珪，而基業之奠定則爲太武帝燾。魏書史臣稱燾「聰明雄斷，威靈傑立，藉二世(道武、明元)之資，奮征伐之氣，遂戎軒四出，周旋險夷，掃萬統，平秦隴，翦遼海，盪河源，南夷荷擔，北蠕削跡，廓定四表，混一華戎，其爲功也大矣。遂使有魏之業，光邁百王。」(魏書卷四世祖紀)太武燾在位二十餘年，史稱其有「廓定四表」之功甚是。若謂「混一華戎」，則恐有未逮。蓋太武之所以「戎軒四出」，正反映其沿自鮮卑部族專以掠奪財富之故俗。魏書卷二五長孫嵩傳云：

世祖即位……詔問公卿：「赫連、蠕蠕，征討何先？（長孫）嵩與平陽王長孫翰、司空奚斤等曰：「赫連居土，未能爲患，蠕蠕世爲邊害，宜先討大檀。及則收其畜產，足以富國；不及則校獵陰山，多殺禽獸，皮肉筋角，以充軍實，亦愈破一小國。」

按長孫嵩等所云蠕蠕世爲邊害，殆或有之，此亦爲征討之先後藉口耳。而謂「及則收其畜產，足以富國」一語，正揭露其征討之眞正目的。茲列舉世祖紀所載對外用兵掠奪之史實：

始光元年……八月……詔平陽王長孫翰等擊蠕蠕別帥，破之。殺數千人，獲馬萬餘匹。

十二月……車駕次祚山，蠕蠕北遁，諸軍追之。大獲而還。

二年正月……車駕至自北伐，以其雜畜班賜將士各有差。

三年正月……車駕至自北伐，班軍實以賜將士、行、留各有差。

七月……築馬射台於長川，帝親登台觀走馬，王公諸國君長馳射，中者賜金錦繒絮各有差。

十月……車駕西伐……帝率輕騎二萬襲赫連昌……至其城下，徙萬餘家而還……至祚山，班所獲虜以賜將士各有差。

四年春正月……車駕自至西伐，賜留台文武生口、繒帛、馬牛各有差。

六月……車駕入城，虜（赫連）昌羣弟及其諸母姊妹、妻妾、宮人數萬。府庫珍寶車旗器物不可勝計。擒昌……秦雍人士數千人。獲馬三十餘萬匹。牛羊數千萬。以昌宮人及生口、金銀、珍玩、布帛班賚將士各有差。

七月，築壇於祚嶺，戲馬馳射，賜射中者金錦繒絮各有差。
八月……車駕至自西伐，飲至策勳，告於宗廟、班軍實以賜留台百僚各有差。
神䴥二年……七月，車駕東轅。至黑山，校數軍實，班賜王公將士各有差。
三年……十一月……詔武衞將軍丘眷擊之（赫連定），定衆大潰……遂取安定。……劫掠數千家。……帝幸安定獲乞伏熾盤質子……簿其生口、財畜，班賜將士各有差。
十二月……（赫連）定弟社于、度洛孤面縛出降，平涼平。收其珍寶。
四年春正月……車駕次於木根山，大饗羣臣，賜布帛各有差。
二月……安頡……平滑台……車駕還宮，飲至策勳，告於宗廟，賜留台百官各有差，戰士賜復十年。
十一月……北部敕勒莫弗庫若于率其部數萬騎，驅鹿數百萬，詣行在所，帝因而大狩以賜從者。
延和二年……六月……尚書左僕射安原督諸軍討和龍……（馮）文通守將封羽以城降，收其民三千餘家。
三年春正月……車駕次於女水，大饗羣臣，班賜各有差。
十月……詔山胡爲白龍所逼及歸降者，聽爲平民，諸與白龍同惡，斬數千人，虜其妻子，班賜將士各有差。
太延五年……八月……永昌王健獲（沮渠）牧犍牛馬畜產二十餘萬。
九月……牧犍兄子萬年率麾下來降。是日，牧犍與左右文武五千人面縛軍門，帝解其縛，待以藩臣之禮。收其城內戶口二十餘萬，倉庫珍寶不可稱計。……龍驤將軍穆羆、安遠將軍源賀分略諸郡，雜人降者亦數十萬。……鎮北將軍封沓討樂都，掠數千家而還。班賜將士各有差。
太平眞君二年……十一月鎮南將軍奚眷平酒泉，獲沮渠天周……男女四千口。
四年春正月……征西將軍皮豹子等，大破劉義隆於樂都，擒其將王奐之、王長卿等……盡虜其衆。
八年……二月……行幸中山，頒賜從官文武各有差。
十年春正月……帝在漠南，大饗百僚，班賜有差。
十月……皇太子及羣官奉迎於行宮……大饗，班賜所獲及布帛各有差。
十一年……四月……輿駕還宮，賜從者及留台郎吏已上生口各有差。
正平元年春正月……大會羣臣於江上，班賜各有差。
三月……車駕至自南伐……以降民五萬餘家分置近畿，賜留台文武所獲軍資生口各有差。

從上述資料所載，可見太武帝在統一北方諸戰役中，每次均虜獲大量人口、畜產、布帛及珍寶，並班賜隨從將士及文武百官，在於恢復道武之舊規。除以戰爭掠奪所得爲朝廷國庫收入途徑外，北方部分部民從事畜牧業者，仍有相當比重。此等部民仍爲朝廷徵調之對象，明元泰常二年，詔六部民羊滿百口，調戎馬一匹。是朝廷徵收牧民賦稅之明證。正如魏書卷一一〇食貨志稱，「世祖即位，開拓四海，以五方之民各有其性，故修其教不改其俗，齊其政不易其宜，納其方貢以充倉廩，收其貨物以實庫藏。」（註八）

戰爭掠奪與牧民之徵調，爲朝廷之收入來源外，中原地區之租調，亦爲太武時府庫之重要來源之一。魏書卷二八劉潔傳云：

時南州大水，百姓阻飢。潔奏曰：「……帝王無私，而黎民戴賴。伏維陛下以神武之姿，紹重光之緒，……大平之治，於是而在。自頃邊寇內侵，戎車屢駕。……方難既平，皆蒙酬錫。……寵賜優崇，有過古義。而郡國之民，雖不征討，服勤農桑，以供軍國，實經世之大本，府庫之所資，……臣聞率土之濱，莫非王臣，應加哀矜，以鴻覆育。

劉潔爲太武之親信，朝夕在樞密，深見委任。蓋有見太武對從征鮮卑族人賞賜之厚，而服農桑者亦有供軍國之功，而待之薄，魏主未能對華夷一視同仁有感而發。而中原地區之農業，既爲提供軍國所需，經國之大本，而魏主僅務求租調之徵收，全無恤民之心，則其對州郡守宰之督察極爲重視者，非爲百姓其意亦甚顯明。

始光四年（四二七年）十二月，太武「行幸中山，守宰貪汚，免者數十人」。明元之世，對付守宰之貪殘，已極嚴厲，至此僅中山一地，貪汚之守宰竟達數十人，貪濁風氣之盛，可以想見。翌年，（神䴥元年）正月下令「以天下守宰多行非法，精選忠良悉代之。」（世祖紀）太武以爲要杜絕貪汚，有改善守令素質之意。神䴥四年（公元四三一年）遂下詔求賢曰：

頃逆命縱逸，方夏未寧……，不遑休息。今二寇摧殄，士馬無爲，方將偃武修文，遵太平之化，理廢職，舉逸民，拔起幽窮，延登儁乂，昧旦思求，想遇師輔，雖殷宗之夢板築，罔以加也。訪諸有司，咸稱范陽盧玄、博陵崔綽、趙郡李靈、河間邢穎、渤海高允、廣平游雅、太原張偉等，皆賢儁之胄，冠冕州邦，有羽儀之用。……庶得其人任之政事，共臻邕熙之美……如玄之比，隱跡衡門，不耀名譽者，盡敕州郡以禮發遣。

詔令所下，史稱「至者數百人，皆差次敘用。」太武之急於求賢，與其欲整飭地方吏治有密切關係。是時所應徵及州郡所遣之數百人中而爲守令者亦不少。（註九）蓋明元時曾下詔遣使者巡求儁逸，效果並不理想，太武再三下詔，

魏書卷四世祖延和元年（公元 四三二年）記載：

先是辟召賢良，而州郡多逼遣之。詔曰：「朕除僞平暴，征討累年，思得英賢，緝熙治道，故詔州郡搜揚隱逸，進擧賢俊……諸召人皆當以禮申諭，任其進退，何逼之有也。此刺史、守宰宣揚失旨……乃所以彰朕不德。自今以後，各令鄉閭推擧，守宰但宣朕虛心以求賢之意。既至，當待以不次之擧。隨才文武，任之政事。其明宣敕，咸使聞之。」

又延和三年（四三四年）二月詔曰：

朕承統之始，羣凶縱逸，……故頻年屢征，……百姓勤勞，廢失農業，……未得家給民足，或有寒窮不能自贍者，朕甚愍焉。今四方順軌，兵革漸寧，宜寬傜賦，與民休息。其令州郡縣隱括貧富，以爲三級，其富者租賦如常，中者復二年，下窮者復三年。刺史守宰當務盡平當，不得阿容以罔政治。

太延元年（公元四三五年）六月又詔曰：

頃者寇逆消除，……思崇政化，……是以屢詔有司，班宣恩惠，綏理百揆，羣公卿士師尹牧守，或未盡導揚之美，致令陰陽失序，和氣不平。

同年十二月又下詔曰：

操持六柄，王者所以統攝；平政理訟，公卿之所司存；勸農平賦，宰民之所專急；盡力三時，黔首之所克

濟。各修其分，謂之有序……自今以後，亡匿避難，羈旅他鄉，皆當歸還舊居，不問前罪，民相殺害，牧守依法平決，……州郡縣不得妄遣吏卒，煩擾民庶，若有發調，縣宰集鄉邑三老計貲定課，裒多益寡，九品混通，不得縱富督貧，避強侵弱，太守覆檢能否，覈其殿最，列言屬州。刺史明考優劣，抑退姦吏，升進貞良，歲盡舉課上台，牧守荷治民之任，當宣揚恩化，奉順憲典，與國同憂。

太武於短短三年中，屢下詔書，其內容：一、進舉賢俊應以禮待，不以威逼；二、減徭役，以民休息；三、督察守宰征賦調務盡平當；四、加强守宰宣揚朝廷恩德。惟諸詔令頒布後，吏治仍未有改善。太延三年（公元四三七年）再下詔曰：

比年以來，屢詔有司，班宣惠政，與民寧息，而內外羣官及牧守令長，不能憂勤所司，糾察非法，廢公帶私，更相隱置，濁貨爲官，政存苟且。夫法之不用，自上犯之，其令天下吏民，得舉告守令不如法者。

在屢詔班宣惠政，依然出現「廢公帶私，更相隱置，濁貨爲官，政存苟且」之情況。再嚴懲守宰之不法，亦屢施罔效。蓋拓跋氏之統治政策，始終採取掠奪及聚斂方式，州郡守宰，僅爲魏主之剝削工具。誠如太延三年五月詔令所云：「法之不用，自上犯之」。朝廷以掠奪聚斂分贓爲事，守宰自難求其奉公守法，所謂上有好者，下必有甚焉。太平眞君四年（公元四四三年）六月，詔曰：

牧守令宰，不能助朕宣揚恩德，勤恤民隱，至乃侵奪其產，加以殘虐，非所以爲治也。……牧守之徒，各勵精爲治，勸課農桑，不聽妄有徵發，有司彈糾，勿有所縱。

相隔六年，地方守宰貪殘之風更甚，太武雖一再强調促使牧守勵精圖治，及命有司彈糾，法令有如空文，牧守縣令貪濁如故。

太武雖嘗屢敕州郡牧守宣揚恩德，而未能奏效，考其統治中原地區有年，始終不脫其虜掠政策及殘暴之本性。宋書謂其「勇於戰鬥，忍虐好殺。」晚年，率兵大擧南侵，陷懸瓠、項城，進攻彭城。資治通鑑卷一二五宋紀文帝元嘉二十七年（公元四五〇年）記其事云：

魏主遣永昌王仁將步騎萬餘，驅所掠六郡生口北屯汝陽。

又同卷云：

魏人之南寇也，不齎糧用，唯以抄掠爲資。及過淮，民多竄匿，抄掠無所得，人馬飢乏；聞盱眙有積粟，欲以爲北歸之資。

又同書卷一二六宋紀八文帝元嘉二十八年（公元四五一年）云：

魏主大會羣臣於瓜步山，班爵行賞……魏掠居民，焚廬舍而去。

又同卷云：

魏人凡破南兗、徐、兗、豫、青、冀六州，殺傷不可勝計，丁壯者即加斬截，嬰兒貫於槊上，盤舞以爲戲，所過郡縣，赤地無餘。

太武統治中原已達二十餘年，其侵宋時暴戾情況如此，（註一〇）所載雖出自敵對之南朝史家，容或有誇張之處，而魏書世祖紀亦未嘗掩飾其屠殺之事實。檢宋書七七柳元景傳，載元景破魏洛州刺史張是連提，生降者二千餘人。傳云：

虜兵之面縛者多河內人，元景詰之曰：「汝等怨王澤不浹，請命無所，今並爲虜盡力，便是本無善心，……皆曰：「虐虜見驅，後出赤族，以騎蹙步，未戰先死，此親將軍所見，非敢背中國也。

此語出自降者之口，殆有爲解脫己罪之嫌。然再檢宋書卷七四臧質傳云：

（拓跋）燾與質書曰：「今吾所遣鬬兵，盡非我國人，城東北是丁零與胡；南是三秦氐、羌。設使丁零死者，正可減常山、趙郡賊；胡死，正減幷州賊；氐、羌死，正減關中賊。卿若殺丁零、胡，無不利。

從太武拓跋燾之言，既無愛於諸胡，又何愛於中原漢族？觀此降卒之言當亦可信。通鑑卷一二五宋紀七文帝元嘉二十七年載太武答羣臣之言：

魏羣臣初聞有宋師，言於魏主（燾）請遣兵救緣河穀帛。魏主曰：「馬今未肥，天時尚熱，速出必無功。若兵來不止，且還陰山避之。國人本著羊皮袴，何用綿帛。展至十月，吾無憂矣。

太武燾之言，益見其對中原之統治心態，並無求長治久安之意，志於掠奪耳。（註十一）太武志在掠奪及對將士之放縱，於魏書卷三三公孫表子軌傳而毫不諱言。傳云：

世祖平赫連昌，引諸將帥入其府藏，各令任意取金玉。諸將取之盈懷，軌獨不探把。世祖乃親探金賜之，謂軌曰：「卿可謂臨財不苟得，朕所以增賜者，欲顯廉於衆人。」

按公孫軌入府藏而不取，恐爲矯情，（註十二）而太武燾則公然放縱將士，則全無法紀可言，則爲事實。又劉潔位居勢要，擅作威福，內外憚之，側目而視，史稱其凡有「拔城破國者，聚斂財物，與潔分之。」（劉潔本傳）。此亦足以證明，太武之統治政策，仍秉承太祖具有濃厚之分贓性質，統治政策如此，焉能望州郡守宰而不貪濁？

六、文成、獻文統治政策轉變之醞釀

高宗文成帝拓跋濬（恭宗長子，太武嫡孫）繼承太武帝，在位十四年。濬以年幼即位，但人並無顯赫功業，誠如其詔令自云「朕以眇身，纂成大業……然即位以來，百姓晏安，風雨順序，邊方無事。衆瑞兼呈，不可稱數，……實由天地祖宗降祐之所致也。」（高宗紀）文成既承太武餘蔭，藉平治之世，得以整飭州郡牧守長期以來之貪暴問題。

文成以爲欲隆治道，一、必須因宜以設官，舉賢以任職，然後上下和平，民無怨謗。若官非其人，姦邪在位，則政教陵遲，至於凋薄。二、須黜陟分明。三、了解各州風俗。魏書卷五高宗紀太安元年（公元四五五年）六月詔曰：

> 今遣尚書穆伏眞等三十人，巡行州郡，觀察風俗。入其境，農不墾殖，田畝多荒，則徭役不時，廢於力也；耆老飯蔬食，少壯無衣褐，則聚斂煩數，匱於財也；閭里空虛，民多流散，則綏導無方，疏於恩也；盜賊公行，劫奪不息，則威禁不設，失於刑也；衆謗並興，大小嗟怨，善人隱伏，佞邪當道，則爲法混淆，昏於政也。諸如此比，黜而戮之。善於政者，褒而賞之。其有阿枉不能自申，聽詣使告狀，使者檢治。若信淸能，衆所稱美，誣告以求直，反其罪。使者受財，斷察不平，聽詣公車上訴。其不孝父母，不順尊長，爲吏姦暴及爲盜賊，各具以名上。其容隱者，以所匿之罪罪之。

以往魏主之遣使巡行州郡，大抵均刻意檢舉不法之守宰，及敦促州郡牧守宣揚朝廷恩惠，及强調擧賢能委以職任，而此詔已顯示文成轉而關注地方民生之實際情況。並具體指出，諸如徭役之濫徵，對農業生產之影響。百姓衣食之不足，則因聚斂煩多之故；民之流散，治安惡劣、民情不滿、賢人隱退、小人當道，均屬守宰處置不當。當政者必須嚴明處理，並予枉者自申。確然能正視地方民生之實際情形。太安五年（公元四五九年）遂實施「薄賦斂以實其財，輕徭役以舒其力，欲令百姓修業，人不匱乏」（高宗紀）以安定社會。此外又進行於戰後復元工作，「敕有流徙他鄉，返回桑梓，典司之官給予方便」。又令下民不贍於時，加以重罪。按世祖時雖亦曾提出，但無具體辦法。魏書卷一五昭成子孫列傳附素傳云：

高宗即位，務崇寬征，罷諸雜調。有司奏用不足，固請復之，惟素曰：「臣聞『百姓不足，君孰與足。』」帝善而從之。

此時君臣確能逐漸體悟「人不匱乏」，為達致政治安定之要素，此一觀念已較諸以往君主專以虜掠、專以剝削為務之觀念上，大為改變。

又人口之掠奪，原為拓跋氏認為天經地義之事，而文成於和平四年（公元四六三年）七月詔則提出：

前以民遭飢寒，不自存濟，有賣鬻男女者，盡仰還其家。或因緣勢力，或私行請託，共相通容，不時檢校，令良家子息仍為奴婢。今仰精究，不聽取贖，有犯加罪。若仍不檢還，聽其父兄上訴，以掠人論。

文成所謂「以掠人論」雖只見小，而未見大（大批人口之掠奪），但此種觀念已具有人道主義之意識，不可不謂其統治政策在意識上有所改變。

文成雖有求治之心，關切民生，留心吏治，對州郡守宰不法者，嚴加科禁，以圖澄清吏治。但守宰貪暴之情況一如往昔，毫無改善。太安四年（公元四五八年）五月詔令所云：

> 朕即阼至今，屢下寬大之旨，蠲除煩苛，去諸不急，欲令物獲其所，人安其業。而牧守百里，不能宣揚恩意，求欲無厭，斷截官物以入於己，使課調懸少；而深文極墨，委罪於民。苟求免咎，曾不改懼。國家之制，賦役乃輕，比年以來，雜調減省，而所在州郡，咸有逋懸，非在職之官綏導失所，貪穢過度，誰使之致？自今常調不充，民不安業，宰民之徒，加以死罪，申告天下，稱朕意焉。

斷截官物以入於己之情況，確實嚴重影響朝廷之收入。翌年，不得不對地方守宰之貪濁者採取更嚴厲措施。詔曰：

> 牧守莅民，侵食百姓，以營家業，王賦不充，雖歲滿去職，應計前逋，正其刑罪。而主者失於督察，不加彈正，使有罪者優遊獲免，無罪者妄受其辜，是啟姦邪之路，長貪暴之心，豈所謂原情處罪，以正天下。自今諸遷代者，仰列在職殿最，案制治罪。克舉者加之爵寵，有愆者肆之刑戮，使能否殊貫，刑賞不差。主者明爲條制，以爲常楷。

和平二年（公元四六一年）正月又重申：

> 刺史牧民，爲萬里之表，自頃每因發調，逼民假貸，大商富賈，要射時利，旬日之間，增贏十倍。上下通同，分以潤屋。故編戶之家，困於凍餒；豪富之門，日有兼積。爲政之弊，莫過於此。其一切禁絕，犯者十疋以上皆死。布告天下，咸令知禁。

對於與守宰上下相通狼狽爲奸之大商富賈，亦施予禁絕。同時對於在職者申明給予獎勵。和平四年三月詔曰：

> 朕憲章舊典，分職設官，欲令敷揚治化，緝熙庶績。然在職之人，皆蒙顯擢，委以事任，當厲己竭誠，務

省徭役，使兵民優逸，家給人贍。今內外諸司，州鎮守宰，侵使兵民，勞役非一。自今擅有召役，逼雇不程，皆論同枉法。

此種以擢升方法作爲鼓勵，冀望州郡守宰，能厲己竭誠，足見文成整頓地方吏治，亦兼顧兵民之優逸與富足。

顯祖獻文帝拓跋弘即位，爲時僅六年，遂禪位太子宏。稱太上皇帝。獻文在位期間，雖云「國之大事咸以聞」。但政治重心似在太后。顯祖紀稱「天安（顯祖年號）以來，軍國多務，南定徐方，北掃遺虜。」似仍有軍事活動，但均非大規模之軍事行動，故能繼文成而留心內政。和平六年（公元四六五年）六月遂下詔曰：

夫賦斂煩則民財匱，課調輕則用不足，是以……先朝權其輕重，以惠百姓。朕承洪業……惟民之恤，欲令天下同於逸豫。而徭役不息，將何以塞煩去苛，拯濟黎元者哉。今兵革不起，畜積有餘，諸有雜調，一以與民。

同年九月又詔曰：

先朝以州牧親民，宜置良佐，故敕有司，班九條之制，使前政選吏，以待俊乂（北史作後人），……然牧司寬惰，不祇憲旨，舉非其人，愆於典度。今制：刺史守宰到官之日，仰自舉民望忠信，以爲選官，不聽前政共相干冒。若簡任失所，以罔上論。

獻文前後所下兩詔，前者提及課調須視乎君、民之所需，而作出適當之調節，尋求合理之徭役，始能臻於「天下同於逸豫。」後者敦促刺史守宰「自舉民望忠信，以爲選官。」以改善官僚之質素。

惟文成在禪位後，情況仍未改變。

文成與獻文兩朝，雖祚運不長，但對廣大地區之民生實況，及地方州牧之貪殘，已有較深入之了解與同情，此際實爲拓跋氏政權統治政策醞釀轉變之階段。

七、文明太后、孝文統治政策之徹底轉變

顯祖獻文皇興五年（公元四七一年）禪位皇太子宏，稱太上皇帝。高祖孝文帝受禪，年僅五歲。魏書刑罰志稱獻文猶躬覽萬機。而文明后馮氏爲太皇太后，實已臨朝稱制。迄孝文太和十四年（公元四九〇年）太后死，翌年春正月，孝文帝始親朝政。北史卷一三文明皇后馮氏傳云：「自太后臨朝專政，孝文雅性孝謹，不欲參訣，事無巨細，一稟於太后。太后多智、猜忍，能行大事，（註十三），殺戮賞罰，決之俄頃，多有不關帝者，是以威福兼作，震動內外。」按孝文一朝，雖歷二十九年，親政則爲時僅九年而已。

從獻文禪位至孝文親政之二十年，權力重心在馮太后，馮氏聽政期間，其私德雖有種種傳聞（註十四），但爲政嚴明，亦爲北魏之統治政策轉變之最關鍵人物。文成、獻文雖積極整頓州牧守宰之貪暴，不惟未見收效，且更趨惡化。太后認爲要整飭吏治，非提高官吏之質素不可，魏書卷七上高祖紀延興二年（公元四七二年）六月詔曰：

頃者州郡選貢，多不以實，碩人所以窮處幽仄，鄙夫所以超分妄進，豈所謂旌賢樹德者也。今年貢舉，尤爲猥濫。自今所遣，皆門盡州郡之高，才極鄉閭之選。

翌年十一月再度下詔：

遣使者觀風察獄，黜陟幽明……力田孝悌，才器有益於時，信義昭著於鄉閭者，具以名聞。

昔日太武神𪊨四年，求舉逸民，拔起幽窮之雋乂，訪諸有司，咸稱范陽盧氏等諸門第中人。而太后則公開徵辟高門才俊之士，又不忽略有力田孝悌、才器、信義昭著而有益於時之人才。可謂德行與才能，兼收並蓄，冀求藉此糾正官吏貪濁之風氣。至太和二年（公元四七八年）十一月又云：

諸州刺史，牧民之官，自頃以來，遂各怠慢，縱姦納賂，背公緣私，致令賊盜並興，侵劫茲甚，姦宄之聲，屢聞朕聽。

州郡守宰之怠慢與縱姦納賂，嚴重影響治安，結果不能不作徹底興革。其政策改變，可從其賞賜、復除之史實見之。據魏書高祖紀所載，除太和四年六月「以紬綾絹布百萬匹，及南伐所俘賜王公以下；及五年四月「以南俘萬餘口班賜羣臣」外，賞賜對象轉爲百姓之窮困者居多。茲錄如下：

延興三年……十一月，詔……其有鰥寡孤獨貧不自存者，復其徭役，年八十以上，一子不從役。……，（獻文南巡）至於懷州，所過問民疾苦，賜高年，孝悌，力田布帛……州鎮十一水旱，丐民田租，開倉賑恤。

四年……十一月……州鎮十三大飢，丐民田租，開倉賑之。

承明元年……八月……以長安二蠶多死，丐民歲賦之半。

太和元年……十二月……詔以州郡八水旱蝗，民飢，開倉賑恤。

二年……二月……行幸代之湯泉，所過問民疾苦，以宮人賜貧民無妻者。

八月，分遣使者考察守宰，問民疾苦。

十二月……州鎮二十餘水旱，民飢，開倉賑恤。
三年……二月……帝、太皇太后幸代郡溫泉，問民疾苦，鰥貧者以宮女妻之。
四月……詔……賜國老各衣一襲，綿五斤，絹布各五匹。
六月……以雍州民飢，開倉賑恤。
十一月……賜京師貧窮、高年，疾患不能自存者衣服布帛各有差。
四年……二月……今東作方興，……膏雨不降，歲一不登，百姓飢乏，朕甚懼焉，其敕天下，……民有疾苦，所在存問。
四月…賜天下貧人，一戶之內無雜財穀帛者廩一年。
七月……詔會京師耆老，賜錦綵、衣服、几杖、稻米、蜜、麵、復家人不徭役。……是歲，詔以州鎮十八水旱，民飢，開倉賑恤。
五年……正月……車駕南巡……至中山，親見高年，問民疾苦。
二月……賜孝悌、力田、孤貧不能自存者穀帛有差；免宮人年老者還其所親。
十二月……詔以州鎮十二民飢，開倉賑恤。
六年……二月……賜王公以下清勤著稱者穀帛有差。
四月……賜畿內鰥寡孤獨不能自存者粟帛有差。
八月……分遣大使，巡行天下遭水之處，丐民租賦，貧儉不自存者，賜以粟帛。

十二月……詔……遣使者循方賑恤。
七年……三月……以冀、定二州民飢，詔郡縣爲粥於路以食之。又弛關津之禁，任其去來。
四月……幸崞山，賜所過鰥寡不能自存者衣服粟帛。
六月，定州上言，爲粥給飢人，所活九十四萬七千餘口。
九月……冀州上言，爲粥給飢民。所活七十五萬一千七百餘口。
十二月……開林慮山禁，與民共之。詔以州鎮十三民飢，開倉賑恤。
八年……四月……詔賑賜河南七州戍兵。
十二月……詔以州鎮十五水旱，民飢，遣使者循行，問所疾苦，開倉賑恤。
九年……八月……詔曰：數州災水，飢饉荐臻，致有賣鬻男女者，天之所譴，在予一人，而百姓無辜，橫罹艱毒，朕用殷憂夕惕，忘食與寢。今自太和六年以來，買定、冀、幽、相四州飢民良口者，盡還所親，雖娉爲妻妾，遇之非理，情不樂者亦離之。
十年……十二月……詔以汝南、潁川大飢，丐民田租，開倉賑恤。
十一年……二月，詔以肆州之雁門及代郡民飢，開倉賑恤。
六月……秦州民飢，開倉賑恤。
十一月……詔罷尚方錦繡綾羅之工，四民欲造，任之無禁，其御府衣服、金銀、珠玉、綾羅、綿綉，大官雜器，太僕乘具，內府弓矢，出其太半，班賚百官及京師士庶，下至工商皂帛，逮於六鎮戍士。各有差。

是歲大飢，詔所在開倉賑恤。

十二年正月……詔曰：鎮戍流徙之人，年滿七十，孤單窮獨，雖有妻妾而無子孫，諸如此等，聽解名還本。諸犯死刑者，父母、祖父母年老，更無成人子孫，旁無期親者，具狀以聞。

十一月……詔以二雍、豫三州民飢，開倉賑恤。

十三年……四月……詔……以本所費之物，賜窮老貧獨者……州鎮十五大飢，詔所在開倉賑恤。

九月……出宮人以賜北鎮人貧鰥無妻者。

十四年……二月……詔遣侍臣循行州郡，問民疾苦。

綜合上述資料，太后臨朝稱制期間，賞賜、賑恤、丐田租者，以受自然災害之州鎮飢民爲多，其餘均爲高年、鰥寡孤獨不能自存者，此類班賜，前代間或有之，但不多見，未若太后之廣察民情，與關注之深切。

太和十四年九月，馮太后死。十五年，孝文「始聽政皇信東室」。孝文親政之後，秉承太后親民之政策，而加以推廣。據魏書高祖紀所載：

太和十五年……十一月……考諸牧守……詔二千石考在上上者，假四品將軍，賜乘馬一匹，上中者，五品將軍，上下者，賜衣一襲。

十七年正月……詔曰：夫駿奔入覲，臣下之常式，錫馬賜車，君人之恒惠，今諸邊君蕃胤，皆虔集象魏，趨鏘紫庭。貢饗既畢……各可依秩賜車旗衣馬，務令優厚。其武興、宕昌各賜錦繒纊一千，吐谷渾世子八百；鄧至世子……可賜三百，命數之差，皆依別牒。

七月……詔賜民爲人後者爵一級，爲公士；曾爲吏屬者爵二級，爲上造；鰥寡孤獨不能自存者，人粟五斛。

八月……車駕至肆州，民年七十以上，賜爵一級，路見眇跛者，停駕親問，賜衣食終身。……幸幷州，親見高年，問所疾苦。

九月……詔以車駕所經，傷民秋稼者，畝給穀五斛……濟河，詔洛、懷、幷、肆所過四州之民，百年以上假縣令，九十以上賜爵三級；八十以上賜爵二級，七十以上賜爵一級；鰥寡孤獨不能自存者，粟人五斛，帛二匹；孝悌廉義、文武應求者，皆以名聞。

十月……又詔京師及諸州從戎者賜爵一級，應募者加二級，主將加三級。

十八年正月……詔相、兗、豫三州，百年以上假縣令，九十以上賜爵二級，七十以上賜爵一級，孤老鰥寡不能自存者，賜粟五石、帛二匹；孝悌廉義、文武應求者，皆以名聞。

八月……南還，所過皆親見高年，問民疾苦，貧窘孤老賜以粟帛……詔六鎮及禦夷城人，年八十以上而無子孫兄弟，終身給其廩粟；七十以上家貧者，各賜粟十斛。

十月……次於中山之唐湖……分遣侍臣巡問民所疾苦。

十一月……詔冀、定二州民，百年已上假以縣令，九十以上賜爵三級。……鰥寡孤獨不能自存者，賜以穀帛；孝義廉貞、文武應求者，具以名聞。

十二月……車駕南伐……詔鄴、豫二州之民，百齡以上假縣令，九十以上賜爵三級……孤寡鰥老不能自存者，賜以穀帛，緣路之民復田租一歲，孝悌廉義、文武應求，具以名聞。

十九年……四月……車駕幸彭城……曲赦徐、豫二州，其運漕之士，復租賦三年……詔有百歲以上假縣令。……孤寡老疾不能不自存者，賜以穀帛；德著丘園者具以名聞……又詔賜兗州民爵及粟帛如徐州。

六月……詔濟州、東郡、滎陽及河南諸縣車駕所經者，百年以上賜假縣令，九十以上……孤老鰥寡不能自存，賜以穀帛，孝悌廉義，文武應求者，具以名聞。

十月……曲赦相州。民百年以上假郡守，九十以上假縣令……孤老痼疾不能自存者，賜以穀帛。

十二月……引見羣臣於光極堂，班賜冠服。

二十年……二月……詔畿內七十以上暮春赴京師，將行養老之禮。

三月……宴羣臣及國老，庶老於華林園，詔曰：國老黃耇以上，假中散大夫、郡守、耆老以上，假給事中，縣令、庶老，直假郡縣。各賜鳩杖、衣裳。

十二月……以西（應作南）北州郡旱儉，遣侍臣循察，開倉賑恤。

二十一年正月……遣兼侍中張彝……巡方省察，問民疾苦。

二月……次於太原，親見高年，問所不便。……詔幷州士人年六十以上，假以郡守。

三月……詔汾州民百年以上假縣令，九十以上……四月……親見高年，問所疾苦……遣侍臣分省縣邑，賑賜穀帛。

五月……詔雍州士人百年以上假華郡太守。九十以上假荒郡，八十以上假華縣令，七十以上假荒縣。庶老以年各減一等。七十以上賜爵三級；其營船之夫，賜爵一級；孤寡鰥貧、窮痾廢疾，各賜帛二匹，穀五斛；其孝友德義、文學才幹，悉仰貢舉。

九月……詔曰：哀貧恤老，王者所先，鰥寡六疾，尤宜矜愍。可敕司州洛陽之民，年七十以上無子孫，六十以上無期親，貧不自存者，給以衣食，及不滿六十而有廢痼之疾，無大功之親，窮困無以自療者，皆於別坊遣醫救護，給醫師四人，豫請藥物以療之。

十一月……大破賊軍於沔北……於是民皆復業，九十以上假以郡守。

二十二年……十月……曲赦二豫殊死以下，復民田租一歲。

二十三年……三月……車駕南伐……帝不豫，司徒彭城王勰侍疾禁中，且攝百揆……收其戎資億計，班賜六軍。

孝文帝親政九年之賞賜情況，其班賜之頻密，體察民情之細微，更為前代所未有。至於將南伐所獲賜六軍一事，亦為孝文於其親政期內所僅見，實際主其事者為彭城王勰，亦非出自孝文之意也。

擄掠人口原為北魏統治者之基本政策，至孝文一改舊習，高祖紀記其事云：

太和十五年五月……攻洮陽，泥和二戍，克之，俘獲三千餘人，詔悉免歸。

十八年……十二月……車駕至懸瓠……詔壽陽、鍾離、馬頭之師所獲男女之口，皆放還南。

十九年……二月……車駕至鍾離……軍士擒蕭鸞三千卒，帝曰：「在君為君，其民何罪。」於是免歸。

釋俘之事，於道武帝珪時，亦曾一見，惟其用意在於宣傳，（註十五）並無孝文所謂「在君為君，其民何罪」之意。孝文對降服者，不作爲僕隸班賜羣臣，且施以恩惠。高祖紀：

太和十九年……四月……蕭鸞民降者，給復十五年。

二十一年……三月……次離石，叛胡歸罪宥之。

二十二年……二月……車駕幸新野……詔以穰民首歸大順終始若一者，給復三十年，標其所居曰「歸義鄉」；次降者給復十五年。

三月……次比陽……詔荊州諸郡之民，初降次附復同穰縣。

此種優待俘虜、降服者之態度，爲前代所罕見。

太后、孝文，所採之親民恤民政策，大大改善北魏統治者對地方之聚斂與剝削。而對地方吏治，更尋求地方守宰始終未能恤民之原因，誠如延興二年詔所云：

頃者已來，官以勞升，未久而代，牧守無恤民之心，競爲聚斂，送故迎新，相屬於路，非所以固民志，隆治道也。自今牧守溫仁清儉，克己奉公者，可久於任。歲積有成，遷位一級。其有貪殘非道，侵削黎庶者，雖在官甫爾，必加黜罰。著之於令，永爲彝準。

從詔令所示，以爲牧守之所以無恤民之心，競爲聚斂，歸咎於「未久而代」。致使送故迎新，勞民傷財。蓋魏晉南北朝時代，天下動盪，官吏既難有久任，且多增置或更換，以作酬勞。此爲當時之通病。太后、孝文已有見及此，而予以糾正。

除以久任爲鼓勵外，又不斷下詔，招賢納諫，高祖紀延興元年（公元四七一年）九月：

詔在位及民庶直言極諫，有利民益治，損政傷化，悉心以聞。

又承明元年（公元四七六年）八月：

詔曰：「朕猥承前緒，…思隆先志，…羣公卿士，其各勉厥心，匡朕不逮。諸有便民利國者，具狀以聞。

同年十月，再下詔曰：

朕纂承皇極，照臨萬方，思闡遐風，光被兆庶，使朝有不諱之音，野無自蔽之響，疇咨帝載，詢及芻蕘。自今以後，羣官卿士，下及吏民，各聽上書，直言極諫，勿有所隱。諸有便宜，益治利民，可以正風俗者，有司以聞。

太后、孝文不厭其煩，連續下詔，均强調凡「有利民益治」，「諸有便民利國」、「諸有便宜，益治利民，可以正風俗者」，具狀以聞。可見其求賢納諫，便民治國之殷切。蓋直言極諫，爲中國傳統賢君所重視，北魏自建國以來，諸君主大都務求「宣揚恩德」，或擧告守宰之罪行，而太后、孝文，則務求下情上達，使吏民上書直言極諫。太和八年八月詔再强調：

帝業至重，非廣詢無以致治；王務至繁，非博採無以興功。先王知其如此，故虛己以求過，明恕以思咎。是以諫鼓置於堯世，謗木立於舜庭，用能耳目四達，庶類咸照。……承明之初，班下內外，聽人各盡規，以補其闕。中旨雖宣，允稱者少。故變時法，遠遵古典，班制俸祿，改更刑書。寬猛未允，人或異議，思言者莫由申情，求諫者無因自達，故令上明不周，下情壅塞。今制百辟卿士，工商吏民，各上便宜。利民益治，損化傷政，直言極諫，勿有所隱，務令辭無煩華，理從簡實。朕將親覽，以知世事之要。使言之無罪，聞之者足以爲戒。

此種廣開言路之政策，亦於太后、孝文一朝而特別注重，此一觀念可謂沿於太后。孝文於太和元年詔文中所言：

今牧民者，與朕共天下。

此種君臣共天下之思想，更非昔日以牧民之官，僅作爲剝奪百姓及爲魏主宣揚恩德之工具。及延興四年六月詔令中亦有「朕爲民父母」之語。更可見太后、孝文抱有「君臣一體」、「君民一家」之觀念。此足以說明拓跋氏整個統治政策在觀念上起了重大轉變。

太后、孝文統治政策之轉變，最具體之事實，則爲太和八年（公元四八四年）所頒之俸祿制。以往朝廷百官無俸祿，端賴君主之恩賜。如楊椿戒子孫所云：「我家入魏之始，即爲上客，給田宅，賜奴婢、馬牛羊，遂成富室。」（魏書卷五八楊播附椿傳）一切均由天子之恩恤，今既以君臣共治天下，君與臣各有職司，當有一合理之俸祿報酬，不能全憑君主好惡與私意之恩賜。按魏之頒行俸祿制前，魏書卷二四張衮附白澤傳載：獻文詔諸監臨之官，所監治受羊一口、酒一斛者，罪至大辟，與者以從坐論。糾告得尚書已下罪狀者，各隨所糾官輕重而授之。而白澤上表諫曰：

「伏見詔書，禁尚書以下受禮者刑身，糾之者代職。伏惟三載考績，黜陟幽明，斯乃不易之令軌，百王之通式。今之都曹，古之公卿也，皆翊扶萬機，讚徽百揆，風化藉此而平，治道由茲而穆。且周之下士，尚有代耕，況皇朝貴仕，而服勤無報，豈所謂祖襲堯舜，憲章文武者乎？羊酒之罰，若行不已，臣恐姦人闚望，忠臣懈節。而欲使事靜民安，治清務簡，至於委任責成，下民難辨。（冊府元龜作不亦難辨）如臣愚量，請依律令舊法，稽同前典，班祿酬廉，首去亂羣，常刑無赦。苟能如此，則升平之軌，期月可望，刑措之風，三年必致矣。」顯祖納之。

按張白澤傳所云，「顯祖納之」，但未知顯祖所接納張氏所議刑罰過重，抑接納依律令舊法，稽同前典，班祿酬廉?若顯祖納張氏所奏班祿酬酬廉之議，則太和八年所頒之官祿制於獻文帝之世經已醞釀。按官祿制之頒布，高祖紀載其事云：

太和八年……六月……詔曰：置官班祿，行之尚矣。周禮有食祿之典，二漢著受俸之秩。逮於魏晋，莫不聿稽往憲，以經綸治道。自中原喪亂，茲制中絕，先朝因循，未遑釐改。朕永鑒四方，求民之瘼，夙興昧旦，至於憂勤。故憲章舊典，始班俸祿。罷諸商人，以簡民事。戶增調三匹，穀二斛九斗，以為官司之祿。均預調為二匹之賦，即兼商用。雖有一時之煩，終克永逸之益。祿行之後，贓滿一匹者死，變法改度，宜為更始，其大赦天下，與之惟新。

考魏初，雖百官無祿，官吏亦有取民者，高祖延興三年（公元四七三年）二月詔曰：

縣令能靜一縣刧盜者，兼治二縣，即食其祿；能靜二縣者，兼治三縣，三年遷為郡守，二千石能靜二郡，上至三郡，亦如之，三年遷為刺吏。

此云「兼治二縣，即食其祿」。呂思勉先生稱「其所謂祿，即出於地方，法令亦許之不以為罪者也，豈其枵腹從公哉。」（讀史劄記）實則是時官吏之所取，以其取之是否有術而已。魏書卷二四崔玄伯附崔寬傳云：

（寬）……拜陝城鎮將……時官無祿力，唯取給於民，寬善撫納，招致禮遺，大有受取，而與之者無恨。

又弘農漆臘竹木之饒，路與南通，販貿來往，家產豐富，而百姓樂之。諸鎮之中，號爲能政。及解鎮還京，民多追戀，詣闕上章者三百餘人。書奏，高祖嘉之。

可見當時州郡守宰若取之有術，不惟家財豐富，且蒙嘉獎。若不善於取，則有如高允，爲郎二十七年不徙官，史稱：「時百官無祿，允常使諸子樵采自給」、「家貧布衣，妻子不立」，帝幸其第所見，「惟草屋數間，布被縕袍，廚中鹽菜而已」（魏書卷四十八高允傳）又倘取之不得其法，則爲貪暴。蓋北魏於州郡守宰，既有取於民，而無一客觀之標準，則易觸犯綱紀。故魏主常遣使循行，或召庶民、民秀以察守宰之治行，其結果誠如魏書卷一一一刑罰志所云：

太延（世祖年號）三年，詔天下吏民，得舉告牧守之不法。於是凡庶之凶悖者，專求牧守之失，迫脅在位，取豪於閭閻。而長吏咸降心以待之，苟免而不耻，貪暴猶自若也。

北魏歷朝所以屢次差遣使者巡察，及利用庶民舉告守宰，藉以整飭吏治而終無奏效之主要原因。

頒行俸祿制，爲拓跋魏統治政策一大轉變之具體表現，亦爲杜絕官吏貪濁最佳辦法，是時施行未久，遂有拓跋權貴淮南王他，奏求依舊斷祿，文明太后召羣臣商議。中書監高閭上表，力陳不可，魏書卷五四高閭傳云：

天生蒸民，樹之以君，明君不能獨理，必須臣以作輔。君使臣以禮，臣事君以忠。故車服有等差，爵命有分秩；德高者則位尊，任廣者則祿重。下者祿足以代耕，上者俸足以行義。庶民均其賦，以展奉上之心；君王聚其材（註文作財）以供事業之用。君班其俸，垂惠則厚；臣受其祿，感恩則深。於是貪殘之心止，竭效之誠篤，兆庶無侵削之煩，百辟備禮容之美。斯則經世之明典，爲治之至術。自堯舜以來，逮於三季，雖優劣不同，而斯道弗改。自中原崩否，天下幅裂，海內未一，民戶耗減。國用不充，俸祿遂廢。此則事出臨時之宜，良非長久之道……二聖欽明文思，……稽考舊章，準百王不易之勝法，述前聖利世之高軌，置立鄰黨，班宣俸祿，事設令行，於今已久，苛慝不生，上下無怨，姦巧革慮，闚覦絕心，利潤之厚，同於天地，以斯觀之，如何可改？又洪波奔激，則隄防宜厚，姦悖充斥，則禁網須嚴。且飢寒切身，慈母不保其子；家給人足，禮讓可得而生。但清廉之人，不必皆富；豐財之士，未必悉賢。今給其俸，則清者足以息其濫竊，貪者足以感而勸善；若不班祿，則貪者肆其姦情，淸者不能自保。難易之驗，灼然可知，如何一朝便欲去俸？淮南之議，不亦謬乎？

高閭所奏，闡明班行俸祿制爲「經世之明典，爲治之至術」，最爲透澈。同時亦道出官無俸祿之弊端。然拓跋魏統治中土，至此幾近百年，遲遲未恢復中國傳統之官祿制，高氏以爲「天下幅裂，海內未一，民戶耗減，國用不充」爲理由，恐非實情。魏之政制，已多採自中土，何獨不知俸祿制之利？此爲魏主不欲摒棄其部族統治之掠奪政策及其部族親貴既有之權益耳。淮南王他之斷祿建議，恐非其一人之心意，其意見足以反映衆多鮮卑權貴眷戀舊俗之心態。

文明太后與孝文之親民，君臣一體之意念，顯然是出於對中原士民視爲一體及對中國傳統政治進一步之認同，其他可爲例證者，如均田、三長制；遷都與華化措施，甚至北魏軍鎮制度於孝文之世逐漸廢置，上述諸端，時賢已有專論，本文不贅。茲仍有一事亦是以爲佐證者，即五德之相襲。

太和十四年，帝詔羣臣議五德相襲之應。中書監高閭以爲：「魏（曹）承漢，火生土，故魏爲土德。晉承魏，土生金，故晉爲金德。趙承晉，金生水，故趙爲水德。燕承趙，水生木，故燕爲木德。秦承燕，木生火，故秦爲火德。秦之末滅，皇魏未克神州，秦氏既亡，大魏稱制玄朔。故平文之廟，始稱「太祖」，以明受命之證，如周在岐之陽。若繼晉，晉亡已久，若棄秦，則中原有寄（晉書中華本校勘紀「若棄秦中原有寄。按高閭主張以魏承苻秦，此語與閭本意不合。「棄」當是「承」或「繼」之訛。也可能「有」爲「無」之訛」，考下文亦有「中原有寄」一語，以「棄」爲「承」或「繼」之誤近是。）推此而言，承秦之理，事有明驗。故以魏承秦，魏爲土德。」（魏書禮志一）高閭主張宜從尚黃，定爲土德之說。（註十六）秘書丞李彪、著作郎崔光等則持異議，以爲：「魏雖建國君民，兆眹振古，祖黃制朔，綿迹有因，然此帝業，神元爲首。案神元、晉武，往來和好。至於桓、穆，洛京破亡。二帝志摧聰、勒，思存晉民，每助劉琨，申威幷、冀。是以晉室銜扶救之仁，越石深代王之請。平文、太祖，抗衡苻、石，終平燕氏，大造中區，則是司馬祚終於郟鄏，而元氏受命於雲代。蓋自周之滅，及漢正號，幾六十年，著符尚赤。後雖張、賈殊議，暫疑而卒從火德，以繼周氏。排虐嬴以比共工，蔑暴項而同吳廣，近蠲謬僞，遠即神正，若此之明也。寧使白蛇徒斬，雕雲空結哉！自有晉傾淪，曁登國肇號，亦幾六十餘載，物色旗幟，率多從黑。是又自然合應，玄同漢始。且秦幷天下，草創法度。漢仍其制，少所變易。猶仰推五運，竟踵隆姬。而況劉、石、苻、燕，世業促褊，綱紀弗立。魏接其弊，自有彝典，豈可異漢之承木，捨晉而爲土耶？夫皇統崇極，承運至重，必當推協天緒，考審王次，不可雜以僭竊，參之强狡。神元既晉武同世，桓、穆與懷、愍接時。晉室之淪，平文始大，廟號太祖，抑亦有由，紹晉定德，孰曰不可。而欲次茲僞僭，豈非惑乎？」（禮志一）雙方各陳己見，未有定論。延至十五年正月，又集羣臣侍中、司空、長樂王穆亮等再議，曰：

臣等受敕共議中書監高閭、秘書丞李彪等二人所議皇魏行次。尚書（應作中書監）高閭以石承晉爲水德，以燕承石爲木德，以秦承燕爲火德，大魏次秦爲土德，皆以地據中夏，以爲得統之徵。皇魏建號，事接秦末，晉既滅亡，天命在我。故因中原有寄，即而承之。彪等據神元皇帝與晉武並時，桓、穆二帝，仍修舊好。始自平文，逮於太祖，抗衡秦、趙，終平慕容。晉祚終於秦方，大魏興於雲朔。據漢棄秦承周之義，以皇魏承晉爲水德。二家之論，大略如此。臣等謹共參論，伏惟皇魏世王玄朔，下迄魏、晉、趙、秦、二燕雖地據中華，德祚微淺，並獲推敘，於理未愜。又國家積德修長，道光萬載，彪等職主東觀，詳究國史，所據之理，其致難奪。今欲從彪等所議。宜承晉爲水德。

穆亮等力主李彪之說，應以「晉爲水德」。乃下詔曰：

越近承遠，情所未安。然考次推時，頗亦難繼。朝賢所議，豈朕能有違奪，便可依爲水德，祖申臘辰。

按高閭主「居尊據極，允應明命者，若不以中原爲正統，神州爲帝宅。」此有遷都之意。而李彪等則以爲「皇統崇極，承運至重，必當推協天緒，考審王次，不可雜以僭竊，參之强狡。」而孝文從穆亮等之意而採李彪之說，則見孝文已棄繼劉、石、苻、慕容而繼晉，其以北魏政權繼爲中國正統之意甚明，此亦可作一佐證。

八、結語

北魏拓跋氏政權，出自西部鮮卑，其部落遠較東部鮮卑慕容氏及烏桓爲落後。至力微始與魏晉交通。及昭成什翼犍即代王位，因其少時曾爲石趙質子，留鄴期間，習染華風，始稍具國家規模。但其部族之行國本質未嘗改變。

及至道武拓跋珪復國，建國號，稱魏王，並於定襄之盛樂「息衆課農」，徙山東六州民吏及徒何、高麗雜夷三十六萬，百工使巧十餘萬口以充京師，詔「計口授田」，給內徙新民耕牛，及予部民開闢牧地，種種措施，迹近集體虜掠人口之政策。明元拓跋嗣，以「戡亂自立」，僅能守成而已。故其在位，所以稍施恩惠於百姓，旨在暫施安撫。及其整頓吏治，實鑒於州郡守宰盜取公物，日趨嚴重，影響府庫。及至太武拓拔燾之統治，屢倡欲「思崇政化」，「班宣恩政」之詔，及厲行懲治守宰貪暴，徒具空文，觀其統治二十餘年，實重復軍事掠奪政策，故守宰之貪殘終不能禁，與此有莫大關係。

逮文成拓拔濬、獻文拓跋弘，對牧民之徵課及對中原之農業日益倚重下，不僅採取嚴厲措施，打擊貪暴守宰，同時更進一步注視地方之實際情況，作切實了解，此爲北魏統治者意識之轉變階段。

文明太后、孝文掌政期間，觀其所賞賜，已非昔日道武、太武時以部落軍事成員爲主，轉而以百姓中之鰥寡、獨貧、高年、孝悌、力田，或遭水旱之禍不能自存者爲對象。亦不以昔日虜掠人口，視爲當然之事。更重要者，則爲對牧民之官吏，不專作爲聚斂及專爲魏主宣揚恩德之工具。而謂「牧民者與朕共天下」，及對平民百姓，則謂「朕爲民父母」。此種意識之出現，正顯示魏主對廣大中原百姓統治心態之重大轉變。換言之，即打破統治者權貴與百姓爲一主客關係。此種統治意識之改變，於詔令中所示均甚明確。而孝文太和八年所頒布之俸祿制，更是此一意識落實具體表現。孝文前無俸祿制，史稱「自中原喪亂，茲制中絕，先朝因循，未遑釐改」者，僅爲託辭耳，其主要原因，則爲其統治中原仍以軍事掠奪、分贓爲目的，並非爲民、利民。並無視君、臣、民爲一體之觀念，故朝廷雖刻意整飭吏治，懲治州郡守宰之貪殘，終難奏效，不無關係。

註釋：

註一：清人陳毅於魏書官氏志疏證指出，拓跋氏命氏之說不足信。見廿五史補編。

註二：昭皇帝祿官（始祖子）繼位，分國為三部。祿官自統一部，居上谷北，濡源之西；文帝長子桓皇帝猗㐌統一部，居代郡之參合陂北；桓帝弟穆皇帝猗盧統一部，居定襄之盛樂故城。

註三：宋書卷九五索虜傳：「晉初，索頭種有部落數萬家在雲中。惠帝末，并州刺史東瀛公司馬騰於晉陽為匈奴所圍。索頭單于猗駞（㐌）遣軍助騰。懷帝永嘉三年，駞弟盧率部落自雲中入雁門，就并州刺史劉琨求樓煩等五縣。琨不能制，且欲倚盧為援，乃上言：「盧兄駞有救騰之功，舊勳宜錄，請移五縣民於新興，以其地處之。」琨又表封盧為代郡公。愍帝初，又進盧為代王，增食常山郡。

註四：魏書卷一一三官氏志：「凡此四方諸部，歲時朝貢，登國初，太祖散離諸部落，始同為編民。又北史卷八〇外戚賀訥傳：「其先世為君長……四方附國者數十部，……訥從道武平中原，拜安遠將軍。其後散離諸部，分土定居，不聽遷徙，其君長大人皆同編戶。

註五：按昭成什翼犍死後，以孫珪繼位，而什翼犍諸孫頗有心懷異志，衛王儀（秦明王翰子，什翼犍孫）最為顯著。魏書卷一五昭成子孫傳：「儀……容貌甚偉……有算略，少能舞劍，騎射絕人，太祖幸賀蘭部，侍從出入。……從破諸部，有謀戰功。……命督屯田於河北。……大得人心，……中山平……詔儀守尚書令以鎮之，遠近懷附……世祖之初育也，太祖喜，夜召儀入，太祖曰：「卿聞夜喚，乃不怪懼乎？」儀曰：「

臣推誠以事陛下，陛下明察，臣輒自安。匃奉夜召，怪有之，懼實無也。」……先是，上谷侯岌，張袞、代郡許謙等有名於時，學博今古，初來入國，聞儀待士，先就儀。儀並禮之，共談當世之務，指畫山河，分別城邑，成敗要害，造次備舉。謙等歎服，相謂曰：「平原公有大才不世之略，吾等當附其尾。」太祖以儀器望，待之尤重，數幸其第，如家人禮。儀矜功恃寵，遂與宜都公穆崇謀為亂。伏武士伺太祖，欲為逆，崇子遂昌在伏士中，太祖召之，將有所使。遂留聞召，恐發，踰牆告狀，太祖秘而恕之。天賜六年，天文多變。占者云：「當有逆臣伏屍流血。」太祖惡之。頗殺公卿，欲以厭當天災。儀內不自安，單騎遁走。太祖使人追執之。遂賜死。

註六：太宗即位前，有清河王紹謀逆。呂思勉先生兩晉南北朝史第八章第二節托跋氏坐大上論之甚詳。

註七：魏書卷三太宗紀，永興三年，詔曰：「衣食足，知榮辱，夫人之饑寒切己，惟恐朝夕不濟，所急者溫飽而已，何暇及於仁義之事乎？王教之多違，蓋由於此也，非夫耕婦織，內外相成，何以家人足矣。」

註八：北史卷九八高車傳：「太武征蠕蠕，破之而還。至漠南，聞高車東部在己尼坡，人畜甚衆，去官軍千餘里，將遣左僕射安原討之……高車諸部望軍而降者數十萬，獲牛馬亦百餘萬。皆徙置漠南千里之地，乘高車，逐水草，畜牧蕃息。數年之後，漸知粒食，歲致獻貢，由是國家馬及牛羊，遂致於賤。氈皮委積。

註九：史稱至者數百人，但無可考。今據魏書卷四八高允傳載其所作徵士頌所錄三十四人，而為州郡官吏者幾近半數。

註十：宋書卷九五索虜傳：「燾凡破南兗、徐、兗、豫、青、冀六州，殺略不可稱計。」

註十一：唐長孺魏晋南北朝史論叢，拓跋國家的建立及其封建化云：宋軍北伐時魏羣臣請拓跋燾救緣河穀帛，他的答覆是：「國人皆著羊皮袴，何用綿帛。」就可知道魏晋以來作爲賦稅收入大宗的綿帛，在拓跋燾是不大重視的。這雖然是南朝傳聞之辭，但有此傳聞即因當時拓跋帝國對於河南、北經濟利益還沒有從經常性的剝削上予以足夠的重視。

註十二：魏書卷三三公孫表附子軌傳：「初，世祖將北征，發民驢以運糧，使軌部詣雍州。軌令驢主皆加絹一匹，乃與受之。百姓爲之語曰：『驢無强弱，輔脊自壯』。衆共嗤之。坐徵還。眞君二年卒。……軌既死，世祖謂崔浩曰：「吾行過上黨，父老皆曰：『公孫軌爲受貨縱賊，使至今餘姦不除，軌之咎也。其初來，單馬執鞭；返去，從車百輛，載物而南。丁零渠帥乘山罵軌，軌怒，取罵者之母，以矛刺其陰而殺之，曰：『何以生此逆子！』從下到擘，分磔四支於山樹上以肆甚忿。是忍行不忍之事。軌幸而早死，至今在者，吾必族而誅之。」，以此觀之，而謂公孫軌之臨財不苟得，誠爲矯情。

註十三：高宗時，車騎大將軍乙渾矯詔大殺朝臣。高宗崩，乙渾專擅，隔絕內外，百官震恐，順陽公元郁，欲誅渾，事敗，爲渾所殺，渾有廢立之謀，卒爲文明皇后所殺，此可見其能行大事之證。

註十四：北史卷一三文明皇后馮氏傳：「及孝文生，太后躬親撫養，是後罷令不聽朝政。太后行不正，內寵李弈。」又魏書卷五八楊播附椿傳：「太和初，吾兄弟三人並居內職，兄在高祖左右，吾與津在文明皇太后左右……亦有太后、高祖中間傳言構間者。吾兄弟自相誡曰：「今忝二聖近臣，母子間甚難，宜深愼之。又列人事，亦何容易，縱被瞋責，愼勿輕言。」……太和二十一年……高祖謂諸王、諸貴曰：「北京之日，太后嚴明，吾每得杖，左右因此有是非言語。和朕母子者，唯楊椿兄弟。」此稱爲母子，職是之故，呂思勉先生頗疑孝文爲太后之私生子。（參閱兩晉南北朝史）

註十五：魏書卷三〇王建傳：「（建）從破慕容寶於參合陂，太祖乘勝席卷南夏，於是簡擇俘衆，有才能者留之，其餘欲悉給衣糧遣歸，令中州之民咸知恩德。乃召羣臣議之。建曰：『慕容寶覆敗於此，國內虛空，圖之爲易。今獲而歸之，無乃不可乎？且縱敵生患，不如殺之。』太祖謂諸將曰：『若從建言，吾恐後南人創乂，絕其向化之心，非伐罪弔民之義。』諸將咸以建言爲然，建又固執，乃坑之。太祖旣而悔焉。」從太祖之言，所謂遣歸者，目的在於宣揚，使南人有向化之心而已。

註十六：魏書卷二太祖紀：「天興元年……詔百司儀定行次，尙書崔玄伯等奏從土德，服色尙黃。」則高閭實從崔玄伯之說。

（完）

西漢之丞相

——讀史劄記一則

孫國棟

西漢丞相位望最尊、禮遇最隆、責任最重，而形勢則甚孤立，所以權力之起落變化最大。

漢承秦制，秦制以丞相御史兩府爲行政之重心。漢書蕭何傳謂：「沛公至咸陽，何先收秦丞相御史律令圖書藏之，沛公具知天下阸塞、戶口多少强弱處、民所疾苦者，以何得秦圖書也。」（漢書卷三十九蕭何傳）政府之律令，全國之戶口、天下之阸塞，以及民之疾苦，丞相御史兩府資料俱全，其爲行政之重心可見。

丞相位最尊，秩萬石、金印紫綬。漢舊儀云：

「皇帝在道，丞相迎謁，謁者讚稱曰：『皇帝爲丞相下輿』，立，乃升車。皇帝見丞相，起，謁者讚稱曰：『皇帝爲丞相起立』，乃坐。」

至西漢晚年成帝時，翟方進猶謂：「丞相進見聖主，御坐爲起，在輿爲下。」（漢書卷八十四翟方進傳）。哀帝時，丞相王嘉得罪，少府猛等十人上疏：「聖主於大臣，在輿爲下，御坐爲起，疾病視之無數，死則臨弔。」（漢書卷八十六王嘉傳）可見丞相之位高禮尊。而責任尤重。陳平對文帝曰：

「宰相者，上佐天子理陰陽、順四時、下遂萬物之宜，外鎭撫四夷諸侯，內親附百姓，使卿大夫各得其職也。」

（漢書卷四十陳平傳）

哀帝册免丞相孔光，詔書曰：

「丞相者，朕之股肱，所與共承宗廟，統理海外，輔朕之不逮，以治天下也……君今相朕，出入三年，憂國之風無聞焉，陰陽錯謬，歲比不登，天下空虛，百姓饑饉，父子分散，流離道路以十萬數，而百官羣職曠廢；姦軌放縱，盜賊並起……咎由君焉，君秉社稷之重，總百僚之任，上無以匡朕之闕，下不能綏安百姓，於虖！君其上丞相博山侯印綬，罷歸。」（漢書卷八十一孔光傳）

成帝綏和二年，天文有大變，熒惑守心，成帝賜丞相翟方進册曰：

「皇帝問丞相：惟君登位，於今十年，災害並臻，民被饑餓，加以疾疫溺死……盜賊黨輩，吏民殘賊，毆殺良民，斷獄歲歲多前，上書言事，交錯道路，懷姦朋黨，相爲隱蔽，皆亡忠慮，羣下兇兇，其咎安在？觀君之治，無欲輔朕富民、便安元元之念，間者郡國穀雖頗熟，百姓不足者尚衆，前去城郭，未能盡還，夙夜未嘗忘焉……朕誠怪君，何持容容之計，無忠固意，將何以輔朕，帥道羣下，而欲久蒙顯尊之位，豈不難哉……。」（漢書卷八十四翟方進傳）

方進即日自殺。

丞相之責，如此其重，而丞相之勢則最孤立，何以言之？丞相雖名總領百僚，而百僚之中能羽翼丞相以對抗君主，於緩急之際，能爲丞相緩頰之同僚則甚少。據百官公卿表所列，中央政府之重要組織除丞相之外，有太尉、御史大夫、三師、列將軍、九卿、東宮官、諸大夫、諸校尉幾類而已。太尉、三師、列將軍不常置，且不屬丞相職權之系統；東宮官掌皇后、太子事，諸校尉於武帝時初置，掌屯兵，亦不屬丞相職權系統。御史大夫位上卿，百官公卿表謂掌副丞相，應最可以羽衛丞相。然究其實，武帝以前，御史大夫不啻皇帝之秘書，一切詔命，先下御史，然後轉達丞相；御史中丞在殿中蘭臺掌圖籍秘書，受公卿奏事，尤與皇帝近密（漢書卷十九百官公卿表）。如高帝十一年，下詔召賢良云：

「賢士大夫有肯從我游者，吾能尊顯之，布告天下，使明朕意。御史大夫昌下相國，相國酇侯（蕭何）下諸侯王，御史中執法（御史中丞）下郡守。」（漢書卷一下高帝紀第一下）

居延簡：

「□□（御史）大夫廣明（田廣明）下丞相，丞相義（蔡義）下中二千石、二千石、郡太守、諸侯相。」

又元狩六年封王之制：

「御史大夫湯（張湯）下丞相，丞相下中二千石、二千石。」（史記卷六十褚補三王世家）

故御史大夫雖曰副相，而不居丞相府而別立御史府，與丞相府對稱「兩府」，隱然有相檢察之意。且西漢凡丞相出缺，多由御史大夫遷補。哀帝時朱博上書云：

「高祖皇帝以聖德受命，建立鴻業，置御史大夫，位次丞相，典正法度，以職相參，總領百官，上下相臨，歷載二百，天下安寧……故事選郡國守相高弟爲中二千石（九卿），選中二千石爲御史大夫，任職者爲丞相，位次有序，所以尊聖德，重國相也。」（漢書卷八十三朱博傳）

丞相既由御史大夫補缺，又丞相御史兩府相對，則御史大夫不能輔翼丞相爲勢所必然。考西漢二百餘年間，丞相與御史大夫之間固有同心同德者，如宣帝時之魏相與丙吉(漢書卷七十四魏相傳)、元帝時之于定國與陳萬年(漢書卷七十一于定國傳)，而丞相與御史大夫相違戾者甚不少。

如武帝時丞相嚴青翟與御史大夫張湯不協，有人盜發孝文園瘞錢，青翟與張湯俱約至武帝前謝罪，及見，青翟謝，張湯不謝。武帝使御史案其事。張湯劾青翟「見知故縱罪」。丞相長史謂丞相曰：「始湯約與君謝，已而賣君，今欲劾君以宗廟事，此欲代君耳。」(漢書卷五十九張湯傳)

又如宣帝時，丞相丙吉與御史大夫蕭望之不協，望之心輕丙吉，奏丞相非其人(漢書卷七十八蕭望之傳)

又丞相于定國與御史大夫貢禹「數處駁議」(漢書卷七十一于定國傳)。

哀帝時朱博爲大司空(御史大夫)，數燕見奏封事，言丞相孔光不能憂國，哀帝免光爲庶人，以朱博代光爲丞相(漢書卷八十三朱博傳)。

又丞相王嘉封還哀帝增封董賢之詔書，哀帝大怒，交將軍、中朝官議處。中朝官劾奏王嘉迷國罔上，不道。哀帝使票騎將軍、御史大夫、中二千石、二千石、諸大夫、博士、議郎議。時御史大夫爲賈延，竟不見持正一言，至王嘉寃死獄中(漢書卷八十六王嘉傳)。

故杜佑謂：「凡爲御史大夫而丞相次也，其心冀幸丞相物故、或乃陰私相毀害，欲代之。」(通典卷二十四、職官六・御史大夫欄)

御史大夫不能輔翼丞相如此。

九卿秩中二千石，論地位，緩急可以爲丞相助。但九卿除廷尉、大司農、大鴻臚三卿之外，其餘六卿俱服務宮廷，與皇帝密近，其不能羽翼丞相對抗君主無疑。

諸大夫雖掌議論，然皆出入內廷，侍從皇帝，有如皇帝之私臣，其意態自親近皇帝多，翊衞丞相少。文帝時丞相申屠嘉與太中大夫鄧通之事可爲顯例。申屠嘉傳謂：

「太中大夫鄧通（得文帝）愛幸，嘉入朝，而通居上旁，有怠慢之禮。嘉奏事畢，因言曰：『陛下幸愛羣臣，則富貴之，至於朝廷之禮，不可不肅。』上曰：『君勿言，吾私之。』罷朝，嘉檄召通詣丞相府……通至……免冠徒跣，頓首謝嘉。嘉坐自如，弗爲禮。責曰：『夫朝廷者，高皇帝之朝廷也。通小臣，戲殿上，大不敬，當斬。史今行斬之。』通頓首，首盡出血，不解。上度丞相已困通，使使持節召通，而謝丞相：『此吾弄臣，君釋之。』」（漢書卷四十二，申屠嘉傳）

鄧通之事固不足以例其餘大夫，然由此可以窺見諸大夫於皇帝與丞相間之親疏不同。

丞相之直接僚屬惟有兩長史，秩僅千石，其下十三曹，秩位更卑不足道。武帝時更置司直，秩比二千石。緩急亦不足以助丞相。加以漢之法制太疏，一切集權於丞相。上有不測之尊君，下無可以據法力爭爲丞相分憂之僚佐。倘一旦丞相之意見與皇帝相左，中間無復緩衝之地，君相之間，勢不得相容，丞相縱不至陷於大戮，去位乃所不免。此與唐代之宰相制不同，唐宰相中書令、侍中秩正三品，同平章事則多四品官，宰相之上有太尉、司徒、司空，以一品重臣超然於政局之外；尚書左右僕射從二品，多以舊相居之，覬覦相位之心不切；御史大夫亦正三品，獨立主持憲臺，非如漢代之御史大夫，以丞相爲敘進之目標，故爭宰相之位不切。而尤重要者，宰相領導中書門下兩省諫官及給事中，君主之失德，諸諫官自當諫諍；皇帝之亂命，給事中自行封勅。故晚唐穆宗、敬宗、懿宗庸劣之主，其行誼時時爲諫官所諍論；德宗、宣宗專權皇帝，其詔令時時爲給事中所封駁。倘如漢哀帝之增封董賢，放之於唐代，則自有給事中封駁及諫官諍論，不必丞相王嘉因封駁而召死禍。且君相意見之參商，常在於用人，唐代法制較密，六品以下官由吏部按勞資進敍，經給事中審查，然後進聞於君主，故君主不易改易；五品以上官由中書門下進擬，中書門下爲羣相合議，君主較難動搖。所以爲唐之宰相較易，爲漢之丞相較難。丞相之位既難處，則阿諛取容之心易生，且古代無憲法，宰相之職權，有「故事」可遵循，無法制可根據，所以職權地位之高低大小，因丞相個人之學養、能力、勳勞、資望之深淺與君主之性格意態及信任之程度爲轉移，總攬西漢二百一十四年間丞相四十四人其權力地位之升降，變化至多，約可分爲六階段。

第一階段由高帝、惠帝、呂后、文帝至景帝二年約五十年。在此期間丞相地位最高、權力最大、禮遇最隆。此五十年中任丞相者蕭何、曹參、王陵、陳平、審食其、周勃、灌嬰、張蒼、申屠嘉九人。

漢初，高祖與諸侯東繫楚，蕭何以丞相守關中，專任關中事，獨任丞相十四年。其後曹參繼任,諸事無所變更,一切遵蕭何舊規，蕭曹兩人，開漢代丞相之規模。曹參死，王陵、陳平繼任左右丞相，及呂后稱制,大封諸呂爲王,王陵反對，罷爲太傅，謝病杜門不朝請。呂后以審食期爲左丞相，食其得幸於呂太后，及爲相，不任丞相職務，而監於宮中，有如郎中令。故呂后稱制八年，名爲左右丞相，其實陳平獨相。呂后於八年死，丞相陳平與太尉周勃及諸功臣宗室誅諸呂，迎立文帝，以後陳平、周勃、灌嬰、張蒼、申屠嘉相繼代。文帝謙讓守法，丞相之職權地位仍繼蕭、曹以來規模，由申屠嘉之責鄧通可以窺見。此五十年間丞相風望之竣整，爲漢代丞相制之典型期。

第二階段由景帝二年申屠嘉死至武帝元光四年田蚡死止，約二十五年。此階段任丞相者陶青、周亞夫、劉舍、衞綰、竇嬰、許昌、田蚡七人。

景帝嚴毅寡恩，非復如惠帝、文帝之謙退。有風望之丞相如申屠嘉、周亞夫不能終其位。景帝初年，申屠嘉爲丞相，二年晁錯爲內史，貴幸用事，法令多請變更，申屠嘉以所言不用，嘔血而死（漢書卷四十二申屠嘉傳）。周亞夫平吳楚七國之亂，由太尉遷丞相，因爭廢栗太子、侯王信及封匈奴諸降王三事與景帝不協，辭位，卒以微故冤死獄中（漢書四十周亞夫傳）。其後陶青、劉舍繼相，班固謂其「齪齪廉謹，爲丞相備員而已」（漢書卷四十二申屠嘉傳），漢書且不爲之立傳。衞綰則「自初宦以至丞相，終無可言」，顏師古註云：「終無可言者，不能有興建及廢罷」（漢書四十六衞綰傳註）。景帝不能用丞相如此。

武帝初立，年少，竇嬰以竇太后故入相，明年推重儒術，竇太后不悅而免。許昌繼任，班固譏其「無功名著於世」（漢書卷四十二申屠嘉傳），亦不爲之立傳。其後，田蚡以帝舅入相，每入奏事，「語移日，所言皆聽，荐人或起家至二千石」，此階段，唯田蚡能稍行丞相職權，此特少主尊重母舅耳。及田蚡死，武帝壯大，以後丞相地位益低，而進入第三階段。

第三階段由武帝元光四年至武帝後元二年武帝死共四十五年。在此階段，政局有幾點變化：一爲漢初功臣略盡，以封侯然後拜相之傳統不能維持，此後多拜相然後封侯，丞相入相之位望漸輕。二爲少府之卑官尙書漸成出納王命之樞紐。於是丞相之職權被侵蝕。三爲郎中令（光祿勳）之職官員額擴充，品秩升高，形成內廷一龐大智囊集團，時時左右外廷大臣之決策。對丞相職權之破壞，以第三點最爲嚴重。

郎中令掌宮殿掖門戶，屬官有大夫、中大夫，皆無定員。武帝元狩五年初置諫大夫，秩比八百石。太初元年更中大夫爲光祿大夫，秩比二千石，太中大夫秩比千石；郎掌守門戶，出充車騎，有議郎、中郎、侍郎、郎中，皆無定員，多至千人。大夫員額之增加，或起於田蚡之荐士。田蚡傳云：「孝景帝崩，武帝即位，蚡以舅封爲武安侯。蚡新用事，卑下賓客，進名士，家居者貴之，欲以傾諸將相，上所塡撫，多蚡賓客計策（漢書卷五十二）。加以武帝雄略，欲大有所作爲，乃汲引人材，置之內廷，與之謀議　，於是嚴助、朱買臣、吾丘壽王、司馬相如、主父偃、徐樂、嚴安、東方朔、枚皋、膠倉、終軍、嚴葱奇等並進（漢書卷六十四上嚴助傳），或爲郎，或爲大夫，常置左右，大臣之建議，武帝多交與議論。如漢書卷六十四嚴助傳：

「建元三年，閩越擧兵圍東甌，東甌告急於漢，武帝以問太尉田蚡。蚡以爲越人相攻擊，其常事，又數反覆，不足煩中國往救也，自秦時棄不屬。於是助（嚴助）詰蚡曰：『特患力不能救，德不能覆，誠能，何故棄之，且秦擧咸陽而棄之，何但越也。今小國以窮困來告急，天子不振，尙安所愬，又何以子萬國乎？』上曰：『太尉不足與計。』」

又漢書卷五十八公孫弘傳：

「弘（公孫弘）遷御史大夫，時又東置蒼海，北築朔方之郡，弘數諫，以爲罷弊中國以奉無用之地，願罷之。於是上乃使朱買臣等難弘置朔方之便，發十策，弘不得一，弘乃謝曰：『山東鄙人，不知其便若是，願罷西南夷、蒼海，專奉朔方』。上乃許之。」

又漢書卷六十曰上吾丘壽王傳：

「丞相公孫弘奏言，『民不得挾弓弩』……上下其議，壽王（吾丘壽王）對曰……書奏，上以難丞相弘，弘屈服焉。」

可見武帝左右有一智囊集團，時時難詰公卿，故此時期丞相九人，薛澤、公孫弘、李蔡、嚴青翟、趙周、石慶、公孫賀、劉屈氂、車千秋，皆碌碌庸鄙，毫無相業。

薛澤、嚴青翟、趙周三人，班固謂其「爲丞相備員而已，無所能發明功名著於世」（見漢書卷四十二申屠嘉傳），故史記、漢書均不爲之立傳。

公孫弘以六十餘對賢良策，起於徒步，數年之間至宰相封侯，位望既輕，每朝廷會議，弘開陳其端，使人主自擇，不肯面折廷爭（漢書五十八公孫弘傳）。嘗與公卿約議，至上前，皆背其約，以順上指，故汲黯謂弘「齊人多詐而無情」，每爲內廷吾丘壽王、朱買臣、嚴助等發策詰難，弘惟屈服謝罪，其無相業可知。然弘尚能起客館、開東閤，以延賢人（漢書卷五十八公孫弘傳）。其後李蔡、嚴青翟、趙周、石慶、公孫賀、劉屈氂繼踵爲丞相，丞相府客館丘虛，壞以爲馬廐車庫奴婢室矣（漢書卷五十八公孫弘傳）。諸人之中，公孫弘之外唯石慶以惇謹，能終相位。

當石慶之任相也，武帝南誅兩越，東擊朝鮮，北逐匈奴，西伐大宛，中國多事，天子巡狩海內，修古神祠、封禪，興禮樂，公家用少，桑弘羊致利，王溫舒之屬峻法，兒寬等推文學，九卿更進用事，事不關決於慶，慶醇謹而已。又元封四年，關東流民二百萬口，無戶籍者四十萬，公卿議欲請徙流民於邊以適之，上以爲慶老謹，不能與其議（漢書卷四十六石慶傳）。石慶在相位九年，碌碌如此！

公孫賀之拜相也，尤使人驚嘆！公孫賀傳云：

「時朝廷多事，督責大臣，自公孫弘後，丞相李蔡、嚴青翟、趙周三人皆坐事死，石慶雖以謹厚得終，然數被譴。初賀引拜爲丞相，不受印綬，頓首涕泣曰：『臣本邊鄙，以鞍馬騎射爲官，材誠不任宰相』。上與左右見賀悲哀，感動下泣，曰：『扶起丞相』。賀不肯起，上乃起去。賀不得已拜。出，左右問其故，賀曰：『主上賢明，臣不足以稱，恐負重責，從是殆矣』。賀後竟以罪死。（漢書卷六十六）

田千秋原爲高祖廟衞寢之郎，地極卑微，會衞太子爲江充所譖死，武帝後有悔意，千秋上急變訟太子寃。武帝大感寤，召見千秋，立拜爲大鴻臚，數月，遂代劉屈氂爲丞相。千秋無他材能學術，又無伐閱功勞，特以一言寤意，旬月取宰相封侯。後漢使至匈奴，單于問曰：「聞漢新拜丞相，何用得之？」使者曰：「以上書言事故」。單于曰：「苟如是，漢置丞相，非用賢也，妄一男子上書即得之矣」（見漢書卷六十六車千秋傳）

武帝之輕任丞相與輕殺丞相如此！漢初之丞相制度已爲武帝破坏無餘。

第四階段由昭帝始元元年至宣帝地節三年，約二十年。此階段大司馬大將軍霍光以內朝領袖專政，外朝丞相唯大將軍之命是從。

內朝之形成，浸漬自武帝內廷之龐大智囊集團，至霍光以大司馬大將軍輔政，乃正式有內朝一詞出現、凌駕外朝之丞相系統。漢書卷七十七劉輔傳註孟康曰：

「中朝，內朝也。大司馬、左右前後將軍、侍中、常侍、散騎、諸吏爲中朝。丞相以下至六百石爲外朝也。」

錢大昕三史拾遺云：

「漢書稱中朝官或稱中朝者，其文非一，惟孟康此註最爲分明……然中外朝之分漢初蓋未之有，武帝始以嚴助、主父偃輩入直承明，與參謀議，而其秩尚卑，衞青、霍去病雖貴幸，亦未干丞相御史職事，至昭、宣之世，大將軍權兼中外，又置前後左右將軍，在內朝預聞政事，而由庶僚加侍中給事中者，皆自託爲腹心之臣矣，此西京朝局之變，史家未明言之，讀者可推驗而得也。」

在此期間，外朝任丞相者田千秋、王訢、楊敞、蔡義、韋賢五人，皆唯霍光之命是從。

田千秋以一言寤悟武帝居相位，每公卿朝會，霍光謂千秋曰：「始與君侯俱受先帝遺詔，今光治內，君侯治外，宜有以教督，使光毋負天下」。千秋曰：「唯將軍留意，即天下幸甚。」終不肯有所言（漢書卷六十六車千秋傳）

侯史吳之獄，霍光必欲置廷尉王平、少府徐仁及侯史吳於死地。徐仁爲田千秋之婿。千秋召中二千石會公車門議問，霍光以千秋擅召中二千石以下會議，使「外內異言」（顏師古註外內：外朝與內朝），欲並置田千秋於法，後得杜延年爲之緩頰，然後千秋得免（漢書卷六十杜周傳）。丞相召中二千石議論刑獄，大將軍以爲擅召會議，欲加罪，丞相之地位爲如何！

千秋之後，王訢任丞相兩年，無所表現。

楊敞與蔡義皆原給事於大將軍霍光幕府，爲霍光所汲引入相。楊敞「素謹畏事」，霍光之廢昌邑王，使大司農田延年報敞，敞驚懼，不知所言，汗出洽背，徒唯唯而已。延年起至更衣，敞夫人遽從東廂謂敞曰：「此國大事，今大將軍議已定，使九卿來報君侯，君侯不疾應，與大將軍同心，猶豫無決，先事誅矣。」延年從更衣還，敞、夫人與延年參語許諾，請奉大將軍教令，遂共廢昌邑王，（漢書卷六十六楊敞傳）立宣帝。皇帝之廢立，一由大將軍，丞相惟其所命。

蔡義為丞相時年八十餘，常兩吏挾夾乃能行，時議者或言：「霍光置宰相不選賢，苟用可顓制者」（漢書卷六十六蔡義傳）。

韋賢以名儒入相，亦碌碌無所表現。霍光以大將軍專政二十年，丞相有如虛位。任譖曰：「大將軍……持國權柄，殺生在手中…百官以下，但事馮子都王子方等（霍光奴），視丞相亡如也」。（漢書卷六十八霍光傳）

第五階段由宣帝地節三年至黃龍元年約二十年，丞相魏相、丙吉、黃霸、于定國四人。地節二年，大司馬大將軍霍光死，明年大司馬霍禹謀亂，丞相魏相助宣帝誅除霍氏。宣帝重用魏相，然後丞相再受尊重。其後丙吉繼相。宣帝為武帝衛太子之孫，衛太子遭巫蠱之禍而死，皇孫（宣帝）繫獄，賴丙吉保育，得以安全。宣帝以舊恩重丙吉，丙吉亦通經學，明大誼。宣帝中興，魏相、丙吉之力為多。班固讚曰：「近觀漢相，高祖開基，蕭、曹為冠，孝宣中興，丙、魏有聲，是時陟黜有序，衆職修理，公卿多稱其位，海內興於禮讓，覽其行事，豈虛乎哉。」（漢書卷七十四魏相丙吉傳）宣帝雖重魏相、丙吉，丞相職權稍恢復，然經景帝、武帝、昭帝三朝之摧殘，丞相地位究不可與漢初蕭、曹等相比擬。繼丙吉之後，黃霸、于定國入相。黃霸、于定國屢遭宣帝譴責（見漢書七十一于定國傳及八十九卷黃霸傳）。尤以黃霸推荐樂陵侯史高任太尉，遭宣帝之責讓最爲無理。宣帝使尚書問霸：

「夫宣明敎化，通達幽隱，使獄無寃刑，邑無盜賊，君之職也。將相之官，朕之任焉，侍中樂陵侯高，帷幄近臣，朕之所日親，君何越職而擧之？」霸免冠謝罪，數日乃決（漢書卷八十九黃霸傳）。」

丞相荐太尉，宣帝以爲越職，丞相免冠謝罪，是君相俱失其道，此決非漢初之丞相。

第六階段爲元帝、成帝、哀帝三朝四十八年。任丞相者十一人：韋玄成、匡衡、王商、張禹、薛宣、翟方進、孔光、朱博、平當、王嘉、馬宮。在此階段，佞臣與太后更迭用事，丞相惟仰承鼻息而已。

元帝仁弱，終元帝一朝中書令石顯專擅，丞相韋玄成、匡衡皆畏石顯不敢失其意。故朱雲數上疏，言丞相韋玄成「容身保位」（漢書卷六十七朱雲傳）。及元帝死，成帝初即位，石顯失所恃，然後匡衡與御史大夫甄譚共奏顯，追條其舊惡，並及黨與。司隸校尉王尊劾奏：

「衡（匡衡）、譚（甄譚）居大臣位，知顯（石顯）等專權勢，作威福，爲海內患害，不以時白奏行罸，而阿諛曲從，附下罔上，無大臣輔政之義，旣奏顯等，不自陳不忠之罪，而反揚先帝任用傾覆之徒，罪至不道」（漢書卷八十一匡衡傳）

韋玄成、匡衡之畏石顯不能振擧相業可知。韋玄成、匡衡爲一時之儒宗，元帝好儒術，此後以儒學居相位者相繼，然皆碌碌庸儒，或扼於佞臣，或扼於王、傅兩太后親貴，無所建樹。漢書卷八十一讚曰：

「玄成、匡衡、張禹、翟方進、孔光、平當、馬宮……咸以儒宗居相位，服儒衣冠，傳先王語，其醞藉可也，然皆持祿保位，被阿諛之譏，彼以古人之迹見繩，烏能勝其任乎！」

成、哀之際，可稱爲大臣有宰相風者，王船山謂惟王嘉一人而已。王嘉以封還增封董賢詔書，至繫獄二十餘日，不食嘔血而死（漢書卷八十六王嘉傳），丞相與佞臣不能共存如此。

成、哀兩朝、佞臣之外，更有王、傅兩太后及其親黨更迭用事，船山讀通鑑論謂：「成、哀之世，漢豈復有君臣哉，婦人而已矣。」「王、傅二女主交相起伏，漢已無君與大臣也久矣。」「哀帝之初，傅氏與王氏爭權，而傅氏勝；哀帝之亡，王氏與傅氏爭而王氏勝，勝者秉權，而不勝者憤，二氏之榮枯，舉朝而激以相訟，悲夫！」（均見讀通鑑論卷五）

孔光兩任丞相，俯首於佞臣與王氏之間，恬然無恥。船山論之最詳。讀通鑑論謂：

「（孔光）始爲廷尉，則承王莽之指，鴆殺許后，若無所懼也，而實無所懼也，莽爲之內主，天下無有難之者也。既則議爲傅太后築別室，力請逐傅遷歸故郡，抗定陶王之議，奪其主廟京師，若無所懼也，而非無所懼也，內主有人，羣臣相保，故師丹獲不測之禍，而光自若也。恥心蕩然而可淸可濁，無不可爲……拜謁迎送，執臣主之禮於董賢者，光也；莽既秉權，去賢如敝屣者，光也；拱手以天下授之賊臣者：光也；莽既誅，猶無有聲言其惡以殄其世者，光也。嗚呼，人苟自盡喪其恥，則弑父與君而罪不及，亦險矣哉。」（讀通鑑論卷五）

張禹於成帝朝任丞相六年，以老病乞骸骨，禹雖家居，以特進爲天子師。國家每有大政，必與定議。永始元延間，日蝕地震尤數，吏民上書言災異之應，譏切王氏專政所致。成帝懼變異數見，意頗然之，未有以明見。乃車駕禹第，避左右親問禹以天變，因以吏民所言王氏專政事示禹。禹自見年老，子孫弱，又與曲陽侯王根不平，恐爲所怨，於是謂成帝曰：

「…『災變之異，深遠難見，故聖人罕言命，不語怪神，性與天道，自子貢之屬不得聞，何況淺見鄙儒之言。陛下宜修政事以善應之，與下同其福喜，此經義意也。新學小生，亂道誤人，宜無信用。』上雅信愛禹，由此不疑王氏。後曲陽侯根及諸王子弟聞知禹言，皆喜悅，遂親就禹（漢書卷八十一張禹傳）。

因日蝕地震以警王氏之專政，固爲怪力亂神之言，然王氏專擅多年，吏民托此以動成帝，張禹爲子孫之私計，曲意呵護王氏，其言怪力亂神未必非，而賣好於王氏之私心實可誅。然則張禹爲丞相之日，其相業可想而知矣，無怪朱雲於成帝時上書求見，公卿在前，雲曰：「今朝廷大臣，上不能匡主，下亡以益民，皆尸位素飡……臣願賜尚方斬馬劍，斷佞臣一人以勵其餘。」成帝問曰：「誰也？」對曰：「安昌侯張禹」。成帝大怒曰「小臣居下訕上，廷辱師傅，罪死不赦」。御史將雲下。雲攀殿檻，檻折，雲呼曰：「臣得下從龍逢比干遊於地下足矣，未知聖朝如何耳！」御史遂將雲去。……及後當治檻，成帝曰：「勿易，因以輯之，以旌直臣。」（見漢書卷六十七朱雲傳）張禹之佞鄙可知。

王商頗剛毅有才，以不容於王鳳，因以小故而免相，免相三日，嘔血而死。（漢書卷八十二王商傳）

翟方進當時稱其「知能有餘，兼通文法吏事，以儒雅緣飾法律，號爲『通明相』」（漢書卷八十四翟方進傳）。而依附淳于長，欲與王氏相忤，卒爲王氏所覆。

朱博亦稱能吏，然操持不正，以阿傅太后稱尊號而取相位，又承傅太后之旨斥奏傅喜，卒以此致敗（漢書卷八十三朱博傳）。

其餘平當、馬宮、薛宣之流，在丞相之位甚短，更碌碌無所表現，故當成、哀之際，任丞相而能獨立於王氏、傅氏牢籠之外有所表現者更無一人！

一種制度必賴一番精神以維持，精神已隳墮，制度不能獨存。成、哀兩朝，丞相伈伈俔俔於寵臣貴戚之間，不復爲綱紀百僚之首揆，名與實不稱，於是何武建言改丞相爲三公，其言曰：

「古者民樸而事約，國之輔佐，必得聖賢，然猶則天三光，備三公官，各有分職，今末俗文弊，政事煩多，宰相之材，不能及古，而丞相獨兼三公之事，所以久廢而不治也。宜建三公官，定卿大夫之任，分職授政，以考功效。」（漢書卷八十三朱博傳）

何武之用心，船山述之最明，讀通鑑論云：「漢置相，而闒政專歸於大將軍……大將軍總經緯之任，故何武有戒心焉。分置三公，以司馬參司空、司徒之間，冀以分王氏之權。」（讀通鑑論卷五）。三公制之提出，即知漢丞相制已至山窮水盡，勢非變不可。然雖改三公，而貴戚之權不去，亦不過多增虛名之宰相，多增朝臣之朋比傾軋而已，終不能抗王氏之專擅。故平帝以後，大司馬大將軍王莽一人獨尊，西漢之丞相制隨之冰消瓦解。

西漢，國史上所謂盛世；漢初丞相之風采，爲治史者所艷稱。然古代法制之思想薄弱，尊君之觀念濃厚，丞相並無强固之法制爲之支持，其權力地位，仍附麗於君權，遇謙退有容之君主如文帝，則丞相可以稍行其志；遇專權獨擅之君主如武帝，則隨其喜怒而蹂躪丞相；貴戚佞臣，又常挾君主之威以凌鑠丞相，漢之丞相，豈易爲哉！

孟德斯鳩謂：「君主之國，可以多良民而不可以多君子」。君子則錚錚然有所守、有所立；良民則俯首貼耳惟上命是從。漢代之丞相，除一二佼佼者外，餘多俯首貼耳不能獨立有所建白。盛世之朝，仍不免於此。悲夫！

錢穆與新儒家

余英時

章學誠論《浙東學術》曾說過一句名言：「學者不可無宗主，而必不可有門戶。」錢賓四師一生治學大體上都遵守這一精神。錢先生逝世以後，報章上刊出了不少紀念文字，其中頗有人把他劃入「新儒家」的旗幟之下。一九八八年八月新加坡東亞研究所開了一次「儒學發展的問題與前景」會議，我在會場上看到了一份大陸有關「現代新儒家叢書」的出版計劃，錢先生也占一專册。錢先生是二十世紀的一位「新儒家」似乎已成定論了。

但是錢先生生前卻雅不願接受此「新儒家」的榮銜。這不僅因爲他極力要避免建立任何「門戶」，而且更因爲「新儒家」具有特殊涵義，不是他所能認同的。本文想對這一問題作一初步的澄清。

一、學術與門户

論學不立門戶，是錢先生從早年到晚年一直堅持的觀點。他早年在學術界的成名之作是《劉向、歆父子年譜》；這是對康有爲《新學僞經考》的全面而有系統的駁斥。清末明初的學術界一直有今文經學和古文經學兩大壁壘的對峙。但錢先生雖摧破了今文經學，卻並未陷入古文經學。他認爲今文、古文都是清儒主觀構造的門戶，與經學史的眞相不盡相合。所以後來他在《兩漢經學今古文平議》的「自序」中說：

(1)

蓋清儒治學，始終未脫一門戶之見。其先則爭朱、王，其後則爭漢、宋。其於漢人，先則爭鄭玄、王肅，次復爭西漢、東漢，而今古文之分疆，乃由此起。

又說：

晚清經師，有主今文者，亦有主古文者。主張今文經師之所說，既多不可信。而主張古文諸經師，其說亦同樣不可信，且更見其爲疲軟而無力。此何故？蓋今文古文之分，本出晚清今文學者門戶之偏見，彼輩主張今文，遂爲今文諸經建立門戶，而排斥古文諸經於此門戶之外。而主張古文諸經者，亦即以今文學家之門戶爲門戶，而不過入主出奴之意見相異而已。……

本書宗旨，則端在撤藩籬而破壁壘，凡諸門戶，通爲一家。經學上之問題，同時即爲史學上之問題。自春秋以下，歷戰國，經秦迄漢，全據歷史記載，就於史學立場，而爲經學顯眞是。

錢先生著作中幾無處不致意於門戶之必不可有，而言之最明白暢曉者則首推此序。《朱子新學案》是他晚年最大的著作，他在這部書中則要打通理學內外各種門戶，因爲祇有拆除種種門戶之後，我們才能看清朱子的眞面目。所以「自序」說：

學者困於門戶之見，治理學則必言程、朱、陸、王。

又說：

學者又有經學、理學、乃及漢學、宋學之辨，此等皆不免陷入門戶。朱子學，廣大精深，無所不包，亦無所不透，斷非陷入門戶者所能窺究。本書意在破門戶，讀者幸勿以護門戶視之。

錢先生反覆强調門戶之見，必須打破，這和他在學術上的「宗主」有密切的關係。他一向認爲中國學術傳統以貫通和整合爲其最主要的精神。經、史、子、集雖分爲四部，四部之內又各有千門萬戶，但是所有部門都呈露中國文化的特性，因而也都可以互通。他常說，在中國學術史上，通儒的地位往往在專家之上。「通儒」自然是一種理想的境界，不是人人都能企及的。但每一時代總有少數人被推尊爲通儒；凡是足當通儒之稱的大概都是較能破除門戶之見的學人。錢先生自己便是二十世紀國學界的一位通儒，經、史、子、集無不遍涉而各有深入。據他自敘爲學的經過說：

> 入中學，遂窺韓文，旁及柳、歐諸家，因是而得見姚惜抱《古文辭類纂》及曾滌生《經史百家雜鈔》。民國元年，余十八歲，以家貧輟學，亦爲鄉里小學師，既失師友，孤陋自負，以爲天下學術，無踰乎姚曾二氏也。同校秦君仲立，年近五十，亦嗜姚、曾書，與余爲忘年交。一日，忽問余：吾鄉浦二田先生，有《古文眉詮》，亦巨著，顧治古文者獨稱姚、曾，不及浦，同是選鈔古文，其高下得失何在？余請問，秦君曰：我固不知，故舉以問君耳。嗣是遂知留心於文章分類選纂之義法。因念非讀諸家全集，終不足以窺姚、曾取捨之標的，遂決意先讀唐、宋八家。韓、柳方畢，繼及歐、王。讀《臨川集》論議諸卷，大好之，而凡余所喜，姚、曾選錄皆弗及。遂悟姚、曾古文義法，並非學術止境。韓文公所謂因文見道者，其道別有在。於是轉治晦翁、陽明。因其文漸入其說，遂看《傳習錄》、《近思錄》及黃、全兩《學案》。又因是上溯，治五經，治先秦諸子，遂又下迨清儒之考訂訓詁。宋、明之語錄，清代之考據，爲姚、曾古文者嚴加鄙薄，余初亦鄙薄之，久乃深好之。所讀書益多，遂知治史學。（見《宋明理學概述》「自序」）。

這一段自叙，極爲親切，與章太炎《自述學術次第》相似。錢先生《師友雜憶》所記雖較詳盡，但論及治學的轉折不及此序之扼要。據此序，錢先生最初從文學入手，遂治集部。又「因文見道」，轉入理學，再從理學反溯至經學、子學，然後順理成章進入清代的考證學。清代經學專尚考證，所謂從古訓以明義理，以孔、孟還之孔、孟，其實即是經學的史學化。所以錢先生的最後歸宿在史學。前面引了他的話，在解決漢代今古文經學的爭論時，他是「就於史學立場，而爲經學顯眞是。」事實上，他無論是研究子學、文學、理學，也都是站在「史學立場」上。我們可以說，「史學立場」爲錢先生提供了一個超越觀點，使他能夠打通經、史、子、集各種學問的千門萬戶。而且他的治學經驗更使他深切體會到：如果劃地自限，跼蹐於某一特殊門戶之內，則對此門戶本身也不能得到比較完整的瞭解。錢先生畢生致力於破除門戶之見，更不肯自己另建門戶，其更深一層的根據便在這裏。

但是錢先生雖懸通儒之學爲最高鵠的，卻同樣承認學術發展必然日趨分化、日趨專門。一部中國目錄校讎學史便是明證。門戶的出現正是這一發展的結果。經學之中有今文、古文，理學之外又有心學，凡此之類都是學術這一大家族在長期傳衍繁殖中所建立的支脈。所以錢先生決不是主張取消中國學問中已存在的門戶；他所反對的其實是門戶的偏見（上引章學誠「必不可有門戶」之說，微有語病，其意仍指「門戶之見」。）。學術門戶的成立自有其客觀的歷史根據，誰也不能任意加以抹殺。但持門戶偏見的人則不免過分誇張自己的門戶；他們往往高自位置，而卑視其他門戶，甚至以爲天下之美盡在己。這種偏見必然導致曲解臆說。錢先生對於現代學術必須分途發展一點，有很明確的認識。他曾說：

今天的學問已是千門萬戶，一個人的聰明力量，管不了這麼多；因此我們再不能抱野心要當教主，要在人文界作導師。所謂領導羣倫，固是有此一境界；但一學者，普通却也只能在某一方面作貢獻。學問不可能只有一條路，一方面，也不可能由一人一手來包辦。今天豈不說是民主時代了嗎？其實學問也是如此，也得民主，不可能再希望產生一位大教主，高出儕輩，來領導一切。（見《中國學術通義》，台灣學生書局，民國六十五年，頁三〇二）

可見他一方面戒學者勿陷入門戶的偏見，另一方面又强調現代學者祇能走專門化的道路，不能再妄想作「教主」或「導師」。這一段話可以幫助我們瞭解他所說的「通儒」（或「通才」）的涵義。他的「通儒」並不是和「專家」處於互不相容的地位。現代學者首先選擇一門和自己性情相近的專業，以爲畢生獻身的所在，這可以說是他的「門戶」。但是學問世界中還有千千萬萬的門戶，因此專家也不能以一己的門戶自限，而儘可能求與其他門戶相通。這樣的「專家」，在他看來，便已具有「通儒」的思想境界。但「通儒」又不僅旁通於其他門戶而已，在旁通之外，尚有上通之一境。錢先生常說，治中國學問，無論所專何業，都必須具有整體的眼光。他所謂整體眼光，據我多年的體會，主要是指中國文化的獨特系統。一九五五年我初到美國，那時我的興趣偏向社會經濟史。錢先生在十月十七日的信中指示我：「弟在美盼能有機會多留心文化史及文化哲學一方面之研究。社會史經濟史必從全部文化着眼始能有大成就。」這是中國傳統所强調的「先識其大」。換句話說，專業上通於文化整體，或「藝」進於「道」，這才是「通儒」的最高境界。錢先生論通識與專業的關係大致和章學誠所說的「道欲通方而業須專一」（《文史通義·博約下》）甚爲相近。我們不要認爲這是中國傳統學術中的陳舊觀念，而加以輕忽。事實上，西方現代也同樣有「部分」與「整體」互通的要求。近幾十年來，詮釋學逐漸從神學擴展到文學、哲學、史學等即是一顯例。

總之，在中國學問的領域內，錢先生一方面破除門戶之見，一方面又尊重現代的專業。這種似相反而實相成的論點是相對於一整體的觀念而成立的：門戶可以有高下大小之異，但同是此文化整體的門戶。因此沒有任何一個門戶有資格單獨代表整體。一切專業也都起於對此整體進行分途研究的需要，因此我們對於此整體的瞭解正有賴於各門專業精進不已。錢先生所反覆致意的則是：研究中國學問的人無論從什麼專業入手都必須上通於文化整體，旁通於其他門戶，因爲唯有如此，才能免於見樹不見林之病。

二、學問的宗主

上面我們大致說明了錢先生關於中國學問傳統中「門戶」的看法。現在我們要進一步討論他在中國學問方面的「宗主」問題。祇有把這一層講清楚了，我們才能眞正懂得錢先生爲什麼不肯認同於「新儒家」。但是討論這個問題，下筆最費躊躇。錢先生在學術思想方面的「宗主」決不是幾句話可以概括得盡的。我在這裡祇能就平時理解所及，略述錢先生爲學的旨趣與抱負，而歸結到他對儒家的看法。

根據錢先生的回憶，在十歲那一年，他的體操老師錢伯圭對他說，中國歷史走了錯路，才有「合久必分，分久必合」的治亂循環。歐洲英、法諸國，合了便不再分，治了便不再亂。所以中國此後應該學西方。錢先生接着告訴我們：

余此後讀書，伯圭師此數言常在心中。東西文化孰得孰失，孰優孰劣，此一問題圍困住近一百年來之全中國人，余之一生亦被困在此一問題內。而年方十齡，伯圭師即耳提面令，揭示此一問題，如巨雷轟頂，使我全

> 心震撼。從此七十四年來，腦中所疑，心中所計，全屬此一問題。余之用心，亦全在此一問題上。余之畢生從事學問，實伯圭師此一番話有以啓之。（見《八十憶雙親・師友雜憶》合刋，頁三三—四）

這是一段十分珍貴的自傳材料，透露出錢先生治中國學問的最初動機。他受梁啓超「中國不亡論」的刺激還在此六年以後。其實錢伯圭這一番議論也淵源於梁啓超。梁氏在《新史學》（一九〇二年）中便最早援引社會進化論來駁孟子「一治一亂」的歷史循環論。

這一動機最後發展爲他的「終極關懷」：他畢生治學，分析到最後，是爲了解答心中最放不下的一個大問題，即面對西方文化的衝擊和中國的變局，中國的文化傳統究竟將何去何從？他在這一大問題上所獲得的系統看法，遍見於《國史大綱》以下的各種著作，不是三言兩語可以概括得盡的。我在這裡祇想提出兩點觀察：第一、錢先生雖然一生以闡發中國文化的現代意義自任，但是他並不是持中國文化與西方文化相抗衡，以拒斥現代的變革。相反的，他早年對西方的學術和思想毋寧是十分歡迎的。所以章太炎、梁任公、胡適之等人運用西方哲學和史學方法研究先秦諸子，曾受到他的推重。以胡適《中國哲學史大綱》而言，錢先生一方面固嫌其疏闊，但另一方面却充分承認「其書足以指示學者以一種明確新鮮之方法」。（見《國學概論》下册，頁一四二—三）他甚至說：

> 清儒尊孔崇經之風，實自（章、梁、胡）三人之說而變。學術思想之途，因此而廣。啓蒙發凡，其說多疏，亦無足怪。論其轉移風氣之力，則亦猶清初之亭林、黎洲諸家也。（同上，頁一四四）

這樣的話難道能出自一味頑固保守的人之口嗎？事實上，二十世紀中國思想史上幾乎找不到一個嚴格意義的「保守主義者」，因爲沒有人建立一種理論，主張保守中國傳統不變，並拒絕一切西方的影響。從所謂中體西用論、中國文化本位論、到全盤西化論、馬列主義，基本取向都是「變」。所不同的僅在「變」多少、怎樣「變」以及「變」的速度而已。因此接近全變、速變、暴變一端的是所謂「激進派」，而接近漸變、緩變一端的則成了「保守派」。（詳見我的《中國近代思想史中的激進與保守》，香港中文大學廿五週年演講專輯，中文大學校刊附刊十九）下面這一段話透露了錢先生關於「變」的看法：

中國傳統政制，雖爲今日國人所詬詈，然要爲中國之傳統政制，有其在全部文化中之地位，無形中仍足以支配當前之中國。誠使中國傳統政制，尚有一些長處，尚有一些精義，豈得不爲之洗發。儻能於舊機構中發現新生命，再澆沃以當前世界之新潮流，注射以當前世界之新精神，使之渙然一新，豈非當前中國政治一出路。

（見《政學私言》，重慶，商務印書館，民國三十四年，頁九）

這裏所說的雖僅是政制，但其原則同樣可以旁通於其他方面，並上推至中國文化的全體系。錢先生顯然也主張中國傳統必須結合世界「新潮流」、「新精神」以求「變」。然而他要求我們在「變」之前，首先對中國的文化傳統有一眞切的瞭解。他一生獻身於中國史，特別是學術思想史的研究，與其說是爲了維護傳統，毋寧說是爲了傳統的更新而奠定歷史知識的基礎。這便是上文所引「於舊機構中發現新生命」一語的本旨所在，他在逝世前兩年（一九八八）也曾明白地說：「余之所論每若守舊，而余持論之出發點，則實求維新。」（《國史新論》「再版序」）。

這裏引出我的第二點觀察。錢先生中年以後，學問的宗旨確立，從此他對中國文化傳統的生命力抱着無比堅定的信心。這一信心建立在兩個基礎之上：第一是他自己長期研究所創獲的歷史知識；第二是兩次世界大戰所暴露的西方文化的危機。前者使他看清了中國文化自成一獨特的系統，並非如時人所云，中國和西方的不同在於落後了整整一個進化的階段。當時仍然支配着中國史學界的實證論觀點（包括《國史大綱・引論》中所指的「革新派」和「科學派」）對於錢先生已不能發生限制作用了。西方文化的危機更使他認識到中國的前途決不能寄托在「一切向西方學習」這種幼稚的想法上面。他從十歲起，便爲中國治亂循環而近代西方則有治無亂之說所困。但西方在短短二十年間竟爆發兩次大戰，他再也不能相信嚴重的文化問題僅僅發生在中國而不在西方了。

錢先生自《國史大綱》起才公開討論中西文化問題。他以鮮明的民族文化立場表明了他在學問上的「宗主」。面對西方文化的挑戰，中國文化自不能不進行調整和更新，但是調整和更新的動力必須來自中國文化系統的內部。易言之，此文化系統將因吸收外來的新因子而變化，却不能爲另一系統（西方）所完全取代。他稱這種變化爲「更生之變」：「所謂更生之變者非徒於外面爲塗飾模擬，矯揉造作之謂，乃國家民族內部自身一種新生命力之發舒與成長。」（《國史大綱・引論》）他還進一步相信，祇有這一文化系統在經過現代淘汰之後仍能保持其傳統的特色，中國才算是眞正獲得了新生。他早年爲三民主義的設計所吸引，晚年甚至對「中國社會主義」的提法也發生過興趣，都是因爲他希望看到某些傳統的價值能夠通過現代化而落實在政治社會制度之中。（見《國史新論》，台北，一九八九年增訂版，頁五七—六九）

但是錢先生畢竟是史學家而不是政治家，除了《政學私言》一書以外，他也很少論及實際政治社會的設施。他一生的主要貢獻是在指示我們怎樣去認識中國的文化系統及其流變。在前一節中，我們已指出錢先生强調「道欲通方，而業須專一」的精神，這和他把文化看成一整體系統有密不可分的關係。從整體系統的觀點出發，他最關心的是怎樣發掘出中國文化傳統的特徵，因此往往以西方文化作爲對照。他否認我們已發現了普遍的歷史規律，可以同樣適用於中國和西方。相反的，中國和西方各成一獨特的文化系統，也各有其歷史發展的階段。他不斷試圖通過大綱節上的對照以凸顯中國文化的整體精神。但是文化系統的範圍太大、內容太複雜，不允許我們輕率地「一言以蔽之」，所以分門別戶的專業研究決不可少。如果文化確是一整體系統，那麼其中每一部分、每一面相也都必然體現同一精神。從一粒沙也未嘗不能看見整個世界。用今天的話來說，錢先生所提倡的是「宏觀」和「微觀」交互爲用。他自己的工作便提供了最有力的證據。《國史大綱》以三十萬字概括了中國史的全程固然是宏觀的大手筆，《朱子新學案》以百萬言分析朱熹一人的思想和學術的發展則更是微觀的極致。但是我們如果眞想在這兩部極端相異的著作中獲得啓發，則讀前一書時必須特別注意其中微觀的根據，而讀後一書時却必須隨處留心其宏觀的涵義。

錢先生在宏觀層面所下的論斷不少，而且往往引起爭論。但這是宏觀史學的必然後果。籠罩面極廣、抽象度極高，以及觀察的角度極多，這些都是宏觀史學的基本特徵。因此宏觀不可能避免見仁見智的問題。然而宏觀畢竟是不可廢的，除非我們衹承認有一棵棵的樹，而不承認有一片森林。錢先生的宏觀論斷無論在價值取向上是「守舊」還是「維新」，都能從多方面闡明中國文化傳統的特性。大致說來，他不承認所有的文化都遵照同一模式而發展，並必然經過相同的進化階段。因此中西文化之異，在他看來，決不在於中國比西方落後了一個歷史階段，即仍處於「中古」或「封建」時代。相反的，中國與西方是不同型態的兩種文化，因此也各有各的發展階段。中西文化不同型說並非自錢先生始，清末民初以來便已不斷有人提及。梁漱溟在《東西文化及其哲學》中便作了系統的陳述。但錢先生論中國文化所採取的立場不是哲學而是史學。他不相信一部中國文化史可以化約爲幾個抽象的觀念。從歷史的立場出發，他不但分別從政治、社會、學術、宗教、文學、藝術，以至通俗思想等各方面去探究中國文化的具體表現，而且更注意各階段的歷史變動，特別是佛教傳入中國以後所激起的波瀾及其最後與中國文化主流的融合。一言以蔽之，他所走的是一條崎嶇而曲折的史學研究之路，其終極的目標是要在部分中見整體，在繁多中見統一、在變中見常。

錢先生的史學路向是與當時的主流相背的，但是他也不是完全孤立無援。在第一流中國史學家中，湯用彤和陳寅恪便和他的觀點甚爲接近。湯先生基本上相信每一文化都有它的特點和發展的方向。外來的文化思想雖然可以影響本地的文化，但還不致於根本改變他的原有精神。而且外來文化思想也必須改變到可以與本地文化相融合的地步才能發生作用。他以佛教爲例，說明「天台、華嚴二宗是中國自己的創造，故勢力較大。法相宗是印度道地貨色，雖然有偉大的玄奘法師在上，也不能流行很長久。」（見「文化思想之衝突與調和」一文，收入《往日雜稿》，中華書局，一九六二年）陳寅恪持論也完全相同，他指出六朝的道教和宋代的新儒家都是中國文化善於改造並消化外來思想（佛教）的史例。陳先生顯然也斷定中西文化屬於兩種截然不同的型態。他曾充滿信心地預測：

竊疑中國自今日以後：其眞能於思想上自成系統，有所創獲者，必須一方面吸收輸入外來之學說，一方面不忘本來民族之地位。此二種相反而適相成之態度，乃道教之眞精神，新儒家之舊途徑，而二千年吾民族與他民族思想接觸史之所詔示者也。（見「馮友蘭《中國哲學史》審查報告三」）

這個著名的預言尤其與錢先生一貫的看法若合符節。在三十年代和四十年代，中國史學界仍在實證論和進化論的支配之下（馬克思主義更把這兩種觀點推到了極端）。因此錢先生和湯、陳兩先生所共持的文化觀在當時不易得到積極的反響。但今天實證史學在西方早已脫去早期那種粗糙的面目，沒有人再堅持西方文化代表一普遍的模式，可以有效地概括一切非西方的文化；也沒有人相信「普遍的歷史規律」之說了。最近「解釋人類學」和「詮釋學」的流行使文化研究轉而注重內在「意義」的尋求。詮釋學家中更有人强調「傳統」的特殊重要性。在人文研究的領域中，「傳統」正是內在理解的關鍵所在。因爲凡是有生命力的「傳統」都必然是變動而開放的，研究者自覺地深入一個文化的「傳統」之中，才能理解這個文化的種種外在象徵所顯示的內在意義。總之，今天研究文化，客觀的實證和主觀的體會兩者不可偏廢，因此研究者必須一方面出乎其外，另一方面又入乎其內，最後才可能達到主客的統一。必須出乎其外，即蘇東坡所謂「不見廬山眞面目，只緣身在此山中」；必須入乎其內則是元遺山所謂「畫圖臨出秦川景，親到長安有幾人」。出乎其外的道理，人人都懂得，因爲這是實證論者所一向强調的。入乎其內的說法，今天才獲得較多的人的重視。人類學家所說的 **"being there"** 便是要求研究者「親到長安」。錢先生對於中國文化和歷史的研究正是主張由內外兼修以求主客統一。（他在這一問題上的具體討論略見《評胡適與鈴木大拙討論禪》，收入《中國學術思想史論叢》，（四），台北，東大圖書公司，一九七八年）他的宏觀論斷在四十年代的中國史學主流派和馬克思主義派中引起的爭議，主要使起於實證論的思維模式專取出乎其外的客觀，而否定內在的主觀理解在史學研究上的作用。錢先生推論歷史事象的內在的文化意義自然不是他們所能接受的。但在九十年代的今天，錢先生的史學取向已是觸處可見，反而引不起四十年前那樣强烈的反響了。

三、儒學觀

錢先生既以抉發中國歷史和文化的主要精神及其現代意義為治學的宗主，最後必然要歸宿到儒家思想。他生平著述之富及所涉方面之廣，近世罕見其匹，但其重心顯然是在學術思想史方面，其中尤以儒學史的研究佔據了最重要的份量。他研究儒家思想也和中國文化的其他方面一樣，是結合了外在的客觀實證和內在的主觀理解。毋庸諱言，對於錢先生來說，儒家並不僅是客觀研究的對象，而是中國人的基本價值系統。他對儒家的看法可以分兩個層次來說。第一是歷史事實的層次；第二是信仰的層次。讓我們先說第一層次。儒家的價值系統在過去兩千多年中通過種種典章制度而規範了中國人的生活的各方面。這是無可否認的歷史事實。但是在這個層次上，他有一個重要的具體論點值特別指出來：即儒家的價值系統並不是幾個古聖昔賢憑空創造出來而強加於中國人的身上的。相反的，這套價值早就潛存在中國文化—生活方式之中，不過由聖人整理成為系統而已。正是由於儒家的價值系統是從中國人的日常生活中提煉出來的，所以它才能反過來發生那樣深遠的影響。錢先生早年曾特別稱賞章學誠在《原道》篇所提出的「聖人學於眾人」的創見。章氏說：「聖人求道，道無可見，即眾人之不知其然而然，聖人所藉以見道者也。」（《文史通義．原道上》）他認為這是章氏「所持最精義理。」（見《中國近三百年學術史》，頁三八二）其實這也正是他自己的看法。他晚年在《論春秋時代人之道德精神》中說：

在有孔子儒家以前，忠孝兩德，早在中國社會實踐人生中，有其深厚之根柢。孔子亦僅感激於此等歷史先例，不勝其深摯之同情，而遂以懸爲孔門施敎之大綱。若謂孔子在當時，乃無端憑空提倡此一種理論，而始蔚成爲中國社會此後之風尚，而始目之曰道德，此則遠於事理，昧於史實。試問孔子亦何從具此大力，一憑空言，而獲後世人人之樂從乎？（見《中國學術思想史論叢》（一），台北，東大圖書有限公司，一九七六年，頁一九六）。

「聖人學於衆人」的觀念，儒家早已有之，《中庸》「君子之道費而隱」章即是此意。王陽明所謂「與愚夫愚婦同的是謂同德」也淵源於此。

錢先生的特殊貢獻則在把此一觀念歷史化了。這一具體論點十分緊要。他從不肯摭拾經典中一二語來概括儒家思想，而再三致意於儒家在各歷史階段的新發展，其根據便在這裏。中國人的生活在兩千多年中不斷變化，儒家思想自然也不可能靜止不動。但這並不是說，儒家思想僅僅被動地反映生活現實，而是說，儒家在各歷史階段中都根據新的生活現實而更新其價值系統，使之能繼續發揮引導或軌範的作用。因此他一再推重朱子註《四書》以取代《五經》是儒學史上一件大事。這一見解也顯然受到章學誠的啓發。章氏云：「夫道備於六經，義蘊之匿於前者，章句訓詁足以發明之；事變之出於後者，六經不能言，固貴約六經之旨而隨時撰述以究大道也。」（《原道》下）事實上，錢先生的許多著作也都可以作如是觀，即「約六經之旨」以闡發儒家在二十世紀的意義。

但是儒家對於錢先生而言，並不是一種歷史上的陳迹，僅足爲客觀研究的對象。更重要的，儒家是他終身尊奉的人生信仰；自少至老他都對儒家抱着深厚的感情。這便是我在前面所說的第二個層次——信仰的層次。

在這個層次上，他深信儒家的價值系統不但是造成中國民族悠久與廣大的一個主要動力，而且仍然可以爲中國的現代化提供一個精神的基礎。在他看來，儒家的價值系統無論對於社會或個人都有潛移默化的積極功能。就社會而言，中國自秦漢以下大體上便沒有森嚴的階級制度；社會上旣沒有世襲的貴族階級，也沒有歐洲在十八、九世紀尚普遍存在的農奴階級。所以歐洲各國從「舊秩序」轉變爲現代社會都必須正式頒佈農奴解放（**Emancipation**）的法令。這一現象在中國近代史上根本便不存在。這一差異是不容忽視的。（胡適雖以攻擊中國傳統著稱，但他也承認：「我們的社會組織，因爲脫離封建時代最早，所以比較的是很平等的、很平民化的。」見《胡適論學近著》，頁四九六）中國的行政官員，自漢代始，即由全國各地選拔而來，並以德行和知識爲絕對的標準，這是世界文化史上僅見之例。在其他前近代的社會中，政治權力無不由一特殊階級把持，其所憑藉的或是武力（軍人）、或是身份（貴族）或是財富（早期資產階級）。中國的「士」階層則與、農、工、商同屬平民，「四民」之間至少在理論上是可以互相流動的。這一制度更顯然直接源於儒家「選賢與能」的價值系統。不管科舉制度在實踐中發生過多少流弊，它在比較文化和社會史上的獨特意義是無可否認的。西方社會學家由於沒有現代中國人的反傳統的意識，因此反而有人對這一獨特現象感到深刻的興趣。

以上僅舉制度史一二端，並略作說明，以見錢先生對於儒家的信仰所持的根據。懂得他的根據所在，我們才能瞭解他爲什麼堅決反對以「封建」兩字概括中國的傳統社會，以「專制」兩字概括政治體制。錢先生駁斥「封建」一詞在現代中國史學上的濫用，論據明確。所以西方漢學家也曾援引其說，認爲中國西周的「封建」已不能與西方中古封建制度相比附，秦漢以後更不必說了。（見 **Arthur F. Wright, "Generalization in Chinese History"** 一文所引《國史新論》之說，收在 **Louis Gottschalk** 主編《**Generalization in the Writing of History**》，芝加哥大學出版社，一九六三年，頁五三—五四）至於「君主專制」的問題，則較為複雜。此說經梁啓超的大力宣揚之後，已深入人心，孫中山也接受此一論斷。但是錢先生並不否認中國史上有「一個迹近專制的王室」，也承認元、清「兩朝政制、更趨於專制黑暗。」（皆見《政學私言》，頁九—十，又頁一〇三）在《國史大綱》中，他更明白指出明代是「君主獨裁」。（見第三十六章）。據我反覆推究的結果，我以為錢先生所强調的其實是說：儒家的終極政治理論與其說是助長君權，毋寧說是限制君權。基於儒家理論而建立的科舉、諫議、封駁等制度都有通過「士」權以爭「民」權的涵義。（因「士」為「四民之首」。）他特別重視孫中山在西方三權之外再增設「考試」和「監察」二權，以上接中國的政治傳統。這正是由於他深信儒家的政治理論有一個合理的內核，可以與現代的民主相銜接。這是一個屬於整體判斷的大問題，自然不能沒有見仁見智之異。錢先生由於針對流行的「君主專制」說作反駁，行文之間難免引起誤會，好像他斷定傳統的儒家政治即是「民主」。有些爭議便是這樣引發的。（例如蕭公權《中國君主政體的實質》一文，現已收入他的《憲政與民主》，台北，聯經，一九八二年，頁六〇—七七）但是如果不以辭害意，我們不妨說：錢先生認為在儒家思想的指引之下，中國行政官吏的選拔早已通過科舉制度而建立了客觀而公開的標準，既非任何一個特權階級（如貴族或富人）所能把持，也不是皇帝所能任意指派的。在這個意義上，他自然無法接受「封建」或「專制」那種過於簡化的論斷。其實這個意思和韋伯（Max Weber）觀點大有相通之處。韋氏認為近代西方各國官僚制度的建立最初與民主的發展有平行的現象。由於行政官吏的任用採取了客觀的標準，因而打破了貴族的壟斷和私人的關係，結果是被統治的人民在政體面前平等化了。這種政體本身不必即是民主的，甚至依然是專制的，但這一發展還是向民主走進了一步。所以他稱之為「消極的民主化」（"passive democratization"）值得注意的是韋伯所學的史例主要都是近代西方的，而其中却包括了中國的科學任官制在內。不但如此，他還特別指出中國的制度至少在理論上更爲嚴格。（見 Max Weber,《Economy and Society》, edited by Guenther Roth and Claus Wittich, 加州大學出版社，一九七八年，頁九八四—五）。

錢先生的儒家信仰在下面這一段自敘中寫得尤其親切。他說：

> 顧余自念，數十年孤陋窮餓，於古今學術略有所窺，其得力最深者莫如宋明儒。雖居鄉僻，未嘗敢一日廢學。雖經亂離困阨，未嘗敢一日頹其志。雖或名利當前，未嘗敢動其心。雖或毀譽橫生，未嘗敢餒其氣。雖學不足以自成立，未嘗或忘先儒之渠矱，時切其嚮慕。雖垂老無以自靖獻，未嘗不於國家民族世道人心，自任其匹夫之有其責。雖數十年光陰浪擲，已如白駒之過隙，而幼年童眞，猶往來於我心，知天良之未泯。自問薄有一得，莫匪宋明儒之所賜。顧三十以後，雖亦粗有選述，終於宋明理學，未敢輕有所論著。……平居於兩《學案》最所潛心，而常念所見未切，所悟未深，輕率妄談，不僅獲罪於前儒，亦且貽害於當代。故雖私奉以爲潛修之準繩，而未敢形之筆墨，爲著作之題材也。（《宋明理學概述．序》）。

可見以人生信仰而言，錢先生確是一位現代的儒家，因爲自幼至老他所嚮往的是儒家的精神境界，所奉持的也是儒家的立身原則。

作爲一套信仰系統，儒家自然具有宗教性的一面。但儒家畢竟與一般意義下的宗教不同，它的基本方向是入世的。韋伯研究世界各大宗教的經濟倫理，必列儒家爲首，即因其對此世持最肯定的態度。（詳見 Wolfgang Sch luchter, "Weber's Sociology of Rationalism and Typology of Religious Rejections of the World," 英譯本收在 Sam Whimster and Scott Lasch

合編《Max Weber, Rationality and Modernity》, Allen & Unwin, 1987, 特別是頁一〇九—一一三。）儒家的入世教義因此又有其與世推移與變化的一面；這一面的研究則必須採取歷史的觀點。錢先生在信仰層面當然承認儒家有其歷久而彌新的常道（雖然不能用幾句話來加以概括），但是他的史學的立場則使他把儒家看成一個不斷與時俱新的活的傳統。他在這一方面有獨到的見地，與當代所謂新儒家取徑迥異。

錢先生對於儒學史的分期發展曾先後在各種著作中談到，但最有系統、也最具代表性的當推他在一九六一年《中國儒學與文化傳統》的一篇講詞。（收在《中國學術通義》中）他在此講中把儒學分爲六期。大略言之，第一、先秦是創始期。第二、兩漢是奠定期，以經學爲主，而落實在一切政治制度、社會風尚、教育宗旨以及私人修養之中。第三、魏晉南北朝是擴大期，不但有義疏之學的創立，而且擴大到史學，從此經、史並稱。第四、隋唐是轉進期，儒學在經、史之外又向文學轉進，杜甫之詩與韓愈之文都爲儒學別開生面。第五、宋元明是儒學之綜滙期與別出期。所謂綜滙，指上承經、史、詩文的傳統而加以融滙；所謂別出，則是理學。第六、清代儒學仍沿綜滙與別出兩條路進行，但內容已大不相同。尤其清儒的別出在考據而不在理學，至於晚清公羊學的興起則更是別出中之別出了。

據以上的分期及其所持標準，可見錢先生的儒學史具有兩個特點：第一是他完全依照中國學術思想史內在演變的脈絡而分期，不涉及與西方的比附。第二是他顯然認爲儒學是一直在發展與擴大之中，並不限於所謂「哲學」的領域。宋明理學和清代考據之所以「別出」，即在其爲突破性的新發展，使儒學的內容更爲豐富，但並沒有取代「擴大」與「綜滙」的大潮流。

這裏最值得注意的是他對「道統」的看法。他說：

此刻要談到中國後半部儒學史中之所謂道統問題。因凡屬別出之儒，則莫不以道統所歸自負。此一觀念，實由昌黎韓氏首先提出。原道云：「堯以是傳之舜，舜以是傳之禹、湯、文、武、周公，文、武、周公傳之孔子，孔子傳之孟子，孟子之死，而不得其傳。」（英時按：這是口頭徵引，故文字與原文小異。）韓氏則隱然以此道統自負。此一觀念，顯然自當時之禪宗來，蓋惟禪宗才有此種一線單傳之說法。而到儒家手裏，所言道統，似乎尚不如禪宗之完美，因禪宗尚是一線相繼，繩繩不絕；而儒家的道統變成斬然中斷，隔絕了千年以上，乃始有獲此不傳之秘的人物突然出現。（《中國學術通義》，頁九三）

錢先生對宋明理學十分推重，這是毫無可疑的。但他不能接受理學家的道統觀，並且指明其說出於韓愈模襲禪宗。這是因史學求眞實而不得不然。一九五四年陳寅恪在《論韓愈》一文中已根據韓愈早年經歷而獲得同樣的結論。陳氏說：

退之從其兄會謫居韶州，雖年頗幼小，又歷時不甚久，然其所居之處爲新禪宗之發祥地，復値此新學說宣傳極盛之時。以退之之幼年穎悟，斷不能於此新禪宗學說濃厚之環境氣氛中無所接受感發。然則退之道統之說表面上雖由孟子卒章之言所啓發，實際上乃因禪宗教外別傳之說所造成，禪學於退之之影響亦大矣哉！宋儒僅執退之後來與大顚之關係，以爲破獲贓據，欲奪取其道統者，似於退之一生經歷與其學說之原委猶未達一間也。（見《金明館叢稿初編》，頁二八六）

引文末句論宋儒即指朱子，事見《韓文考異》卷五《與孟尙書書》論「胸中無滯礙」條。

錢先生不但不取韓愈所首創的道統觀，而且還提出了他自己對於道統的新理解，故他說：

關於宋明兩代所爭持之道統，我們此刻則只可稱之爲是一種主觀的道統，或說是一種一線單傳的道統。此種道統是截斷衆流，甚爲孤立的；又是甚爲脆弱，極易中斷的；我們又可說它是一種易斷的道統。此種主觀的、單傳孤立的、易斷的道統觀，其實紕繆甚多。若眞道統則須從歷史文化大傳統言，當知此一整個文化大傳統即是道統。如此說來，則比較客觀，而且亦決不能只是一線單傳，亦不能說它老有中斷之虞。（《中國學術通義》，頁九四）

以「整個文化大傳統即是道統」正和他對儒學史的發展與擴大的看法完全相符。以現代的話來說，這是思想史家的道統觀，而不是哲學家的道統觀。錢先生和當代「新儒家」的分歧在這裏已充分顯露出來了。

四、與新儒家的關係

現在，我們要進而檢討錢先生和「新儒家」的關係。首先「新儒家」究竟何指必須加以澄清。最近五、六年來，由於中國大陸學術界對於海外儒學研究發生了濃厚的興趣，「新儒家」的名號也開始在大陸流行。據最近的報導，一九八六年「現代新儒家思潮研究」已成爲官方批准的重點研究項目，一九八七年更初步確定以梁漱溟、張君勱、熊十力、馬一浮、馮友蘭、賀麟、唐君毅、牟宗三、徐復觀、錢穆、方東美爲重點研究對象。不但如此，有關「新儒家」的「學案」、「論集」、「論叢」、「論著輯要」等已大批出版，或即將問世。（見鄭家楝，《大陸近年來的新儒學研究與我的一點認識》一文，刊於香港《法言》，一九九〇年十二月號，頁三二—三八）可見大陸學術界對於「新儒家」一名的使用是非常廣泛的。（出乎意料之外，據上引之文，連我的一些文字也收入了《現代新儒學論著輯要》之內。）其次，把範圍再縮小一點的，則將「新儒家」限定在哲學一門之內。例如李澤厚《略論現代新儒家》一文便祇討論了熊十力、梁漱溟、馮友蘭、牟宗三四個人，而沒有包括錢先生和徐復觀，因爲後面兩人都是史學家。（此文收在他的《中國現代思想史論》，北京，東方出版社，一九八七年，頁二六五—三一〇）

但是以「新儒家」的名號指二十世紀的思想流派，其事起於海外，特指一九五八年元旦張君勱、唐君毅、牟宗三、徐復觀四位先生在香港《民主評論》上所發表的一篇宣言—《中國文化與世界—我們對中國學術研究及中國文化與世界文化前途之共同認識》。（可參考張灝用英文討論「新儒家」和他們的「宣言」的文章。「新儒家」在此文中譯作 New Confucianism. 見 Hao Chang, "New Confucianism and the Intellectual Crisis of Contemporary China," 收在 Clarlotte Furth 主編《The Limits of Change》，哈佛大學出版社，一九七六年，頁二七六—三〇二）這篇「宣言」是由唐君毅先生起草的，經過其他三位先生斟酌討論，然後定稿。但「宣言」的四位簽名者之中，唐、牟、徐三人都是熊十力的弟子，而「宣言」中特別强調「心性之學，乃中國文化之神髓所在」，也明顯地透露出熊十力的基本觀點。（關於這一點，可參看劉述先《當代新儒家思想的批評的回顧與檢討》，收在《大陸與海外》，台北，允晨，一九八九年，頁二三七—二五七）所以嚴格言之，「新儒家」主要即是指熊十力的哲學流派。劉述先說：「熊先生……的思想對於廣大的社會雖無影響，但却打開了一條思路，成爲當代新儒家哲學的發端人。《宣言》中的思想正可以說是由他所開啓的方向所作的進一步發展。」（同上，頁二四〇）這是完全合乎事實的論斷。

從上面的討論可知「新儒家」今天至少有三種不同的用法：第一種主要在中國大陸流行，其涵義也最廣寬，幾乎任何二十世紀中國學人，凡是對儒學不存偏見，並認眞加以研究者，都可以被看成「新儒家」。這樣的用法似乎已擴大到沒有什麼意義的地步了。第二種比較具體，即以哲學爲取捨的標準，祇有在哲學上對儒學有新的闡釋和發展的人，才有資格取得「新儒家」的稱號。在這個標準之下，熊十力、張君勱、馮友蘭、賀麟諸人大概都可以算是「新儒家」。（但梁漱溟歸宗佛教，又不承認中國有哲學，他是不是「新儒家」則尚有問題。）（兩年前承島田虔次先生寄贈《新儒學哲學について—熊十力の哲學》一書，京都，同朋舍，一九八七年，也是以「哲學」爲標準。故書中也有專章討論馮友蘭的《新理學》，視之爲「新程朱派」的代表。）第三種是海外流行的本義，即熊十力學派中人才是眞正的「新儒家」。此外有私淑熊氏之學而又爲熊門所認可者，如聶雙江之於王陽明，當然也可以居「新儒家」之名而不疑。

根據上引第一種用法，我們也許可以稱錢先生爲「新儒家」。但這一用法，空洞無意義，決非他所願承受。錢先生的學問宗主在儒家，終極信仰也歸宿於儒家，這是不成問題的。但是他的基本態度是所謂「守先待後」（也就是「述而不作」）；他的主要旨趣是在闡明中國的學術傳統，以待後起者之自爲。因此他從未自樹新義，而期人以必從。我們當然可以說，現代人解釋古人的思想，無論自以爲怎樣忠實於原著，終不免要把新的觀點帶進來。然而這究竟和有意識、有計劃地建立一個新系統大有不同。錢先生曾明白地說：

若此後中國文化傳統又能重獲新生，則此一儒學演進必然會又有新途徑出現。但此下的新儒學究該向那一路前進？我想此一問題，只一回顧前面歷史陳蹟，也可讓我們獲得多少的啓示；不煩我們再來作一番具體的預言，或甚至高唱一家一派式的强力指導。如韓愈所謂：「開其爲此，禁其爲彼」，總不是一好辦法。韓愈尙所不爲，我們自可不走此絕路。（《中國學術通義》，頁九六）

這是史學家的態度，不但和熊十力不同，也和梁漱溟、馮友蘭截然異趣。

第二義的「新儒家」也不能用在錢先生的身上，因爲他是史學家而不是哲學家。錢先生的研究重點是中國學術思想史，但他儘量避免用「哲學」這一概念。在他看來，中國思想中雖然有與西方哲學相應的部分，而不相應的部分則更佔份量。如果以中國思想之實來牽就西方哲學之名，則恐易流於削足適履。他晚年想通過現代流行的學術分類以比較中西異同，才用了「中國哲學」的名詞。但是他開宗明義便說：

哲學一名詞，自西方傳譯而來，中國無之。故余嘗謂中國無哲學，但不得謂中國人無思想。西方哲學思想重在探討眞理，亦不得謂中國人不重眞理。尤其如先秦諸子及宋明理學，近代國人率以哲學稱之，亦不當厚非。惟中國哲學與西方哲學究有其大相異處，是亦不可不辨。（見《現代中國學術論衡》，台北東大圖書公司，一九八四年，頁二一）

可見他雖能接受「哲學」的分類，而終覺心有未安。這類的大問題當然不免有見仁見智的不同。但錢先生無意走哲學的道路則是無可置疑的。

至於第三義的「新儒家」，那當然更不能包括錢先生在內了。錢先生和熊十力的關係，依照傳統的說法，是所謂「論學之友」。但兩人論學見解頗多不合。錢先生在《師友雜憶》中曾多次提到和熊十力交往的經過，茲擇抄其較有關係者數則於下，以說明他和第三義的「新儒家」之間的異同所在。

自後（湯）錫予、十力、（蒙）文通及余四人，乃時時相聚。時十力方爲新唯識論，駁其師歐陽竟無之說。文通不謂然，每見必加駁難。論佛學，錫予正在哲學系教中國佛教史，應最爲專家，顧獨默不語。惟余時爲十力、文通緩衝。又自佛學轉入宋明理學，文通、十力又必爭。又惟余爲之作緩衝。除十力、錫予、文通與余四人常相聚外，又有林宰平、梁漱溟兩人，時亦加入。惟兩人皆居前門外，而又東西遠隔。漱溟又不常在北平，故或加宰平，或加漱溟，僅得五人相聚。宰平與漱溟則不易相值。（見《八十憶雙親·師友雜憶合刊》，台北，東大圖書公司，一九八三年，頁一五五—六）

余其時又識張孟劬及東蓀兄弟，兩人皆在燕大任教，而其家則住馬大人胡同西口第一宅。時余亦住馬大人胡同，相距五宅之遙。十力常偕余與彼兄弟相晤，或在公園中，或在其家。十力好與東蓀相聚談哲理時事，余則與孟劬談經史舊學。在公園茶桌傍，則四人各移椅分坐兩處。在其家，則余坐孟劬書齋，而東蓀則邀十力更進至別院東蓀書齋中，如是以爲常。（同上，頁一五八）

上面這幾段描寫透露了兩點當時學術思想界的動態。第一是這幾位學人顯然都和當時以胡適爲首的主流派不相契。主流派代表了「五四」以來批判中國文化和提倡西化的觀點，而以上這些學人則都對中國文化傳統抱認同的態度。陳寅恪所謂「一方面吸收輸入外來之學說，一方面不忘本來民族之地位」大概可以代表他們的最低限度的共同綱領。他們之間的經常聚會象徵着一種與主流派相抗衡的意味。但當時的學風仍然比較淳厚，思想上的對抗並沒有演變到彼此輕鄙的地步。試舉一兩個例子。胡適在一九三七年一月十八日的日記中說：

到北大，與湯錫予先生暢談。他自認膽小，只能作小心的求證，不能作大膽的假設。這是謙詞。錫予的書（按：指《漢魏兩晉南北朝佛教史》）極小心，每每注重證據，無證之說雖有理亦不敢用。這是最可效法的態度。

他又說：頗有一個私見，就是不願意說什麼好東西都是從外國來的。我也笑對他說：我也有一個私見，就是說什麼壞東西都是從印度來的！我們都大笑。（《胡適的日記》，香港，中華書局，一九八五年，頁五二七）

一九三三年五月胡適在《獨立評論》第三十一號上介紹熊十力所寫《要在根本處注意》一文，說：

熊十力先生現在北京大學講授佛學，著有《新唯識論》等書，是今日國內最能苦學深思的一位學者。…熊先生此次來信，長至五千字，殷殷教導我要在根本上注意，莫徒作枝節議論，他的情意最可感佩，所以我把全文發表在這裏。（見胡頌平編著，《胡適之先生年譜長編初稿》，台北，聯經，一九八四年，第四冊，頁一一五六）

但是雙方的壁壘分明，則不容諱言。

第二是非主流派之間雖有最低限度的共同綱領，仍不能掩蓋內部的分歧。錢先生喜歡和張孟劬「談經史舊學」，而熊十力則好與張東蓀「談哲理時事」，因此四人必須分爲兩處，即可見「守舊」與「趨新」的不同。他們是不可能統一在「新儒家」這一旗幟之下的。

錢先生又記馬一浮與熊十力的故事，也大可玩味：

馬一浮復性書院設在岷江對岸上。一日，渡江來訪，邀余在書院講演。熊十力在西湖，與一浮同居有年。乃來北平，與余同居。余之知一浮，亦有年矣。及一浮來此創辦書院，十力亦同來。不知何故，齟齬離去。…一浮衣冠整肅，望之儼然。而言談間，則名士風流，有六朝人氣息。十力則起居無尺度，言談無繩檢。一飲一膳，亦惟己所嗜以獨進爲快。同席感不適亦不顧。然言談議論，則必以聖賢爲歸。就其成就論，一浮擅書法，能詩，十力絕不近此。十力晚年論儒，論六經，縱恣其意之所至。一浮視之，轉爲拘謹矣。但兩人居西湖，相得甚深。殆以當年，兩人內心同感寂寞，故若所語無不合。及在復性書院，相從講學者逾百人，於是各抒己見，乃若所同不勝其所異，睽違終不能免。（《師友雜憶》，頁二一〇—一一）

這裏不但顯出馬一浮與熊十力之間「所同不勝其所異」，而且更透露了錢先生對待儒學傳統的態度和熊十力幾乎在大關鍵上全不相合。錢先生對宋明理學是「私奉以爲潛修之準繩」；熊十力雖句句話不離「冥悟證會」、「良知」、「心性」，但他從不重視向來理學家所說的修養工夫。所以他坦然自承：「唯（林）宰平知余平生未有變化氣質之功。」（見《十力語要初續》，台北，樂天出版社，一九七三年，頁一八）錢先生對於經學抱着敬愼的態度，學凡歷代經師的註疏和辨僞他都不敢輕忽。經典成立的時代尤其是關鍵所在，因爲這一點直接涉及儒家思想的發展及其與其他學派的關係。如《中庸》、《易傳》、《周禮》的時代都是不能不加以考證的。這是客觀的學術問題，既不容逞才使氣，更不是憑什麼「義理系統」即可斷定的。但熊十力對儒家經典的態度則已遠非「六經註我」四字所能形容；他簡直是興到亂說，好像是一個不學的妄人一樣。錢先生對此種作風尤爲深惡痛絕。記得大概在八十年代初我在素書樓偶然向他提到熊十力的《讀經示要》，我說熊先生解《論語》「詩書執禮，皆雅言也」，居然引了方以智《通雅》，以「執」字原是「藝」，由「埶」的形近致誤。而陳夢家《尙書通論》也得到同一結論，但却不知此解已爲方氏所先發。我的意思不過是覺得熊十力也弄訓詁考證，出人意表。錢先生誤會了，以爲我在推重熊氏的經學，面露詫異之色。後來他聽淸楚了我的論點，方覺釋然。接着他便對熊十力在經學上的猖狂恣肆痛加批評，並認爲這種態度將來會對學風發生極壞的影響。我當即告訴他，用不着等到將來，現在便已有人師法熊十力，直呼古人為「爾」、「汝」而直斥之，好像面責自己的學生一樣。他聽了，為之太息不已。但這已不僅是思想的分歧，而關乎基本學養的問題了。徐復觀在一九八〇年十一月十六日的日記中也說：

> 連日偶翻閱熊十力先生的《乾坤衍》，其立言猖狂縱恣，凡與其思想不合之文獻，皆斥其為偽，皆罵其為奸。其所認為真者僅《禮運大同篇》及《周官》與《公羊何注》之三世義及乾坤兩彖詞，認定此為孔子五十歲以後之作。彼雖提倡民主，而其性格實非常獨裁，若有權力，將與毛澤東無異。我不了解他何以瘋狂至此。（見《無慚尺布裹頭歸──徐復觀最後日記》，台北，允晨，一九八七年，頁五九）

徐先生是熊門高弟，其言激切如是，誠足發人深省。

熊十力成為新儒家的開山祖師是由於他的門弟子──第二代新儒家──近四十年來在海外開拓了新的領域。其中最具關鍵性的便是一九五八年《宣言》中簽名的唐君毅、牟宗三、徐復觀三位先生。錢先生和第二代新儒家也有或密或疏的交涉。唐君毅先生任教香港新亞書院，和錢先生共事最久；徐復觀、張丕介兩先生創辦《民主評論》，為錢先生和第二代新儒家提供了一個共同的言論園地。特別是在五十年代，由於《民主評論》和代表自由主義的《自由中國》隱然形成了對壘的情勢，錢先生和第二代新儒家很自然地被劃在同一思想流派之內。新亞書院和《民主評論》，還有王道先生在香港主持的《人生》雜誌，也都被看作是同一思想陣營的組織基地。因此，僅以外在的形跡而言，錢先生和第二代新儒家之間的關係似乎已緊密到不可分的地步。但是這種外在的關係主要是由兩個因素造成的。第一是偶然的歷史因素。一九四九年中國少數學人流亡到海外（香港和台灣）之後，由於空間的極端限制，彼此湊泊在一起以從事文教事業的機會大增。新亞書院的創建便是一個明顯的例子。第二是傳統的因素，錢先生和第一代新儒家在三十年代北平的交往是基於向中國文化認同這一最低限度的共同綱領。這一傳統一直延續到五十年代的海外，依然構成錢先生和第二代新儒家之間的精神聯繫。

但是過此以往，錢先生和第二代新儒家之間也是「所同不勝其所異」，甚至沒有共同的語言。第二代新儒家的康德—黑格爾語言既不是錢先生所熟悉的，更不是他所能接受的。從這一點說，錢先生和第二代新儒家之間在思想上的關係其實比第一代—熊十力—是更疏遠了，而不是更接近了。這種疏離從錢先生拒絕在他們的《宣言》上簽名這一行動上具體表現了出來。錢先生在一九五九年五月六日給我的信上說：

年前張君勱、唐君毅等四人聯名作中國文化宣言書，邀穆聯署，穆即拒之。曾有一函致張君，此函曾刊載於香港之《再生》。穆向不喜此等作法，恐在學術界引起無謂之壁壘。

我沒有讀到錢先生給張君勱的信，不知道他所持的正面理由爲何。但從他的信中，我們可以看出他不願意以簽名發宣言的方式來造成有形的學術壁壘。這和他平生不肯樹立「門戶」的精神完全一致。今天「新儒家」的門戶便是從一九五八年這篇《宣言》引發出來的。錢先生不贊成有此門戶當然僅僅表示他自己的價值取向；他似乎並沒有意圖要强人以從同。以當前的學術空氣言，我們當然可以說，不立門戶未必是，建立門戶也未必非，一切祇能取決於個人的自由意志。但是無論如何，錢先生當年既已堅決拒絕《宣言》的聯署，本名從主人之義，我們今天自沒有理由將「新儒家」之名强加在他的身上。否則眞是所謂「尊之適所以侮之」了。

以我個人所知，錢先生晚年在台北所瞭解的「新儒家」祇是熊十力一系的專稱。熊十力在理學上特尊陸、王，在錢先生的儒學史的概念中，陸、王是所謂「別出儒中之尤別出者」。他自己也十分推重陸、王，尤其是王陽明。

但是別出儒雖然特呈精采，却無法代替儒家的整體。錢先生充分承認別出儒的特殊貢獻，但是他所要繼承的則尤在北宋以來綜滙經、史、文學的儒學傳統。他之所以在宋代理學家中獨尊朱子，還不僅因爲朱子「集理學之大成」，更重要的是朱子同時也繼承和發展了歐陽修以來的經史文學。所以他曾形容朱子是「欲以綜滙之功而完成其別出之大業」。（《中國學術通論》，頁八四）我這樣以錢先生與新儒家作對比，並不是要重提朱陸異同的舊案，更不是說雙方的分歧是朱陸異同在二十世紀的簡單重現。事實上，我是根據我所理解的錢先生的觀點來說明他爲什麼拒絕在一九五八年的《宣言》上簽名，也不肯認同於所謂「新儒家」。那篇《宣言》開宗明義以「心性之學乃中國文化之神髓所在」，便顯示出熊十力特殊觀點。這一論斷在熊門的新儒家看來當然是不證自明的天經地義。然而在門外人的心中便難免要引起一連串的疑問。如果說心性之學是中國思想史上一個重要的特色，熟悉中國學術傳統的人也許不致提出太多異議。但是要得到《宣言》中的論斷，這後面需要多少層的預設和多少類的經驗證據呢？不用說，這樣提問題對於新儒家是完全「不相應」的，因爲在他們「立其大」的思路上根本不發生這樣的問題。錢先生是否因爲對《宣言》中這一類論斷感到心有所未安而不肯連署，我們現在已無法斷定。不過他有一段論陸王之學的特徵，似乎可供參考。他說：

陸王之學爲理學中之別出，而陽明則可謂乃別出儒中之最是登峯造極者。因別出之儒，多喜憑一本或兩本書，或憑一句或兩句話作爲宗主，或學的。如二程常以大學、西銘開示學者；象山則專舉孟子，又特提先得乎其大者一語；而陽明則專拈孟子良知二字，後來又會通之於大學而提出致良知三字。後來王門大致全如此，只找一字或一句來教人。直到明末劉蕺山又改提誠意二字。總之是如此，所謂終久大之易簡工夫，已走到無可再易再簡，故可謂之是登峯造極。然既已登峯造極，同時也即是前面無路。（《中國學術通論》，頁八八）陸王的這一特徵在今天新儒家的身上好像也留下了明顯的痕跡。總之，錢先生和第二代新儒家之間雖有最低限度的一致立場—爲中國文化說話—並且從五十年代到六十年代初交往甚密，但是彼此的學術取向以及對儒學傳統的認識都格格不入。「離則雙美，合則兩傷」，這句話用在錢先生和新儒家的關係上面眞是再恰當不過了。

一九九一年六月二日初稿寫成，七月二日定稿於台北旅次。

作者附言：本文專爲紀念錢賓四師而作。原文中尚有關於新儒家的理論的討論，因與錢先生無關，故未附入，當另行發表。

劉大櫆的古文理論

何沛雄

（一）

有清一代，「天下文章，其在桐城乎！」這不是誇言，而是事實。在中國文學史上，沒有一個文學派別比桐城派古文流傳得這麼久遠、建立了這麼多的文學理論、出現過這麼多在政壇和文壇上舉足輕重的人物、保留着這麼多的傳授紀錄、編著過這麼多的書籍和課本。因此，桐城派古文能夠雄霸清代文壇二百餘年。①

在桐城派古文的發展過程之中，方苞（一六六八—一七四九）、劉大櫆（一六九八—一七八〇）和姚鼐（一七三一—一八一五），號稱「桐城三祖」，但世人多揚舉方、姚而貶抑劉氏，例如惲敬（一七五七—一八一七）〈上舉主笠帆先生書〉說：「本朝作者如林，其得正者，方靈皋爲最。」又〈答曹侍郎書〉說：「劉海峯之文，細加檢點，於理實有未足。」②劉開（一七八一—一八二一）〈與阮芸臺宮保論文書〉說：「吾鄉望溪先生，深知古人作文義法，其氣味高淡醇厚，非獨王遵巖、唐荊川有所不逮，即較之子由，亦似勝之。其文體雅正，可以楷模後學，要不得不推爲一代之正宗也。」③吳德旋（一七六七—一八四〇）《初月樓古文緒論》說：「姚惜抱享年之高，略如海峯，而好學不倦，遠出海峯之上，故當代罕有倫比。」又：「劉海峯文最講音節，有絕好之篇；然其摹諸子而有痕迹者，非上乘也。」④曾國藩（一八一一—一八七二）〈復吳南屏書〉說：「劉氏（指劉大櫆）誠非有過絕輩流之詣。姚氏（指姚鼐）則深造自得，詞旨淵雅，其文爲世所稱頌者，如〈莊子章義序〉、〈禮箋序〉……皆義精而詞後，夐絕塵表。……要之，方氏（指方苞）以後，惜抱固當爲百年正宗，未可與海峯同類而并薄之也。」⑤章太炎（一八六九—一九三六）更說：「劉大櫆毫無足取，惟以其爲姚鼐之師而籍桐城，故收入桐城派耳。」⑥

他們對方、劉、姚的評論是否公允，我們暫且不論，因爲本文主旨在分析劉大櫆的古文理論，不是月旦他們的作品。其實，在清代學者之中，也有極力稱頌海峯文章的，例如吳定（一七四四—一八〇九）〈海峯先生墓誌銘〉說：「先生大振其才之雄，兼集《莊》、《騷》、《左》、《史》、韓、柳、歐、曾、王之能，瑰奇恣睢，鏗鏘絢爛，足使震川、靈皋驚退失色。」⑦吳汝綸（一八四〇—一九〇三）〈與楊伯衡論方、劉二集書〉說：「海峯之文，亦貫串乎六經、子史、百家、傳記之書，而得力於史者尤深，故氣韻一出於史。」⑧可知秦、越殊好，仁智異見，古今如斯，不必強求盡同。若就桐城派的古文理論而言，我認爲劉大櫆有獨創之見和承先啓後之功。⑨

(2)

（二）

桐城派的古文理論，肇自方苞所說的「義法」。⑩他說：

「義，即《易》之所謂言之有物也；法，即《易》之所謂言之有序也。義以爲經，而法緯之，然後爲成體之文。」⑪

簡單來說，「義」是內容，「法」是形式。文章的「義」，方苞說得很清楚，認爲應以儒家思想爲依歸，尤以程、朱之學爲要旨，故王兆符說他「學行程朱之後」⑫而沈廷芳（一七〇二—一七七二）也說：「方先生品高而行卓，其爲文，非先王之法弗道，非先聖之旨弗宣。」⑬關於「法」方面，方苞提出「雅潔」，教人作文「不可入語錄中語、魏晉六朝藻麗俳語、漢賦中板重字法、詩歌中雋語、南北史中佻巧語。」⑭却沒有詳細說明怎樣寫古文，而劉大櫆在「法」方面則說得較具體、較詳盡。

文雖有「義」，仍需有「法」才可表達，故劉大櫆說：

「義理、書卷、經濟者，行文之實，若行文自另是一事。譬如大匠操斤，無土木材料，縱有成風盡堊手段，何處設施？然即土木材料，而不善設施者甚多，終不可爲大匠。故文人者，大匠也；義理、書卷、經濟者，匠人之材料也。」⑮

這是說，「義」是材料，而怎樣把材料寫成一篇文章，則有待文人如何用「法」了。所以，他進一步說：

「作文本以明義理，適世用；而明義理、適世用，必有待於文人之能事。」

又說：

「孔門賢傑甚衆，而文學獨稱子游、子夏。可見古文字相傳，另有箇能事在。」⑯

「文人之能事」，無疑是作者爲文之「法」。爲文之「法」，劉大櫆提出「神氣」、「音節」、「字句」三個層次。他說：

「神氣者，文之最精處也；音節者，文之稍粗處也；字句者，文之最粗處。也」⑰

很明顯，文章得其「神氣」者最精，得其「音節」者次之，得其「字句」者最粗；而作文必須先從「字句」入手，由「字句」求「音節」，再由「音節」求「神氣」。這樣，爲文之「法」，由粗而精，由具體而抽象，學文就有梯楷可循了。⑱

「神氣」是什麽呢？分之可爲二物——「神」與「氣」，合之可成一體。劉大櫆說：

「行文之道，神爲主，氣輔之。」

「氣隨神轉，神渾則氣灝，神遠則氣逸，神偉則氣高，神變則氣奇，神深則氣靜。故神爲氣之主。」

「神者，文家之寶。文章最要氣盛，然無神以主之，則氣無所附，蕩乎不知其所歸也。神者，氣之主；氣者，神之用。神只是氣之精處。」⑲

「神」和「氣」是一體一用，有不可分割的關係。概言之，「氣」指文章的「氣勢」，「神」指統攝「氣」而形成作品的藝術風格特點。劉大櫆又說：「古人文字最不可攀處，只是文法高妙。」⑳這「高妙的文法」，就是以「神」統「氣」，以「氣」行文的技巧。㉑他說：文貴奇、貴高、貴大、貴遠、貴簡、貴疏、貴變、貴瘦、貴華、貴參差，都是從藝術方面着眼，在以「神氣」爲極致的前提下而立論的。㉒

文章的「神氣」——或「神」與「氣」，很是抽象，於是劉大櫆提出以「音節」求「神氣」，而以「字句」求「音節」。他說：

「音節者，神氣之迹也；字句者，音節之矩也。神氣不可見，於音節見之；音節無可準，以字句準之。」

「音節高則神氣高，音節下則神氣必下，故音節爲神氣之迹。一句之中，或多一字，或少一字；一字之中，或用平聲，或用仄聲；同一平字仄字，或用陰平、陽平、上聲、去聲、入聲，則音節迥異，故字句爲音節之

矩。積字成句，積句成章，積章成篇，合而讀之，音節見矣；歌而詠之，神氣出矣。」㉓

文章的「音節」，表現於用字造句的技巧。字句的長短和聲調的高低，形成不同的「音節」，譬諸管絃，有繁奏，有希聲，然後悅耳動聽。故文章需要「合而讀之」、「歌而詠之」，才可以掌握它的「音節」、體會它的「神氣」。換言之，縱聲朗誦，是探知文章「音節」和揣摩文章「神氣」的方法。因此，學文首要注意「字句」的運用，再求「音節」的美好，自然能夠表現文章的「神氣」了。

作文欲得「神氣」，應從模仿古人入手。劉大櫆說：

「近人論文，不知所謂音節者。至語以字句，則必笑以爲末事。此論似高實謬。作文若字句安頓不妙，豈復有文字乎？但所謂字句音節，須從古人文字中實實講貫過始得，非如世俗所云也。」

「凡行文多寡短長，抑揚高下，無一定之律，而有一定之妙，可以意會而不可以言傳。……其要只在讀古人文字時，便設以此身代古人說話，一吞一吐，皆由彼而不由我，爛熟後，我之神氣即古人之神氣；古人之音節都在我喉吻間，合我喉吻者便是與古人神氣音節相似處。久之，自然鏗鏘發金石聲。」㉔

劉大櫆教人模仿古人文章的「神氣」，但非主張盡學古人，但求自己文章與古人文章「神氣」、「音節」相似而已；而練字造句，還需全出於己、不襲古人。故他繼續說：

「文貴去陳言。……文字是日新之物，若陳陳相因，安得不目爲臭腐？原本古人意義，到行文時却須重加鑄造，一樣言語，不可便直用古人，此謂去陳言。」㉕

這與韓愈（七六八—八二五）所說「惟陳言之務去」、「不蹈襲前人一語」相同。這是模古而不泥古，入古而出新的作文方法。

（三）

由「字句」而得「音節」，由「音節」而得「神氣」；這種「因聲求氣」的學文方法，雖非創自劉大櫆，㉖但他說得最具體和最詳盡，而桐城派的古文家都奉之爲學文圭臬，抑又加以發揚，成爲一派的重要文論，如姚鼐說：

「大抵學古文者，必要放聲疾讀，又緩讀，祇久之自悟。」㉗

又說：

「欲作古文，用功之始，熟讀古文之作而已，豈復有異術哉？」㉘

力言學文必須朗讀，並須從模仿古人入手。

姚鼐既承海峯之說，更將劉氏所提出的「神氣者，文之最精處；音節者，文之稍粗處；字句者，文之最粗處。」底理論上，推闡成爲一套較完整的「文章精粗說」，他說：

「凡文之體類十三，而以爲文者八。曰神理、氣味、格律、聲色。神理、氣味者，文之精也；格律、聲色者，文之粗也。然苟舍其粗，則精者亦胡以寓焉。學者之於古人，必始而遇其粗，中而遇其精，終則御其精者而遺其粗者。」㉙

姚鼐把「字句」、「音節」擴爲「格」、「律」、「聲」、「色」；「神氣」衍爲「神」、「理」、「氣」、「味」，但同樣主張由「粗」到「精」，視爲學文的不易法門。他的理論，較海峯所說爲縝密。

此後桐城派的古文家，大都依循劉、姚之說以教導後學，如方東樹（一七七二—一八五二）認爲學古文必須「精誦」。他說：

「夫學者欲學古人之文，必先在精誦，沈潛反覆，諷玩之深既久，闇通其氣於運思置詞迎拒措注之會，然後自爲之以成其辭也。……今爲文者多而精誦者少，以輕心掉之，以外鑠速化期之，無惑乎其不逮古人也。」㉚

梅曾亮（一七八六—一八五六）提倡學文當誦讀古人佳作，先得其氣，後御其精，乃可成章。他說：

「夫文與他體異者，以首尾氣不可斷耳。其能成章者，一氣者也。欲得其氣，必求之於古人。周、秦、漢及唐、宋人文，其佳者皆可成誦。夫觀書者，用目之一官而已，誦之而入於耳，蓋一官矣，且出於口，成於聲，而暢於氣。夫氣者，吾身之至精；御古人之至精，是故渾合而無有間也。國朝人文，其佳者，固有得於是矣。」㉛

曾國藩十分重視文章的朗誦，認爲文章的妙境，需從聲調中尋求，嘗說：

「李、杜、韓、蘇之詩，韓、歐、曾、王之文，非高聲朗誦，則不能得其雄偉之概；非密詠恬吟，則不能探其深遠之韻。」

「熟讀而强探，長吟而反覆，使其氣若翔翥於虛無之表，其辭跌宕俊邁而不可以方物，則抗吾氣以與古人之氣相翕。」㉜

張裕釗（一八二三—一八九四）極力提倡「因聲求氣」之說，主張學文應熟讀古人佳作。他說：

「古人之謂文者曰：文以意爲主，而辭欲副其意，氣欲舉其辭，譬之車然，意爲之御，辭爲之載，而氣則所以行也。欲學古人之文，其始在因聲以求氣，得其氣則意與辭往往因之而並顯，而法不外是矣。……故姚氏暨諸家『因聲求氣』之說爲不可易也。吾所以求於古人者，由氣而通其意以及其辭與法，而喻乎其深。及吾所自爲文，則一以意爲主，而辭氣與法胥從之矣。」㉝

桐城派末期的古文大師吳汝綸（一八四〇—一九〇三），同樣力申文以氣爲主，而文章之「神氣」，需從朗誦中得之。他說：

「往時文正公言，古人文皆可誦。近肯堂爲一文，發明聲音之故，推本韶夏，而究極言之，特爲奇妙。竊嘗以意求之，才無論剛柔，苟其氣之既昌，則所爲抗隊、詘折、斷續、斂侈、緩急、長短、伸縮、抑揚、頓挫之節，一皆循乎機勢之自然，非必有意於其間，而故無之而不合；其不合者，必其氣之未充者也。」㉞

吳氏弟子賀濤，推宗述流，强調「因聲求氣」是學文不易之法。他說：

「古之論文者，以氣爲主。桐城姚氏創『因聲求氣』之說，曾文正論文以聲調爲主，吾師張（廉卿）、吳（汝綸）兩先生亦主其說以教人，而張先生與吳先生論文書，乃益發明之。聲者，文之精神，而氣載之以出者也。氣載聲以出，聲亦道氣以行。聲不中其竅，則無以理吾氣；氣不理，則吾之氣與義不適，而情之侈斂、詞之張縮皆違所宜，而不能犂然有當於人之心。質幹義法可力索而具也，聲不能强探而得也。……後之學者，將取合乎古，以取古人之文，長吟反覆而會其節奏，其徐有得也，含而咀之，毋躁無忘，薰炙浸灌，漸而進焉

。」㉟

文中所謂「姚氏創為因聲求氣之說」，其實姚鼐本其師劉大櫆的「音節」、「神氣」理論加以發明而已。

從上文所述，可見劉大櫆的古文理論，上可補充方苞所說「義法」中的「法」，下可啓迪姚鼐「因聲求氣」之說。方、梅、曾、張、吳、賀諸家，益衍其言，遂為桐城派古文理論的一種金科玉牒了。

附註：

①請參考拙作〈桐城派古文在清代盛行的原因〉（上）、（下），《華學月刊》一〇四期（一九八〇年八月），頁二四—三〇及一〇五期（一九八〇年九月），頁三三—三九。

②《大文雲山房文稿》（《四部叢刊初編》本），二集，頁一八五及一集，頁六八。

③《孟塗文集》（道光六年刻本），卷三，頁九上。

④《論文偶記．初月樓古文緒論．春覺齋論文》合訂本（香港，商務印書館一九六三年版），頁三一。

⑤王先謙纂輯《續古文辭類纂》（台北，廣文書局，一九六一年版），上册，卷二，頁一六三—一六四。

⑥《國學概論》（台北，五洲出版社，一九六五年版），頁一四七。

⑦《紫石泉山房全集》（光緒十三年重刻本），卷十二，頁七下。

⑧《桐城吳先生尺牘》（台北，文海出版社，一九六三年版），頁二〇五。

⑨在桐城派古文的傳授歷程來說，劉大櫆確有承先啓後之功。曾國藩〈歐陽生文集序〉說：「乾隆之末，桐城姚姬傳先生鼐，善爲古文辭，慕效其鄉先輩方望溪侍郎之所爲，而受法於劉大櫆，及其世父編修君範。三子旣通儒碩望，姚先生治其術益精。歷城周永年書昌爲之語曰：『天下文章，其在桐城乎！』由是學者多歸嚮桐城，號桐城派。」（《曾文正公全集》，台北，東方書局，一九六四版，頁三〇八）吳敏樹（一八〇五—一八七三）〈梅伯言先生誄〉：「爲古文辭之學於今日，或曰當有所授受，蓋近代數明崑山歸太僕，我朝桐城方侍郎，於諸家爲得體之正。侍郎之後，有劉教諭（劉大櫆）、姚郎中，各傳侍郎之學，皆桐城人，故世言古文，有桐城宗派之目。」（同註⑤，下册，卷四，頁二一九）由此可見，劉大櫆上承方苞之學，下啓姚鼐之緒。

⑩本文不討論方苞的「義法」，讀者請參考段熙仲〈論桐城派的義法說及其實質〉、王澤浦〈桐城派的義法〉、王竹樓〈關於桐城派的義法說〉（以上論文，載於安徽人民出版社一九六三年出版的《桐城派研究論文集》，頁九三—一三三）、郭紹虞〈方苞古文義法〉（《中國文學批評史》，香港宏智書店版〔不著年份〕，頁五五〇—五六〇），姜書閣〈方苞之古文義法〉（《桐城文派評述》，台北商務印書館，一九六六年版，頁二一—二六）、婁良樂〈簡論古文義法〉（《慶祝高郵高仲華先生大秩誕辰論文集》（下），台北，一九六八年三月出版，頁一一八五—一一九〇）、杜葆藝〈桐城派文論之研究〉（上）、（下）（《女師專學報》，六期（一九七五年三月），頁三九七—四二四及七期（一九七五年五月），頁一一三—一四八）等論文。

⑪〈又書貨殖傳後〉，《方望溪全集》（香港，廣智書局一九五九年版），頁二九。

⑫〈望溪先生文集序〉，同上，頁二。

⑬〈書方望溪先生傳後〉，《清朝文錄》（台北，大新印書館，一九六五年影舊本），卷六八，頁七六。
⑭同上，沈廷芳引方苞語。
⑮《倫文偶記》，同註④，頁三。
⑯同上，頁四。
⑰同上，頁六。
⑱不少學者，例如郭紹虞（見《中國文學批評史》，頁五五六—五六三。）、朱東潤（見《中國文學批評史大綱》〔香港建文書局，一九五九年版〕，頁三四八—三四九）、敏澤（見《中國文學理論批評史》〔北京，人民文學北版社，一九八一年版〕，頁九四一—九五一）、日人青木正兒（見陳淑女譯、青木正兒著《清代文學批評史》〔台北，開明書店，一九六九年版〕，頁一五四—一五七）等，都推許劉大櫆的古文理論具有創見，在中國文學史上應有一定的地位。
⑲同註④，頁三、四及六。
⑳同上，頁四。
㉑參考郭紹虞《中國文學批評史》，頁五五八—五六〇。
㉒參考郭紹虞主編、王文生副主編《中國歷代文論選》（上海，古籍出版社一九八〇年版），第三冊，頁四三八。
㉓同註④，頁六。
㉔同上，頁十二。

㉕同上，頁十一。

㉖明唐順之（一五〇七—一五六〇）已有論及文的「氣」和「聲」。他的《董中峯侍郎文集序》說：「喉中以轉氣，管中以轉聲。氣有湮而復暢，聲有歇而復宣，闔之以助開，尾之以引首，此皆發自天機之自然，而凡爲樂者莫不能然也。……言文者何以異此？漢以前之文，未嘗無法而未嘗有法，法寓於無法之中，故其爲法也，密而不可窺；唐與近代之文，不能無法，而能毫釐不守乎法，以有法爲法，故其法也嚴而不可犯。密則疑於無所謂法，故其法也嚴而不可犯。密則疑於無所謂法，嚴則疑於有法而可窺，然而文之必有法，出乎自然而不可易者，則不容易也。」（《荆川集》，《四部叢刊初編》本，一集，頁二〇八）。

㉗〈與陳碩士書〉，《惜抱軒尺牘》（上海，一九四六年本），卷六，頁六八。

㉘〈與鮑雙五書〉，同上，卷四，頁四七。

㉙〈古文辭類纂序目〉，《古文辭類纂》（台北，新陸書局，一九六二年版），頁二六。

㉚〈書臘抱先生墓誌銘〉，《儀衛軒文集》（同治戊辰年刻本），卷六，頁九。

㉛〈與孫芝房書〉，《柏梘山房文集》（咸豐大年楊氏刻本），卷三，頁十八。

㉜《曾文正公嘉言鈔》（上海世界書局，一九三七年版）頁一五七；及〈復陳太守寶箴書〉，《曾文正公全集》（同前），卷一，頁二二。

㉝〈答吳摯甫書〉，《濂亭文集》（光緒八年查氏刻本），卷四，頁十四。

㉞〈答張廉卿書〉，《桐城吳先生尺牘》（台北，文海出版社，一九六三年版），頁？。

㉟〈答宗瑞甫書〉，《賀先生文集》（上海商務印書館，一九四二年版），卷一，頁一五〇。

不管鹽，就沒有鹽吃嗎？

——唐德剛教授〈不管鹽，便沒鹽吃〉讀後——

宋敘五

《明報月刊》九一年七月號，載唐德剛教授〈不管鹽，便沒鹽吃〉一文。拜讀之後，除對唐教授獨到之見深致敬佩外，猶覺有些問題需要提出討論。茲將愚見逐條提出，敬向唐教授請教；並望海內外方家學者指正。

一、公孫弘是否桑弘羊之誤？

唐文說：

鹽、鐵運銷，國營已久，利潤豐厚。……政府乃首先起用深知商界內幕的「賈人之子」公孫弘，來以毒攻毒。①

又說：

漢制原來是只有貴族（列侯）才能作宰相；而公孫弘的擢昇則一反前例，他以一員窮光蛋的「布衣」，平步青雲，一下就作了漢武帝的李鵬。我們搞歷史的祖師爺司馬遷，和我的老師胡適一樣，都不懂現代的社會科學。因而司馬遷爲公孫弘作傳，七扯八拉的說了一大套無關緊要的話，却未碰到其中唯一要點——公孫弘是商人的兒子，他精通「市場經濟」，……只有他，才是個陳雲。②

上面兩段引文，唐教授提出了「公孫弘」其人。不錯，在漢朝武帝年間（公元前一四〇—前八七），是有一個叫作「公孫弘」的人，而且正如唐教授所說，他是第一個「先拜相，後封侯」③的人。但是，這個公孫弘，不是「商人之子」，而且也沒有管過「鹽、鐵」。

《漢書》卷五十八，列傳二十八，〈公孫弘傳〉：

公孫弘，菑川薛人也。少時爲獄吏，有罪，免。家貧，牧豕海上。年四十餘，乃學春秋雜說。武帝初即位，招賢良文學士。是時，弘年六十。以賢良文學徵爲博士。……元朔中（前一二八—前一二三）代薛澤爲丞相。

公孫弘於元朔五年（前一二四）十一月拜相，到元狩二年（前一二一）三月去世④，前後共二年零五個月。根據史料記載，這個公孫弘既不是商人之子，也沒有管過「鹽鐵」。於是我們懷疑，唐教授所指的是另一個人，他的名字叫作桑弘羊。

《史記》〈平準書〉：

於是，以東郭咸陽、孔僅爲大農丞⑤，領鹽、鐵事。桑弘羊，以計算，用事侍中。咸陽，齊之大煮鹽，孔僅，南陽大冶，皆致生累千金，故鄭當時⑥進言之。弘羊，洛陽賈人子，以心計，年十三，侍中。

這是桑弘羊第一次出場，時爲武帝元狩元年（前一二二）。⑦

但是，桑弘羊在一出場的時候，並不是「主角」；他的地位遠在東郭咸陽、孔僅之後。他只是因爲精於計算，留在皇帝身邊。而東郭咸陽（管「鹽」）、孔僅（管「鐵」）的地位遠較桑弘羊爲重要。因爲上面一段引文說：

「(東郭)咸陽，齊之大煮鹽，孔僅，南陽大治。」東郭咸陽是齊國，也就是現在山東沿海地區的大鹽商。在漢武帝時期，全國煮鹽重地是齊國地方，而不是唐教授所說的「兩淮」。兩淮鹽區之成爲全國重要鹽產地，要到漢朝之後。〈平準書〉又說：

而孔僅之使天下鑄作器，三年中，拜爲大農，列於九卿。而桑弘羊爲大農丞，筦諸會計事。

據《漢書》〈百官公卿表〉：孔僅始任大農，在武帝元鼎二年（前一一五），同年，桑弘羊升爲大農丞，管會計事。這已經是他始任「侍中」之後的第七年了。

又過了五年，到了元封元年（前一一〇），桑弘羊才升任大農，親手掌管「鹽鐵」政策。〈平準書〉說：

元封元年，而桑弘羊爲治粟都尉，領大農。盡代僅（孔僅）管天下鹽鐵。

此後一直到武帝去世（前八七），桑弘羊都是主管「鹽、鐵」事務。武帝去世時，因爲昭帝年幼，桑弘羊亦是「顧命大臣」之一。據《漢書》卷六十八，列傳三十八，〈霍光傳〉：

武帝後元二年（前八七）春，上以（霍）光爲大司馬大將軍，（金）日磾爲車騎將軍，及太僕上官桀爲左將軍，搜粟都尉桑弘羊爲御史大夫，……受遺詔，輔少主。明日，武帝崩。

上面所列四位顧命大臣之中，有三位是「軍方代表」，只有桑弘羊一人是行政方面的官員。這一種「四頭馬車」式的集體領導班子，在任何朝代都是難以長久維持的。加上他的「鹽鐵」政策所引起的民間反對言論越來越多，到了昭帝始元六年（前八一），在大將軍霍光所支持的鹽鐵會議上，⑧桑弘羊以御史大夫的身份，又以「鹽鐵」政策的設計者及執行者的身份，面對賢良文學等人的質詢，而應對自如。二千年後，吾人猶可想見其風采。「鹽鐵會議」

是桑弘羊一生功業之巔峯，亦是其個人政治生命及自然生命危機爆發的前奏。兩年之後，昭帝元鳳二年（前七九），霍光藉詞誣桑弘羊謀反，遂遭族滅。《漢書》卷六十六，列傳三十六，〈車千秋傳〉：

桑弘羊爲御史大夫八年，自以爲國家興榷、筦之利，伐其功，欲爲子弟得官，怨霍光，與上官桀謀反，遂誅滅。

桑弘羊自武帝後元二年（前八七）起爲御史大夫，八年後，至昭帝元鳳二年（前七九）被殺。若由他開始加入政府工作（武帝元狩元年，前一二二）起，到被殺爲止，前後共計四十四年。假如在他加入政府工作的那一年，眞的是十三歲的話，到死的那一年，已經是五十七歲了。⑨

唐教授又說：

他以一員窮光蛋的「布衣」，平步青雲，一下就作了漢武帝的李鵬。⑩

這一段話，可能使人發生誤解，以爲他由一個平民（布衣），一開始就作了政府最高行政首長（丞相）。在此，我們要根據史料，指出下列兩點：

首先，桑弘羊不是坐「直昇機」上去的。不是「一下子」被漢武帝提升到最高職位的。他是經過漫長歲月，一步一步地爬上去的。

其次，是桑弘羊，這一個「商人之子」，非但沒有「一下子」被提拔作「漢武帝的李鵬」，而且，他始終沒有作到「李鵬」。李鵬當前是國務院總理（根據本文寫作時間：一九九一年七月上旬的情況），也就是行政首長，在漢朝來說，應該是「丞相」。桑弘羊始終沒有作到丞相；他最高做到御史大夫，而且是在昭帝時期。⑪在武帝時期，他最高的職位是治粟都尉，領大農（財政部長）。

二、關於「本」、「末」

唐教授說：

這個漢代的「陳雲」，和現代陳雲一樣，……背叛了他自己的階級，把商人打入「四民（士農工商）之末」⑫。

如果把這個罪名加到桑弘羊頭上，或加到任何一個漢武帝時期的人（或者公孫弘）的頭上，都是不適宜的。「本」、「末」之分，早在漢初，或者可以說，早在戰國時期，就流傳着這種思想。

《史記》〈貨殖列傳〉說：

夫糶，二十病農，九十病末。末病則財不出，農病則草不闢矣。上不過八十，下不減三十，則農末俱利。

司馬遷在〈貨殖列傳〉中這段文字，註明是引用古人范蠡、計然之言。姑不論其眞實程度如何，但這種觀念在戰國時期經已流傳，則是事實。而且我們要特別注意的有以下三點：

首先，農業是本業，本業以外的行業都是末業。末業的範圍包括商業在內，但不限於商業。

其次，農業、末業各具不同的經濟功能，兩者互相依賴，不可或缺。例如說：「末病則財不出，農病則草不闢矣。」即表示兩者均具同等之重要性。而理想的社會是「農、末俱利」的。

第三，「本」、「末」均僅指行業，不是指「社會階層」。完全沒有將社會人士分爲「士農工商」四個階層，而將商人置於四民之末的觀念。

到了漢朝初年，文帝時期（前一七九—前一五七）曾經多次下詔，希望用政治的力量，加强這種「農本思想」。如《漢書》〈食貨志〉載：

十二年（前一六八），詔曰：道民之路，在於務本。朕親率天下農，十年於今，而野不加辟。歲一不登，民有饑色。

又說：

孝悌，天下之大順也。力田，爲生之本也。

十三年又下詔曰：

農，天下之本務莫大焉。

這是由官家的詔書中，表現出來的對於本、末的觀念。但這和後代的「四民」思想，以讀書人爲首，農、工次之，商人居末的觀念是不同的。前者以農爲本，其他行業（包括士）均爲末。後者以士爲首，農爲次，工、商再次。二者完全不同，不能混爲一談。「萬般皆下品，唯有讀書高」的觀念，是後代科學時期才有的。所以，唐教授說：

這個漢代的「陳雲」，和現代陳雲一樣，……背叛了他的階級，把商人打入「四民之末」⑬。

這一段話，是不合事實的。

三、「均輸」不是「統購統銷」；「平準」不是「限價」

唐教授說：

所以，漢代的陳雲先生說：政府不管鹽，你小百姓要走資。要市場經濟，你就沒鹽吃。所以「均輸」（統購統銷）、「平準」（限價），一時俱來。一管便是二千年。⑭

在上引一段中，唐教授給「均輸」、「平準」下了定義，他說：「均輸」是「統購統銷」；「平準」是「限價」。而且，綜觀上面一段引文，唐教授可能誤會到：「均輸」、「平準」全是「管鹽」的政策。所以他說：

要市場經濟，你就沒鹽吃。所以「均輸」、「平準」一時俱來，一管便是二千年。

現在，我們要指出以下兩點：

第一、「均輸」、「平準」，與「管鹽」無關。

第二、「均輸」不是「統購統銷」；「平準」不是「限價」。茲分別解釋如下：

首先講「均輸」。

在桑弘羊推行「均輸」政策的過程中，可以分開兩個階段來觀察。前一個階段，是從元鼎二年（前一一五）開始。是年，桑弘羊升任大農丞。〈平準書〉記載着：

孔僅，拜爲大農，列於九卿；而桑弘羊爲大農丞，管諸會計事。稍稍置均輸，以通貨物。

這是說，在元鼎二年，桑弘羊升任大農丞之後，「稍稍置均輸」。「稍稍」的意思，可以說是「局部地」，或者「較低程度地」推行「均輸」政策。其用意是「以通貨物」。第二階段，是自元封元年（前一一〇）開始，桑弘羊在這一年升任大農，於是進一步加强「均輸」政策。〈平準書〉說：

> 元封元年，桑弘羊以治粟都尉，領大農，……弘羊以諸官各自市，相與爭，物故騰躍。而天下賦輸，或不償其僦費。乃請置大農部丞數十人，分部主郡國。……令遠方各以其物，如異時商賈所轉販者爲賦，而相灌輸。

上段引文中說：「弘羊以諸官各自市，相與爭，物故騰躍。」意思是說：在往日，各個政府部門，分頭採購各該部門所需要的物品，由於分頭採購，加以所採購之物品，都是各個官府必需要如數、限期採購到，非買不可。於是就發生爭相採購的情形。而商人就會利用此種情況，囤積居奇，抬高物價。有些商人，預先得悉政府即將採購某類貨品，先將此類貨品大量買下，到官府買時買不到，使價格陡漲。《漢書》〈張湯傳〉：「上（武帝）問湯曰：吾所爲，賈人輒知，益居其物。是類有以吾謀告之者。」⑮）可見這種情形是常見的。這就是桑弘羊推行「均輸」政策的原因。

「均輸」政策的內容是：

> 令遠方各以其物，如異時商賈所轉販者爲賦，而相灌輸。⑯

如果嫌這一句話太長，一下子看不懂它的意思，我們可以把它簡化爲：「令遠方各以其物爲賦。」就容易明白了。「令遠方」，就是命令距離京師（長安）較遠的郡縣，不要再用錢繳賦，改用貨物繳賦。因爲漢朝的賦稅制度，百姓向政府納賦，是用錢的。例如成年人（年十六至六十五）要納「算賦」，每人每年一百二十錢爲一算。又要納「口賦」，每人每年三十錢。其他又如「更賦」，也是用錢繳納。到了武帝時期，因爲對四夷用兵，軍費開支大，要「算車船」⑰，規定車、船在某一長度以下的，每年收一算（一百二十錢），超過此長度的收兩算（即每年收二百四十錢），也都是用錢繳納。現在桑弘羊說：邊遠地區的人民，以後繳賦不收錢，收貨物。但是，收甚麼貨物呢？桑弘羊說：以前每一個地區，商人喜歡販運到京師來賣的貨物（「異時商賈所轉販者」）政府就收。由於此種貨物多是在各地生產較多，買價較平，商人轉販到京師及其他地區均可獲厚利。於是桑弘羊就令各地人民用此種貨物納賦。這個方法有兩點好處：

第一、方便人民。人民因本地生產此物，易得；或者是本人、本家生產此物，則更易得。若往日人民出賣此物換錢繳賦，或會受商人壓價，造成不便及損失。

第二、價平。用當地物價與人民應繳之貨幣數量折價收貨，可以收到較多的貨物，於政府有利。

「均輸」政策的第二步驟是「相灌輸」。這是說，當政府在各邊遠地區收到各種貨物之後，可以根據各地區對不同貨物的需求情況，彼此輸送。使各地有存貨的可以消化；有需求的可以滿足。這就是「相灌輸」的意思。

各地收到多種多樣的貨物後，除了各地之間彼此「相灌輸」之外，大部分都運到京師，交由「大農」（財政部）掌管，「大農」就利用這些貨物，支配政府各部門的需要，再不需要像往日一樣，由政府各部門分頭向市場購買了。

「均輸」政策推行數年後，效果立見。《漢書》〈食貨志〉謂：

它郡各輸急處（即上文「相灌輸」的意思，「急處」指急切需要某種貨物的地方。），而諸農各致粟山東（山東各郡以粟繳賦，除「灌輸」各郡外，餘數運至京師），漕益歲六百萬石。一歲之中，太倉、甘泉倉滿，邊餘穀。諸均輸帛（有些郡用帛繳賦）五百萬匹。民不益賦而天下用饒。於是弘羊賜爵左庶長。

這是武帝元鼎六年（前一一一）的事。⑱也就是桑弘羊升任大農，全面推行「均輸」政策後第五年的事。

從「均輸」政策的內容來看，它不是「統購統銷」，它只是改變政府的收賦政策，由收「錢」改爲收「貨」並由大農（財政部）統一調配這些貨物而已。

其次說到「平準」。

「平準」是政府用買、賣的手段，平抑物價。而不是「限價」。唐教授說是「限價」，不對。桑弘羊對「平準」政策的設計是：

置平準於京師，都受天下委輸。召工官治車諸器，皆仰給大農。大農諸官盡籠天下之貨物。貴則賣之，賤則買之。如此，富商大賈亡所牟大利，則反本。而萬物不得騰躍。故抑天下之物，名曰平準。⑲

由上段引文可見，「平準」政策是「均輸」政策的延續，及與「均輸」相配合的政策。因爲政府已藉着「均輸」政策收到了許多貨物：品種既多，數量又大。政府就在京師設置一個部門，叫作「平準」，置於「大農」管轄之下，負責掌管這些貨物。政府掌握這些貨物將作如下兩種方式之運用：

第一、供應政府各部門的需要。政府各個工程部門，都需要各種物料。在以前，各部門在需要某種物料時，即由各該部門從市場購入。現在因爲「平準」積蓄了大批的物料，可以供應各部門，各部門可以向大農（管「平準」）支用。所以說：「召工官、治車諸器，皆仰給大農。」再也不需要向市場購買了。這樣就減少了商賈抬價牟利的機會。

第二、可以用「平準」所控制的大批物資，平抑物價。所以說：「貴則賣之，賤則買之。」而達到平抑物價之目的。

「平準」政策，可以達到平抑物價之目的，但不直接干涉物價。唐教授說「平準」是「限價」，不對。

四、不管鹽，就沒有鹽吃嗎？

唐教授這一篇文章的題目，是〈不管鹽，便沒鹽吃〉，這也是他這一篇文章的主題。在討論不管鹽是否就沒有鹽吃之前，筆者想先說明一點，即唐教授說：漢代的鹽法是「最精密的千古大法」，這一點是有待商榷的。唐教授說：

這個漢代的「陳雲」，……爲中央政府搞出一套集中計劃和絕對管制的「鳥籠經濟」來。—其中尤其是「鹽法」，他承先啟後搞出一套最完整、最龐大、最精密的千古大法，眞是舉世無匹。⑳

用「最完整、最龐大、最精密」及「舉世無匹」來形容漢代的鹽法，可能失之太過。我們到現在還沒有辦法由史料（包括《史記》、《漢書》及《鹽鐵論》中的資料）中整理出漢代「鹽法」的全貌。不論是「政策」或「理論」，我們還沒有辦法「整合」成爲「完整地」。至於說「龐大」、「精密」，更不知何所據而言。反倒是《管子》中的「鹽法」，我們還可以看到比較具體的「政策」及「理論」。（可參看拙著〈管子鹽鐵稅法之探討〉㉑及〈管商財政思想之異同〉㉒兩文。）

現在再回到正題，討論一下唐教授所謂「不管鹽，便沒鹽吃」的說法，可否成立。唐教授的論據是：

爲甚麼不管鹽便沒鹽吃呢？道理很簡單。漢武帝當國時，全國人口約六千萬（見《漢書》〈地理志〉），人人天天都要吃鹽。而產鹽地區大致是：東部沿海（長蘆、兩淮、閩浙）；四川（井鹽）；西北（岩鹽）。如果政府對食鹽產銷不加管制，將任資本主義的「市場經濟」來搞其自由競爭。則兩淮鹽商以成本低，運輸便，就要產生「食鹽大王」。長蘆等鹽場都要倒閉。而「淮鹽」的總產量却供應不了全國六千萬人口的需要。至於川鹽、岩鹽，情況亦相同。官家不管，則近區鹽價太賤，維持不了生產，遠處運費太貴，鹽價太高，高幹供應不缺，而小百姓吃不起，沒鹽吃，「跑頸」，小百姓就要造反了。㉓

唐教授說：如自由競爭，則兩淮鹽區「成本低，運輸便」，就要產生食鹽大王，而其他鹽區則要倒閉。這可能只是唐教授的「憑空懸想」。如果眞要下此斷語，則要有明確的數字作證據，確知兩淮鹽區的成本是多少，其他鹽區的成本又是多少，相差多少？再如運輸費用，亦需要舉出具體數字爲據，始可下斷語。根據史料，漢武帝時期，中國最大的產鹽區是齊國地方，亦即現在山東省近海區域。漢武帝所以任命東郭咸陽作主管「鹽法」的大農丞，就因爲他是當時全國的「食鹽大王」。㉔唐教授說：漢武帝時全國最大的產鹽區是「兩淮」，與史實不合。

再看《鹽鐵論》中所載大夫（即御史大夫桑弘羊）等人爲「鹽鐵政策」辯護之詞，亦完全沒有說過「不管鹽，就沒鹽吃」的話。茲引《鹽鐵論》、〈本議第一〉，大夫之發言爲例：

大夫曰：匈奴背叛不臣，數爲暴於邊鄙，備之則勞中國之士，不備則侵盜不止。……邊用度不足，故興鹽鐵，設酒榷，置均輸，蕃貨長財，以佐助邊費。今議者欲罷之，內空府庫之藏，外乏執備之用。使備塞乘城之士饑寒於邊，將何以贍之？罷之，不便也。㉕

可見實行「鹽法」的最大理由，是政府可以藉着鹽法增加國庫收入。並沒有「不管鹽，便沒鹽吃」的說法。如果眞的「不管鹽，就沒鹽吃」，在沒有實行鹽法之前，全國人民「嗷嗷待鹽」的話，桑弘羊不是可以「振振有詞」地說：「我不管鹽，你沒鹽吃！」而使賢良、文學等人「啞口無言」嗎！

古今中外的經濟政策，均由人設計，靠人執行。政策設計得好，執行得好，固可造福社會，反之，則會貽害人民。古今事例，多不勝數。遠的不說，就以唐教授所提到的兩淮鹽區爲例。在清朝道光（公元一八二一—一八五〇）年間，就是因爲「管鹽」的關係，使兩淮鹽區中，離開產鹽地較遠地區的鹽價，比起產地價高出數十倍之多。㉖百姓雖不致無鹽可吃，但吃鹽變成生活中的沉重負擔，㉗則是事實。這與唐教授所說：不管鹽，遠處鹽價太高的情形剛好相反。

如果再引一段《鹽鐵論》中，賢良、文學等人反對鹽法之理由，就可知道「管鹽」可以令到百姓「沒鹽吃」：

> 賢良曰：故民得占租、鼓鑄、煮鹽之時，（即政府沒有「管鹽」之前）鹽與五穀同價。（鹽價平）……今總其原，壹其賈（管鹽之後），……鹽、鐵價貴，百姓不便。貧民或木耕手耨，土耰淡食（沒鹽吃）。㉗

這些都是因爲政府「管鹽」，反而使百姓「沒鹽吃」的例子。至於「不管鹽，就沒有鹽吃」的例子，則尚未找到。唐教授說：「井岡山上的紅軍沒有鹽吃」，那是其他原因造成的，與政府「管鹽」或「不管鹽」扯不上關係。

唐教授自我介紹是胡適先生的弟子，使人「肅然起敬」。胡先生治學之法寶有二：其一是「大膽假設」，其二是「小心求證」。唐教授善用其一，如果亦能善用其二，將其所「假設」的都能找出證據來，結論會更完美。

胡適先生又曾在一篇文章㉘中說過：一篇好文章要具備兩個條件：第一是要有人駁，第二是要禁得起駁。筆者對唐文提出小小意見，可證唐文具備第一條件；但是否具備第二條件，還望唐教授有以教我。

註釋：

①：唐文，見　明報月刊　一九九一年七月號，頁五二。

②：同註一。

③：《漢書》卷五八，列傳二八，〈公孫弘傳〉：「（弘）元朔中，代薛澤爲丞相。……封丞相（公孫弘）爲平津侯。其後以爲故事。至丞相封，自弘始也。」

④：《漢書》卷十九下〈百官公卿表〉：「元朔五年（前一二四）十一月乙丑，丞相薛澤免，御史大夫公孫弘爲丞相。……元狩二年（前一二一）三月戊寅，丞相弘薨。」

⑤：漢武帝時期的「大農」，爲九卿之一，略如今天的財政部長。大農丞，是大農的屬官，略如今天財政部長下面專管某種專門事務的「司長」。

⑥：鄭當時，是當時的「大農」。也就是財政部長。是他向皇帝提名東郭咸陽及孔僅作大農丞的。（《漢書》卷十九下〈百官公卿表〉：元光五年（前一三〇）詹事鄭當時爲大農令，十一年免。）可知鄭當時任大農之時間，自元光五年（前一三〇）至元狩三年（前一二〇）。而提名東郭咸陽、孔僅任大農丞在元狩元年（前一二二）。

⑦：史記平準書，在記載這一段史實之後，跟着說：「其明年，大將軍、驃騎，大出擊胡。」又據《漢書》〈武帝紀〉：「元狩二年，丞相弘薨。遣驃騎將軍霍去病出隴西。」可以推知，鄭當時提名東郭咸陽、孔僅任大農丞，及桑弘

羊始任「侍中」是在元狩元年（前一二二）。

⑧：《漢書》卷六十六，列傳三十六，〈車千秋傳〉：「始元六年（前八一）詔郡國舉賢良文學士，問以民所疾苦。於是鹽鐵之議起焉。」

⑨：馬元材《桑弘羊年譜》謂桑弘羊「年十三、侍中」時，約略爲武帝即位之年（前一四〇）；而徐復觀先生作〈鹽鐵論中的政治社會文化問題〉一文（新亞學報第十一卷下冊，一九七五），同意馬氏之見。若如是，則桑弘羊被殺之年應爲七十五歲左右。

⑩《明報月刊》一九九一年七月號，頁五二。

⑪：桑弘羊雖然是由武帝的名義，擢升爲御史大夫，與霍光等人同受遺詔，輔幼主（昭帝）。但在受命的第二天，武帝就去世了。所以說他作御史大夫的時間，主要是昭帝時期。

⑫：《明報月刊》一九九一年七月號，頁五二。

⑬：同註十二。

⑭：同註十二。

⑮：《漢書》卷六十八，列傳三十八，〈張湯傳〉。

⑯：《漢書》〈食貨志〉。

⑰：《漢書》〈食貨志〉：「三老、北邊騎士，軺車一算。商賈人軺車二算。船五丈以上，一算。」

⑱：〈食貨志〉在此段之下又說：「是歲小旱，上令百官求雨。卜式言曰：縣官當食租衣稅而已，今弘羊令吏坐市

列，販物求利。亨弘羊，天乃雨。」又據《漢書》卷五十八，列傳二十八，〈卜式傳〉：卜式上言在他任御史大夫之年。又據《漢書》〈百官公卿表〉：卜式任御史大夫僅在元鼎六年，次年即免。

⑲：《漢書》〈食貨志〉。

⑳：《明報月刊》一九九一年七月號，頁五十二。

㉑：《大學生活月刊》第一三三期（一九六二年十一月，香港）。

㉒：《社經》第三期（一九六二年十月，香港）。

㉓：同註十九。

㉔：《漢書》〈食貨志〉：「咸陽，齊之大煮鹽。……致生累千金，故鄭當時進言之。」

㉕：據文淵閣四庫全書影印本，《鹽鐵論》。臺灣商務印書館印行。

㉖：（清）包世臣《安吳四種》卷七上，〈江西或問〉頁三九。台北文海出版社印行。並見《陶文毅公全集》卷十一，頁一〇〇〇，〈敬陳兩淮鹽務積弊附片〉。

㉗：魏秀梅著：《陶澍在江南》（中研院近史研究所專刊五十一，台北，一九八五）頁四十八：「可知淮鹽由於綱法不善，鹽利爲引商所獨佔，變爲世業，加重運商成本。不肖官吏有漁利引商，一再加重商人負擔。由於官鹽價高色差，而私鹽價低色好，人民自然樂於食私（鹽）」。

㉘：《鹽鐵論》〈國疾〉第二十八。

㉙．見《胡適文存二集》。

清季漢陽鐵廠生產的研究

鄭潤培

鋼鐵工業是現代工業的基礎，它的產品是現代化工業生產中的最基本材料。清末由張之洞在湖北設立的漢陽鐵廠，規模宏大，爲當時遠東之冠。可是，自光緒十六年（1890）張氏決定在湖北漢陽施工建廠，鐵廠的經營，便受到很多的挫折。[1]在分析引致鐵廠挫敗的研究中，向來對生產方面，研究者都多注意在廠內誤購貝色𪇶煉鋼爐（Bessemer Converter），而少涉及其他。本文的目的，便是試圖填補此一空隙。

鋼鐵工業是一項綜合性的工業。進行生產時，在廠內要具備合適的煉鐵、煉鋼、鑄鐵、軋鋼等技術組合；在廠外要配合原料、燃料、場地環境和交通運輸，才可以得到良好的效果。

漢陽鐵廠雖然內分煉生鐵、煉熟鐵、煉貝色𪇶鋼、煉西門士馬丁（Siemens-Martin）鋼、造鋼軌、造鐵貨六大廠和機器、鑄鐵、打鐵、造魚片鈎釘四小廠，但其中最重要的，只是煉生鐵和煉貝色𪇶鋼兩部分。其他的生產單位，都是分別擔任輔助生產，或加工生產的工作。現在便從鐵廠的生產佈局、煉鐵、煉鋼這幾方面來探討該廠的生產情況。

一、生產佈局

鐵廠的生產佈局，主要着重在如何配合原料、燃料和市場三方面。張之洞把漢陽鐵廠建立在漢陽的大別山（龜山）下，當地既不產煤，又不產鐵，使廠內需要的原料、燃料和其他礦物，須由外地運來。

大冶的鐵礦場內，築有鐵路直達江邊，可以把鐵礦石用船運至鐵廠。鄰近的黃石港有白石灰礦，適宜做化鐵爐（高爐）的熔劑；附近興國州的錳礦，能夠去除鐵礦石中的硫份，增加鋼鐵產品的强度和耐磨性。[2]這三種礦石，都是通過陸路運輸，集中在長江邊的黃石港，然後用船運送至鐵廠。

鐵礦石、石灰、錳都是煉鐵過程中不可缺少的物質。大冶距漢陽只有120公里，所以鐵廠容易獲得充足的供應。不過，由於要負擔運費，故此引來很多的批評。劉坤一在〈整頓船政鐵政片〉中，批評鐵廠的產品價昂，是由於運輸成本高所致。[3]曾任職鐵廠總辦的鄭官應也說：「鐵礦遠在大冶，運費既多，成本遂重。」[4]

不過，從當時生鐵的生產成本來看，情形卻非如此。在生鐵的生產成本中，焦炭佔62.31%，鐵礦石只佔23.24%，可見焦炭價格才是產品成本輕重的決定因素。（表１）到了民國初年，這種情形也沒有改變。以民國四年（1915）爲例，焦炭在生鐵成本中，每噸費用是11.2両，佔總費用20.2両的55.45%，而每噸鐵礦石只支出1.6両，佔總費用7.92%。[5]再看鐵礦石的生產成本，行政費用佔53.12%多，運輸費用只佔28.28%。（表２）可知鐵礦石的運費，在產品成本中，並不特別佔得多。張之洞力言「礦石運費不貴」[6]，有一定的道理。

（表1） 生鐵成本（光緒22年12月）（1897年1月）①

	項　目	費用（兩）	佔百比分
1	焦炭	23,472.00	62.31
2	鐵礦石	8,754.48	23.24
3	鍋爐、打鐵房用煤	1,980.00	5.26
4	修理機件及梓油汽油燈油各雜料	1,500.00	3.98
5	洋匠三人	1,087.56	2.89
6	員司薪火	82.00	0.22
7	火鈞車各一部機匠工食	58.00	0.15
8	爐口長工錢	432.31	1.15
9	工頭、小工錢	71.38	0.19
10	篩搞撿挑抬焦炭小工	232.85	0.62
	合　共	37,670.58	100.00

陳旭麓、顧廷龍、汪熙主編《漢冶萍公司一》（上海人民出版社，1984）（以下簡稱《漢冶萍一》）頁408－409。
註①：以十二月份出生鐵，1,935噸來算，每噸合成本19.468兩。

（表2） 大冶礦石各項費用之比重

項　目	費用（兩）	百分比
1.管理行政費用	28,180.00	53.12
2.運輸	14,997.90	28.27
3.工人	3,637.54	6.86
4.雜(起重機、機房二火車用煤，及物料)	6,236.00	11.75
合　共	53,051.44	100.00

資料來源：《漢冶萍一》頁407－408。

鐵廠最大的難題，是在漢陽附近地區找不到合適的焦炭。光緒十五至十九年（1889-1893）張之洞已先後派員到四川、貴州、江西、安徽、湖南等地勘查礦產。[7]雖然其間發現了一些煤礦，可是都不合鐵廠煉焦化鐵之用，缺乏開採價值。事實上，中國的煤礦大多以小型開發，配合農村的工業來發展。煤的蘊藏量雖然多，但是大部份處於交通不便的山區，而且缺乏資金和技術來開發，煉焦的能力又不足，妨礙了鋼鐵工業的發展。[8]漢陽鐵廠所在的湖北省，連同鄰近的湖南、江西、廣西、廣東各省，近代被劃分爲煤炭資源極貧乏的地區。1982年的統計，這地區只佔全國煤炭資源總儲量的2.33%。[9]

以1944年的煤產量來看，湖北省的產量只有39,370噸。[10]漢陽鐵廠所需的煤炭，要依賴外地輸入。開平是漢陽鐵廠主要的焦炭供應地。光緒二十二年（1896），使用開平焦炭數量佔全廠總焦炭51.53%，萍鄉和外國焦炭居第二、三位，（表3）分別佔16%和14.93%。[11]開平焦炭在天津出口，用船裝運至上海，然後再轉運到漢陽。由於路途遠，焦炭的品質較難控制，很多焦炭不純淨而且易碎，降低了化鐵效力。但它的售價並不便宜，每噸售銀約十六、七兩。同時，天津地區的河流和北運河在冬季結冰，使開平煤炭的出口困難，供應量減少，所以鐵廠極希望找到更合適的煤炭供應地。[12]

（表3） 焦炭的成份（註）

焦炭來源	主要成份			資料來源
	灰 %	硫 %	磷 %	
日本（二號焦）	14	1.67	0.014	《漢冶萍一》頁183
馬鞍山	29—30	4 — 5	——	同上書頁274、444、445
郴州	14—18	0.6	0.05	同上書頁444、445
英國	14	1.8	0.011	同上書頁444、445
開平	5 —11	0.5—0.63	0.001—0.044	同上書頁444、445、482
萍鄉	15—20	0.4—0.9	0.11	同上書頁444、445、501

註：化驗成份日期由光緒二十二年至光緒二十三年（1896—1897）。

萍鄉煤礦與漢陽鐵廠的水路距離約1,530里，路程雖然不近，但已是鐵廠所能找到距離最近，而且合適可用的煤礦了。一向以來，萍鄉都為鐵廠提供煤炭。問題在於當地交通運輸不便，只有水路可用。而水運方面，由萍鄉至湘潭一段，水壩多達120多座，雨水多則可開壩利便水運；雨水少的話，水運便要停頓。此外，全程水運中，河道深淺起落大，淺灘暗礁多，使煤炭的運輸量受到限制。[13]為了發展萍鄉礦務，改善運輸，煤礦局先後修築安萍鐵路、萍醴鐵路、醴洙鐵路。光緒三十一年（1905），萍洙鐵路完成，解決自萍鄉至洙州一段路程的運輸困難，可是洙州以下，仍要用輪駁和僱用民船把煤炭運至鐵廠。[14]

張之洞把鐵廠設在漢陽，無論對煤、對鐵的配合方面，都有不足。而對配合市場方面，情況卻有不同。他在〈勘定煉鐵廠基籌辦廠工暨開採煤鐵事宜摺〉（光緒十六年十一月初六日）提出的六項建廠理由中，已考慮到鋼鐵產品，要運往漢口及漢陽出售，所以才決定在漢陽設廠，節省產品的運費。[15]可說是具有迎合市場消費的觀念。

在工業化的過程中，隨着近代工業的發展，鋼鐵的應用必然增加。例如日本，在1853年前後，便因為需要建立西式的軍械、機器和航運工業，開始引入外國的冶煉鋼鐵技術和設備。[16]清末的官辦工業，很多鋼鐵原料都由外國輸入。本來，這些官辦企業中，例如江南製造局、福州船廠等都需要大量的鋼材，有利於鋼鐵工業的設立和發展。張之洞和盛宣懷便是見到每年由外國進口二、三百萬両的洋鐵、洋鋼，便樂觀地認為鋼鐵廠的銷路很易解決。[17]可是，官辦企業往往缺乏全國性的統一計劃，使到彼此之間不能支援，[18]妨礙了鋼鐵工業的發展。

張之洞任職湖廣總督，負責籌建盧漢鐵路。他主張自北京至漢口分四段建造，自行煉鋼造軌。[19]這樣一來，他把鐵廠設在漢陽，正好配合鐵路的修築，加上漢陽槍砲廠亦在該區，為鐵廠的生產提供合適的市場環境。不過，他的想法，很快便被現實改變。因為東北的關東鐵路急需興建，戶部只答允支付鐵廠一年的費用（二百萬両），使鐵廠的經營費用不足。[20]關東鐵路的建設工程也很龐大，需要應用五千餘噸的鋼材。為了爭取市場，張之洞致函主持該路的李鴻章，請求在鐵路經費內撥出款項，作為向漢陽鐵廠預付軌價，訂購路軌、橋樑和熟鐵、生鐵各料之費用。李鴻章則以鐵廠的軌價高於外洋鋼軌，而且質量不穩定的理由來拒絕。[21]

由於興建關東鐵路，盧漢鐵路的建築計劃暫停。加上鐵廠的籌劃欠缺妥善安排，產品質素未能適合漢陽槍砲廠的應用，失去接近消費市場的有利環境。為了開拓市場，光緒二十二年（1896）六月盛宣懷接辦漢陽鐵廠後，把產品運至上海發售。當時上海的機器廠不多。它們大多設備簡陋、工人只有十人左右，而且資本少，很多在千元以下。[22]甚至在1912年，中國的工廠規模仍然很小，平均每廠只有32個工人，1.7%的廠使用機械來生產，[23]工業化的程度低，鋼鐵的需求量有限。

漢陽鐵廠的生產佈局，既不能配合煤炭資源，市場的情況又與原來的構思不同，只有鐵礦和輔助原料方面，較爲理想，所以自開廠之後，生產困難。直到後來把萍鄉煤礦大力發展，解決了燃料問題，而盛宣懷又兼督辦鐵路總公司，籌辦鐵路，[24]改善市場條件，情況才有改變。

二、煉鐵

（甲）生鐵廠：

所謂煉生鐵，就是把經過處理的鐵礦石、熔劑（一般是石灰石）和燃料，按一定比例分批加到化鐵爐（高爐）中，通過冶煉而得出的金屬鐵。煉生鐵是鋼鐵工業的根本。無論在數量和品質方面，生鐵都會影響到熟鐵和鋼的生產。因爲一切鋼鐵產品，都是先由煉生鐵開始，然後通過煉鋼和其他製造工序，才把物品生產出來。（圖1）

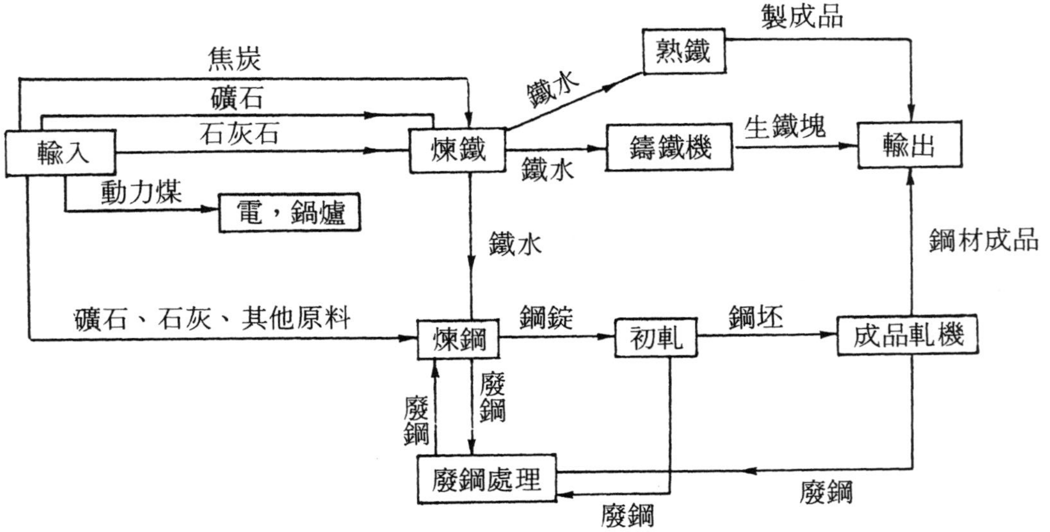

（圖一）　**鋼鐵廠生產工藝流程**

漢陽鐵廠設有兩座化鐵爐，每爐每24小時可熔100噸生鐵。[25]光緒十九年（1893），張之洞因爲開煉生鐵的經費不足，缺乏焦炭，所以只能開動一個化鐵爐，[26]每日生產量大約55噸。[27]

生鐵廠的萎縮情況，除了經費問題外，還存在很多不利的因素。

(1)管理不善：鐵砂從大冶礦中挖掘出來，經鐵路運到長江邊，再沿水路運至鐵廠。由於管理鬆弛，員工不賣力，使運輸工作遲緩。鐵砂常常積存在運送途中，影響鐵砂的供應量，以致化鐵爐的原料不足。[28]

(2)焦炭缺乏：化鐵爐的工作，經常要停頓下來，等待足夠的焦炭才能開煉。例如光緒二十一年（1895）曾因此停爐工三個月；光緒二十二年（1896）則停工兩個半月。[29]

(3)焦炭成份不穩定：由於缺乏足夠的焦炭，鐵廠迫得採用不同產地的焦炭來煉鐵，各地的焦炭成份自不相同。（見表3）在煉鐵過程中，灰份是一種有害的物質。一般焦炭中的灰份，應低於13%，否則每增加1%灰份，化鐵爐平均多費2-2.5%焦炭、增加石灰石2.5%，而煉鐵的生產效率降低2-2.5%。硫和磷也是煤炭中有害的物質。冶金焦炭中，硫份不得多於2%，磷份要以0.01-0.1%爲限。否則每增加硫1%，焦炭的消耗量即增加10%，化鐵爐的生產力下降20%；磷份的增加，不但降低生鐵產量，而且使生鐵變脆，容易斷裂。[30]

漢廠使用成份蕪雜，質素低下的焦炭煉鐵，一面使煉鐵的效率降低，一面令焦炭的消耗量增加，形成惡性循環。

(4)爐身建造欠佳：建造化鐵爐時，工程進行不仔細，爐壁的火磚安裝欠細密，出現裂縫。煉生鐵時，如從使用質素較佳的焦炭，熔化的鐵汁把爐身的縫隙填塞，冶煉尚可進行。但廠中常常使用不同來源的焦炭，爐內的化學變化難於控制，結果爐身受損日甚一日，煉鐵效率日低。本來廠內存放了一批火磚，準備修補之用。可是員工不了解這些火磚的作用和重要性，隨便放置，使火磚受到風雨侵蝕，既舊且裂。廠方只好向外國訂購，但火磚的運送需時，暫時仍然使用受損的化鐵爐，生產自然大受影響。[31]

上述各種因素，影響了化鐵爐的生產。自光緒二十年五月（1894,6）至二十三年十月（1897,11），產量都不穩定。其中以光緒二十一年（1895）的產量爲最低，全年只得4,363噸，平均每月只有364噸。（表4）

（表4）　漢陽鐵廠生鐵產量（1894-1898）　（噸）

	1894	1895	1896	1897	1898	總計
一　月	——	——	——	2,015	1,503	3,518
二　月	——	——	——	1,836	——	1,836
三　月	——	——	717	2,118	503	3,338
四　月	——	——	1,035	2,044	1,506	4,585
五　月	——	——	1,372	2,074	2,100	5,546
六　月	——	——	1,560	2,071	2,100	5,731
七　月	——	——	1,723	1,985	1,960	5,668
八　月	1,800	——	1,448	1,857	1,964	7,069
九　月	1,192	539	121	1,964	1,921	5,737
十　月	1,644	1,656	——	2,265	1,858	7,423
十一月	——	1,939	1,016	2,247	1,132	6,334
十二月	——	229	2,063	1,347	——	3,639
總　計	4,636	4,363	11,055	23,823	16,547	
平　均	386	364	921	1,985	1,379	

資料來源：《漢冶萍一》，頁105－106。

品質方面，情況也不理想。鐵廠曾經挑選了一批灰口生鐵（Gary Cast Iron）100噸，運往上海給華盛翻砂廠試用。[32]所謂翻砂，就是把熔化的生鐵液體，澆注到一個中間有空穴的鑄型裏，等到金屬液體冷卻凝固後，拆去鑄型，加以清理，得到鑄件。這種方法，可以用來製造各種各式的用具。本來以灰口生鐵最爲合適，可是鐵廠的產品，卻因熔成鐵水後太快凝固，流動性差，使鐵水內懸浮的雜質增多，鑄造的物件變得硬而脆，不合翻砂之用。[33]此外，另一類的生鐵因爲斷面呈白色，稱爲白口生鐵（White Cast Iron）。這類生鐵的質地非常堅硬，加工困難，一般用來製造耐磨的鑄件，不合翻砂之用。由於武漢和上海一帶仍未有足夠的技術來使用這類生鐵，所以沒有銷路，廠方只能在開煉西門士馬丁鋼時才配合應用。[34]

無論在數量和質素方面，鐵廠限於經驗、技術和環境，都不能有理想的結果。這樣便使到熟鐵和煉鋼各部門，亦不可以出現良好的產品，整體的生產計劃跟着受到限制。

（乙）熟鐵廠

熟鐵是以生鐵爲原料，用攪拌爐（Puddling Furnace）精煉而成黏滯狀態，再經過槌擊，便鍛製出各種需要的產品。[35]漢陽鐵廠設有攪拌爐二十座，又有汽錘和軋機，可以進行生產。[36]不過，由於廠方以煉鋼製軌爲主要生產目標，所以熟鐵廠不免受到忽略。光緒二十二年（1896）熟鐵廠的生產日漸停滯，主要的原因如下。

(1)原料不足：熟鐵要由生鐵提煉而成，而化鐵爐出產的生鐵除了供給熟鐵廠外，還要供應貝色厤鋼廠。兩者相比之下，自然以煉製鋼軌的貝色厤鋼廠爲重要。生鐵廠的產量既少，又要供應多方面需求，只好減少對熟鐵廠的供應量。

(2)產品缺乏銷路：熟鐵廠的產品，未能依照市面流行的鐵貨來鍛製，而只生產出大批熟鐵條。沒有迎合消費者的要求，產品自然賣不出去。

(3)外洋熟鐵便宜：外洋熟鐵輸入頗多，每噸售價不過40兩，而漢陽鐵廠的熟鐵條，每噸成本已達52兩有多，價格方面失去與洋貨競爭的能力。[37]

爲了維持熟鐵廠的經營，廠內開始針對流行的熟鐵貨和釘鐵來進行生產，並計劃在上海銷售，爭取當地每年價值八、九十萬兩熟鐵的市場。[38]自從開煉釘鐵之後，生意漸好，上海柏記鋼鐵店、順記洋行和漢陽附近的商人，都來廠內訂購。[39]

在總辦鄭官應的主持下，鐵廠把熟鐵爐改造，以節省用煤。經過改造後，大約省煤40%，使成本得以減輕。[40]此外，熟鐵廠的經營方式亦加以變更，改爲招商承辦，以合作方式生產。光緒二十二年（1896）七月，歸徐慶沅承辦。他首先裁減部分外洋工匠，減低成本。繼而加强管理，增加效率。熟鐵條的成本由每噸115.88兩減至60.26兩，減低48%。不久，成本再降至每噸50.25兩，較最初減低57%。[41]（表5）

（表5） **熟鐵廠的生產及成本**

日　期	熟鐵產量(噸)	成本兩／噸	成本下降%㊀	熟鐵條產量(噸)	成本兩／噸	成本下降%㊀
光緒二十二年(1896)5-8月	208	53.9	——	121	115.88	——
1896年9月至1897年1月㊁	725	36.59	32	432	60.26	48
光緒二十三年(1897)二月	184	31.02	42	88	50.25	57

註㊀與第一次成本比較。
㊁由此期開始，廠歸國人包造。
資料來源：《漢冶萍一》，頁474－475。

不過，無論如何改革，熟鐵廠都必須有足夠而穩定的生鐵供應，才可以生產合適的產品。由於生鐵廠的供應不足，熟鐵廠便要向外洋購買生鐵來製造產品。大約煉熟鐵一噸，須生鐵一噸半。換言之，漢陽鐵廠每生產一噸的熟鐵，便要在產品成本上加多一噸半的生鐵運費，故價格不如洋熟鐵便宜。[42]在這種情況下，熟鐵廠終於在光緒二十三年（1897）三月停工。停工後，廠內的機器設備由於沒有得到適當的保養，部份竟然因生銹而損壞，[43]一個龐大設備的生產單位，就這樣荒廢了。

三、煉鋼

（甲）貝色麻鋼廠

漢陽鐵廠的貝色麻鋼（又稱轉爐煉鋼），主要用來鑄造鋼軌。光緒二十二年（1896），奏准吳淞、上海至蘇州鐵路和漢口至北京鐵路所用路軌，俱向漢陽鐵廠訂購，以確保鐵廠的產品銷路。盛宣懷預算每天可以提供120噸生鐵，煉製鋼軌三里半多。以盧漢鐵路長達三千里計，約可維持三年的生產。[44]

不過，貝色麻鋼開始生產後，進展並不順利，只能作有限度的生產，與原來的估計相距很遠。最影響貝鋼生產的，是鐵路的鋼軌重量問題。中國鐵路大多依賴借外債來修築，借款內多規定用某國款項，便須購用該國的器材和聘用他們的工程師，形成國內的路軌形式和重量不統一。[45]不同重量的鋼軌，需要的鋼材亦異。光緒二十三年（1897）前，盧漢鐵路的鋼軌重量仍未能確定，鐵廠便不可開煉合適的產品。

籌建鐵廠時，由於主持者對鋼軌的使用情況未能掌握，所以廠內只準備了生產60磅和70磅重量的鋼軌軌軸。所謂軌軸，就是鋼軌的模子，利用不同模子，可以生產不同重量、形式的鋼軌。鐵廠購置的軌軸，只是聊備一格，數量方面並不足夠應付大量生產，而且損壞之後，也沒有技術人員修理。光緒二十二年（1896）五月，蘇滬鐵路曾經擬定每一公尺長的路軌，重量為七十二磅，預算向漢陽鐵廠訂購，鐵廠也因沒有合適的軌軸，不能接受訂單。[46]要生產合適的鋼軌，必須有足夠的軌軸。鐵廠總辦鄭官應先後向英國梯山廠訂購多對軌軸，以應需要，並且聘請洋匠來廠負責修理工作，確保生產。光緒二十三年（1897）二月，開始可以接受盧漢鐵路的訂單，軋造六十磅鋼軌一千噸。又答允承造吳淞鐵路需要的鋼軌、魚尾鋼片、螺絲釘等。煉鋼亦隨之由每日八、九爐增至十爐。[47]

軌軸的問題雖然解決，跟着又出現了品質問題。鐵路方面驗收鋼軌時，發覺鐵廠的產品質素很差。在檢驗的835條鋼軌中，有260條損壞而不合用，損壞率達31%。沒有損壞的鋼軌中，部份又因品質過硬，拉力不足，不可以用來敷設鐵路。[48]

鋼軌損壞的原因，主要是廠內積存了大量不合規格、棄置的鋼軌，使新生產的鋼軌無處安放。爲了節省用地，便把新的鋼軌重疊堆放。由於堆置過多，加上廠地較軟，引致鋼軌受重而彎曲，不能使用。[49]

至於鋼軌過硬和拉力不足的問題，是因爲鋼質的化學成份所致。這種情況，毫無疑問是由於張之洞在訂購機器設備時，錯訂了貝色麻爐，使生鐵中所含的磷難以除去，煉成含磷過多的鋼質。不過，當時鐵廠內的洋匠，卻找不到這個答案。主要的原因，是另外有一項導致鋼軌含較高磷、硫等雜質的因素，正吸引着他們的注意。進行煉鋼前，必須要有合適的生鐵。在煉生鐵的過程中，磷、硫都會熔入鐵水之內，如果生鐵裏含有的磷、硫雜質高，煉鋼時也不一定可以完全除掉，所以煉鋼所要求的生鐵含磷、硫愈低愈好。而生鐵中所含的硫分和磷分，部份是由焦炭在冶煉燃燒時帶進來的。[51]當時鐵廠採用的焦炭來源既多，含硫、磷的成又不穩定（見前表3），故此洋匠便把鋼軌脆弱、質素偏低的緣因，認定是採用了不適當的焦炭所致。到了光緒二十五年（1899），萍鄉煤礦逐漸開發。洋匠仍然持着一向的看法，把責任完全歸咎於萍焦的含磷成分多，影響了生鐵的品質，使煉出的鋼軌易斷。他們極力要求萍焦改善品質，減低含磷量，並以含磷和灰的成分多少來決定萍焦的價格，一點也沒有注意到錯購機器的問題。[52]

因爲機器設備不當，貝鋼根本沒有機會成爲品質優良的產品。不過，就算設備方面沒有問題發生，產品也要等到萍鄉煤礦發展起來，取得穩定和質高的焦炭，才可以生產優質的鋼材。此外，由於生鐵廠的生產量不足，貝鋼缺乏原料來開煉，經常停爐。例如光緒二十二年（1896）四月至年底，全廠只工作二十二天半。[53]這樣便促使鋼軌的成本升高，計每噸爲50両，較洋貨每噸30両爲多，失去競爭能力。[54]

（乙）西門士馬丁鋼廠

西門士馬丁鋼（又稱平爐煉鋼），主要設立來生產槍砲用的鋼料。[55]廠內的馬丁爐，屬碱性，體積小，每次只能出鋼八噸。由於生產量有限，每噸生產成本相對提高。單是負擔洋匠工食、盤川、司事薪水伙食，便要支出7,043.58両，佔總支出34,706両的20%有多。[56]

馬丁爐的特點，是可以利用各種成份不同的廢鋼鐵爲原料，又可以用品質稍次的焦炭冶煉。[57]廠內的馬丁爐，主要利用貝色麻鋼製煉鋼軌時的廢料來做原料，其次便用生鐵。可是貝鋼的開煉既少，製煉鋼軌不多，而生鐵的產量也不足夠，所以馬丁爐的原料便成問題。[58]洋匠曾經建議停煉貝鋼，把貝鋼所用之焦炭，拿來煉生鐵，增加生鐵產量來煉馬丁鋼。不過，貝鋼是用來製煉路軌，這是建廠的主要生產目標，而馬丁鋼的產品卻缺乏銷路，所以建議沒有被採納。盛宣懷亦提議不待貝鋼製軌的廢料，直接把貝鋼轉用於煉馬丁鋼，但這方法浪費了貝鋼，何況貝鋼的產量也不多，所以沒有施行。（表6）[59]

（表6） 西門士馬丁鋼廠生產成本㊀ 光緒二十二年（1896）

項　　目	款項（兩）	佔百分率
1.洋匠工食盤川	6,929.00	19.96
2.司事薪水伙食	114.58	0.33
3.生鐵、碎鐵	7,935.28	22.86
4.東洋煤	4,000.50	11.53
5.貝廢鋼鋼頭	4,544.10	13.09
6.石灰矾精	162.90	0.47
7.礦石	14.45	0.04
8.沙鐵矽鐵錳精錳鐵	2,637.30	7.60
9.庫房物料	333.68	0.97
10.修爐翻鑄鋼模	1,300.00	3.75
11.修爐洋火磚	1,512.00	4.36
12.泥水木工	664.40	1.91
13.還鋼軌廠軋壞貼費	3,357.36	967
14.工匠長工小工工食	1,198.75	3.45
合　　計	34,706.30	100.00

㊀煉成鋼560噸，軋成條坯407噸，成本43兩/每噸。
未成條坯153噸，成本113兩/每噸。
資料來源：《漢治萍一》，頁464。

馬丁爐的原料不足，所以開煉的時間很少。總計光緒二十二年四月十一日起（1896.5.23）至是年底止，只在九月七日開爐至十一月十五日，工作僅有六十餘天，總共煉出鋼筒559噸，成本每噸達43兩。[60]產品質素方面，因爲開煉初期，爐底的耐火磚太冷，減低燃料的火力，直到向外國購買物料來改善爐底，又用白口生鐵做原料，情況才有改善。但限於質素，仍未能用來鑄造槍砲，只可作爲添配零件。[61]由於原料及銷路都未達理想，馬丁爐終於在光緒二十三年（1897）正月停止生產，以節省開支。

四、總結

鋼鐵工業是一門生產複雜，需要高技術的工業。對於光緒年間的中國官員來說，這門工業是很難想像的，他們完全缺乏這方面的認識。就如張之洞心中所想，生產鋼鐵只是爲了對付外洋鐵貨輸入。外貨有那些款式，照做便可以了，至於生產設施的設立、生產程序的安排和生產條件的創造，都沒有一套有系統的主張和措施。所以自從建廠開始，問題不斷出現。

生產問題的根本，在於生鐵廠的生產未上軌道。因爲鋼鐵廠的生產程序，是由煉鐵開始，才進而煉鋼、軋鋼。漢陽鐵廠的生產安排中，都需要生鐵廠爲它們提供原料，把合適的生鐵加工煉製，才可以生產出熟鐵和鋼。生鐵廠弄不好，就不可能生產出好的鋼鐵產品

生鐵廠的毛病，可以說是官辦企業的寫照。張之洞還沒有把煉生鐵必須用的焦炭來源弄好，就草率地決定建廠。這樣一來，化鐵爐在缺乏足夠份量、質素穩定的焦炭供應下，根本沒法好好地生產。採用劣質焦炭的結果，雖

然可以暫時不致停爐熄火，卻造成生產力下降，用焦量卻增加的惡性循環效果。

張之洞投資建設之初，根本分不清楚這些廠的功能和生產範圍。在他的心目中，甚麼鋼也是差不多，所以一開始便盲目把廠的規模擴大。他以爲把生產鋼鐵的各類機器買回來，就足以抵抗外洋鐵貨，出產良好和合適的鋼鐵產品。他沒有考慮到不同鋼鐵機器需要的原料有異，產品亦有異，操作技術要求不同。

建設一所規模龐大的鋼鐵廠，除了具備設廠的條件外，更要有一定的技術和經驗基礎，才會取得良好效果。例如日本的八幡製鐵所，在1901年開始生產，但早在1857年，大島高任已在釜石鐵山成功建立新式的化鐵爐，他的兒子大島道太郎，更成爲八幡製鐵所的技師長。其間在1882年，築地海軍兵器局採用西式方法，開始製鋼；1890年橫須賀工廠設置酸性平爐等，都爲日本的鋼鐵工業打下基礎。[62]反觀中國，在漢陽鐵廠之前，雖有貴州青谿鐵廠的籌建，可是並未取得成功。以有限的認識，單憑迎合鐵路興建和爭取利權的熱情來建廠，自難成功。由於官辦時期的錯誤安排和佈置，到了鐵廠由官辦轉至官督商辦時，要花費大量的人力物力，情況才能改善。要是張之洞建立的是一間小型或中型鋼鐵廠，那生產的安排，便容易得多，資金也會充裕，原料和燃料，以致技術的掌握，可能會快一點，生產可能比較順利。

註釋

1. 參見全漢昇師《漢冶萍公司史略》（香港中文大學，1972年），說鐵廠受到挫敗，大約可歸納爲資金、燃料、機器設備、廠址、產品及銷路問題。蘇雲峯〈外國專家學者在湖北〉，《中華文化復興月刊》（第八卷，第四期），從外國專家的技術水平和在華表現方面，分析鐵廠在廠址、技術和設廠程序所犯的錯誤。修朋月〈略論張之洞的洋務活動〉，《北方論叢》（1982年第6期），在稱讚漢陽鐵廠扭轉洋鐵在湖北充斥之餘，從市場基礎方面來分析鐵廠之失。

2. 東北重型機械學院付文逵主編《鋼鐵冶煉工藝》（機械工業出版社，1987年），頁9-10。丁格蘭著，謝家榮譯《中國鐵礦誌》（農商部地質調查所，民國12年），頁121。

3. 《劉忠誠公遺集》（近代中國史料叢刊260，文海出版社），奏疏，卷24，頁43-44，〈整頓船政鐵政片〉（光緒二十一年八月初七）。又胡鈞編《張文襄公年譜》（台灣商務，民國67年）卷三，頁14，光緒二十一年八月。

4. 夏東元編《鄭觀應集》（上海人民出版，1982年）上册，〈盛世危言〉，頁709，〈論丙申年漢陽鐵廠歸商辦情形〉。1896年，漢陽鐵廠由官辦變爲官督商辦，盛宣懷任用鄭觀應爲總辦，負起聯絡官商、稽查華洋員匠的責任。他提出覓焦炭、選人材、解決鋼鐵製品銷路的方法，可是受到廠內的阻力，終於在1897年7月離職。參見夏東元《鄭觀應傳》（華東師範大學出版社，1985年），頁144-167。

5. 丁格蘭前引書，頁256。

6. 王樹枬編《張文襄公全集》（近代中國史料叢刊636-645、648-655、659-664、670-673，文海出版）奏議卷39，頁2下，〈查覆煤鐵鎗礮各節並通盤籌畫摺〉（光緒二十一年八月二十八日）。

7. 孫毓棠《中國近代工業史資料》（科學出版社，1957年），第一輯下册，頁768-769。

8. Tim Wright, Coal Mining in China's Economy and Society 1895-1937（Cambridge University Press, 1984）

pp. 17, 18 28, 64.

9. 方如康《我國的自然資源及其合理利用》（科學出版社，1985），頁128。

10. T.R. Tregear, A Geography of China,（University of London Press, 1965），p. 150。原書40,000公噸，現折算噸計。

11. 陳旭麓、顧廷龍、汪熙主編《漢冶萍公司 一》（上海人民出版社，1984）（以下簡稱《漢冶萍 一》）頁299〈鄭官應核算焦炭數目單〉。中國歷史研究會秘書處論文組編《國史論集》（香港私立珠海大學，1986年），鄭潤培〈漢陽鐵廠官督商辦時期的燃料問題〉，頁202，表一AB。

12. 有關開平焦炭的問題，可參見全漢昇師前引書，頁78-79。開平煤炭是經唐胥鐵路運至胥各莊，由胥各莊裝駁船經蘆台直達天津。天津位於氣候較寒之區，每到冬季，全河封凍，無法通航。見《天津港史》（人民交通出版社，1986年），頁129, 148-150。

13. 《漢冶萍 一》，頁85，〈鄭官應致盛宣懷函〉（光緒二十二年五月十四日）；頁110，〈許寅輝致鄭官應函〉（光緒二十二年六月初二日）；頁278，〈馬克斯：萍鄉採運情形並籌改用西法辦理節略〉（光緒二十三年十月）。

14. 凌鴻勛《中國鐵路誌》（近代中國史料叢刊續輯923，文海出版社），頁238。全漢昇師前引書，頁80。

15. 《張文襄公全集》，奏議，卷29，頁23-24。

16. Eihonishida, History of Steel in Japan,（Published by Nippen Steel Corporation, 1973），p.10。

17. 《張文襄公全集》，奏議，卷27，頁2〈籌設煉鐵廠摺〉（光緒十五年八月二十六日）。《漢冶萍 一》，頁7，〈盛宣懷籌擬鐵礦情形稟〉（光緒十五年十一月二十三日）。

18. 張玉法〈清末民初的官辦工業，1860-1916〉，頁686-688，收入中央研究院近代史研究所編《清季自強運動研討會論文集》（民國77年，台灣中央研究院近代史研究所）下冊。

19. 《張文襄公全集》，奏議，卷25，頁11-20，〈請緩造津通改建腹省幹路摺〉（光緒十五年三月初三日）；同書，卷132，電牘11，頁28，〈致天津李中堂〉（光緒十五年七月二十日）。

20. 抄本《督楚公牘》載光緒十七年正月二十四日海軍衙門與戶部奏摺，引自孫毓棠前引書，第一輯下冊，頁854。
《李鴻章全集》（上海人民出版社，1986年），電牘二，頁224，〈覆鄂督張〉（光緒十六年三月初五）。

21. 《漢冶萍（一）》頁29，〈張之洞致李鴻章函〉（光緒十八年十月十五日）。同書頁43，〈李鴻章致張之洞函〉（光緒十八年十一月初四日）云：「外洋軌價，每噸僅銀三十兩，又必見貨付銀。若中國鐵價稍昂，猶可通融議辦，乃工本運費每噸至四十兩之多，相懸太甚。」又同書頁44，〈北洋鐵軌官路總局上李鴻章稟〉云：「外洋購軌橋鋼鐵料，不須先付半價，並不先付定銀，此間皆係見貨付價」，「西洋各國通例，未有不先驗合法與否而即訂貨者，至造橋鋼料，各件式樣尤多，湖北鐵政局能否製造如式，能否照章試驗，尚未議及。」

22. 《上海民族機器工業》（中華書局，1966年）上冊，頁72，頁196。

23. John K. Chang, Industrial Development in Pre-Communist China,（Edinburgh University Press, 1969）pp. 5-6.

24. 《愚齋存稿》（中國近代史料叢刊續編122-126，文海出版社），卷1，頁1。

25.《漢冶萍一》，頁32，〈湖北鐵政局所置機器、廠屋計各項工程清單〉載：「爐高計五十五英尺，爐徑三十英尺，每日二十四點鐘能熔化生鐵一百噸。」又同書頁77，〈招集湖北鐵廠股東公告〉（光緒二十二年五月初一日）載：「目前擬就漢陽總廠已成之生鐵爐兩座，每日可出生鐵一百二十噸，先盡製造鋼軌」。

26.《張文襄公全集》，奏議，卷33，頁4下，〈豫籌鐵廠成本摺〉（光緒十九年二月十五日）。

27.《張文襄公全集》，奏議，卷34，頁22下，〈鐵廠著有成效請獎出力各員摺〉（光緒二十年七月二十四日）載：「頭爐先開一座，日夜出鐵八次，共五十餘噸，近來間有日出六、七十噸者。」又《漢冶萍一》，頁99，〈徐慶沅致盛宣懷〉（光緒二十二年五月二十七日）云：「每日只扯出生鐵五十二噸八，不能合算。即每日能扯出五十五噸，盡造鋼軌變價，亦不敷成本。」又《湖北通志》（上海商務印書館，民國43年）卷54，頁19云：「光緒二十二年以前，化鐵爐祇開一座，每日約出生鐵四十餘噸。」今以最高產量五十五噸算。

28.《漢冶萍一》，頁702，〈呂柏致盛宣懷函〉（光緒二十三年十月二十二日）。

29.《漢冶萍一》，頁449-450，〈密楷致盛宣懷函〉（光緒二十三年二月中旬）。

30.同濟大學、重慶建築工程學院合組《城市工業佈置基礎》（中國建築工業出版社，1985），頁8-9。

31.《漢冶萍一》，頁116，〈鄭官應致盛宣懷函〉（光緒二十二年六月初五日）。同書頁113，〈盧柏致盛宣懷函〉（光緒二十二年六月初三日）。

32.《漢冶萍一》，頁112，〈鄭官應致盛宣懷函〉（光緒二十二年六月初三日）；同書頁168〈華盛翻砂修機廠對漢陽鐵廠生鐵評價〉（光緒二十二年六月）。所謂灰口生鐵，是因其斷面粗鬆呈灰色而稱。這種生鐵的質地較軟而勒，在熔化成液體時流動性很多，所以廣泛用來做鑄造材料。參見巫正山編《鑄工學》（正文書局、民國64年），頁131。

33. 所謂翻砂，參見彭思明《工業技術基礎知識》（香港萬里書店，1976年），頁41及巫正山前引書，頁2-3，111-112。關於漢陽鐵廠的生鐵翻砂，《漢冶萍 一》，頁168，〈華盛翻砂修機廠對漢陽鐵廠生鐵評價〉（光緒二十二年六月）云：「鐵政局的鐵性太燥，熔成鐵水後不能耐久，鐵水易冷。」

34. 《漢冶萍 一》，頁399，〈張贊宸致盛宣懷函〉（光緒二十三年正月二十二日）。

35. 謝英明編《冶金秘笈》（光明出版社），頁82。

36. 《漢冶萍 一》，頁34，〈湖北鐵政局所置機器廠屋計各項工程清單〉。

37. 《漢冶萍 一》，頁167，〈德培致鄭官應函〉。同書頁187，〈鄭官應：鐵廠次第籌辦張本六十條〉。

38. 《漢冶萍 一》，頁98，〈德培致盛宣懷函〉（光緒二十二年五月二十六日）；同書頁218，〈盛宣懷致徐慶沅函〉（光緒二十二年八月十四日）。

39. 《漢冶萍 一》，頁127，〈盛春頤致盛宣懷函〉光緒二十二年六月十一日）。

40. 《漢冶萍 一》，頁187，〈鄭官應：鐵廠次第籌辦張本六十條〉；同書頁217，〈盛宣懷致徐慶沅函〉（光緒二十二年八月十四日）；同書頁212〈盛宣懷致鄭官應函〉（光緒二十二年八月上旬）。

41. 《漢冶萍 一》，頁475，〈盛宣懷致克虜伯廠函〉（光緒二十三年上旬）。

42. 《漢冶萍 一》，頁403，〈徐慶沅致盛宣懷函〉（光緒二十三年正月二十三日）。

43.《漢冶萍一》，頁440，〈鄭官應致盛宣懷函〉（光緒二十三年二月十六日）；同書頁613，〈盛春頤等致盛宣懷函〉（光緒二十三年七月初三日）。

44.《漢冶萍一》，頁76-77，〈招集湖北鐵廠股東公告〉（光緒二十二年五月初一日）；同書頁83，〈盛宣懷致陳寶箴函〉（光緒二十三年五月初十日）。

45.中國鐵路軌制，早期有英式、法式等。軌制依借款國家而定，驗軌的標準亦不相同。鋼軌的重量大約在60-80磅之間。到光緒二十九年（1903），商部奏訂鐵路簡明章程第十三條，規定軌距照英制四呎八吋半。宣統三年（1913）郵傳部奏請釐定全國路軌，幹軌重量定爲85磅，支軌定爲75磅重，全國才有統一標準。見曾鯤化《中國鐵路史》（近代中國史叢刊973，文海出版社），頁255-257。凌鴻勛前引書，頁42。

46.《漢冶萍一》，頁105，〈鄭官應致盛宣懷函〉（光緒二十奪年五月三十日）。同書，頁111，〈鄭官應致盛宣懷函〉（光緒二十二年六月初三日）。同書頁188，〈鄭官應：鐵廠次第籌辦張本六十條〉。又同書頁248，〈許寅清上盛宣懷條陳〉（光緒二十二年十月初五日）云：「如湘省礦務局之借撥十六磅暨三十磅等軌，皆因無軌軸，不能代造。」

47.《漢冶萍一》，頁441-442，〈盛宣懷致鄭官應函〉（光緒二十三年二月十七日）同書頁452，〈盛宣懷致鄭官應函〉（光緒二十三年二十四日）。同書頁498，〈許寅輝：鋼廠說略〉（光緒二十三年三月）。

48.《漢冶萍一》，頁687，〈顧培驗軌報單〉（光緒二十三年九月十四日）。

49.《漢冶萍一》，頁595，〈堪納第致鄭官應函〉（光緒二十三年六月十九日）。

50. 全漢昇師前引書，頁55和頁103-104。關於煉鋼的方法及發展，參考楊沛霆《科學技術史》（浙江教育出版，1986），頁209-219。Meredith Givens. "Iron and Steel Industry," in Edwin R.A. Selingman, ed., Encyclopaedia of the Social Sciences（New York, Fifteenth Printing, 1963）, Vol. 8, pp. 302-303

51. 《城市工業佈置基礎》，頁9。《鋼鐵冶煉工藝》，頁52，136-137。

52. 陳旭麓、顧廷龍、汪熙主編《漢冶萍公司二》（上海人民出版社，1986年），頁144-145，〈卜聶致盛春頤函〉（光緒二十五年五月二十日）；頁152，〈盛宣懷致張贊宸函〉（光緒二十五年六月十八日）。

53. 《漢冶萍一》，頁462，〈談汝康：二十二年度鋼廠商辦約合成本報摺〉。

54. 《漢冶萍一》，頁383，〈盛宣懷致張贊宸函一〉（光緒二十三年正月初十日）。

55. 《漢冶萍一》，頁76，〈招集湖北鐵廠股東公告〉（光緒二十三年五月初一）。

56. 《漢冶萍一》，頁161，〈彭脫致盛宣懷函二〉（光緒二十二年六月二十七日）。同書頁464，〈談汝康：二十二年度鋼廠商辦約合成本報摺〉。

57. 楊沛霆前引書，頁215。

58. 《漢冶萍一》，頁81〈鄭官應致盛宣懷函二〉（光緒二十二年五月初十）。同書頁98，〈德培致盛宣懷函〉（光緒二十二年五月二十六日）。

59. 《漢冶萍一》，頁382，〈堪納第致鄭官應函〉。同書頁212，〈盛宣懷致鄭官應函〉（光緒二十二年八月上旬）。

60. 《漢冶萍一》，頁441，〈出鋼數目〉（光緒二十二年四月十一日起至年底止）。同書頁463〈談汝康：二十二年度鋼廠商辦約合成本報摺〉。

61. 《漢冶萍 一》，頁513，〈郭格里廠東函〉。同書頁595，〈鄭官應致堪納第函〉（光緒二十三年六月十九日）。

62. Eihonishida, 前引書p.13-p.15。湯淺光朝《日本の科學技術100年史》（中央公論社，昭和59年），下冊，頁305-306, 316-317。

宋代烽燧制度

趙效宣

一、緒言

檢烽燧之烽，漢簡作逢、①蠭、②蓬、③熢、④熢。⑤燧作队、⑥隧、⑦燧、⑧燧。⑨東觀漢記、⑩後漢書、⑪文選同作烽燧。⑫說文云：「蓬，蒿也。」⑬又曰：「熢，候表也，邊有警，則舉火。」⑭「燧，塞上亭守熢火者也。」⑮史記正義云：「燧，炬火也，夜舉燧以望火光也。」⑯六韜云：「人操炬火也。」⑰漢書云：「熢舉燧燔。」注：「孟康曰：『熢如覆米簄，縣著契皋頭，有寇則舉之。燧，積薪，有寇則燔然之也。」⑱縣，懸本字，然，同燃。又史記與後漢書同曰：「修烽燧。」注：「前書音義曰：『邊方備警急，作高土臺，臺上作桔皐，桔皐頭有兜零（籠也），以薪草置其中，常低之，有寇即燃火舉之，以相告曰烽。又多積薪，寇至即燔之，望其煙曰燧。晝則燔燧，夜乃舉烽。』」⑲詔安縣志曰：「古者要害設戍，沿途置堠，一旦有警，烽燧次舉。」⑳趙鼎謂：「顧夕烽未靖於狼煙。」㉑酉陽雜俎曰：「狼糞煙直上，烽火用之。」㉒夕烽乃平安報也。故曾公亮曰：「烽燧軍中之耳目。」㉓蓋謂此也。

烽燧之起源甚早，詳不可考。據玄女戰經曰：「諸見舉烽火，傳言虜且起，黃帝出軍，決，亦有望見烽火之文。」史記言：「周幽王為褒姒舉烽燧，疑亦自初用兵，即有之也。」㉔戰國時，墨子備城門篇有云：「苣長五節，寇在城下，聞鼓音，㉕燔苣，復鼓，內苣爵，穴中照外。」注：「爵，火也。」㉖即炬火也。漢烽苣，有大苣、中苣、小苣、㉗角火苣㉘等，文物云：「大苣長二三三，直徑五厘米，蘆葦把，用葦根捆扎六道。中苣長三二—三五·五，直徑四·五厘米左右，個別有用麻繩捆扎二至四道的。小苣長八·七，直徑三厘米，用細麻繩捆扎三道。」㉙以便於使用也。至於如何使用此苣火，據漢簡云：「平安報，舉苣火一通。」㉚又云：「望見虜一人以上入塞，燔一積薪，舉二蓬，夜二苣火。見十人以上在塞外，燔如一人。望見虜人五百人以上，如攻亭鄣，燔一積薪，舉三蓬，夜三苣火。不滿二千人以上，燔舉如五百人同品。虜守亭障，燔舉：晝舉亭上蓬，夜舉離合火。次亭遂和燔舉如品。」㉛如遇亭隧第遠，或天氣晦霧，晝不見煙，夜不見火；士吏、候長、候史馳相告，燔薪以急疾爲故。」㉜至是，此制已達到規律化，足爲後世法矣。至三國時，據張守稱：「烽火一夕行於萬里。」㉝蓋可信也。隋世之法，據長孫晟傳云：「若賊少，舉二烽，來多，舉三烽，大逼，舉四烽。」㉞及唐高祖李淵之備北邊也，令烽候相望，交相救應。㉟武經總要言：「凡寇賊入境，馬步兵五十人以上，不滿五百人，放烽一炬。得蕃界事宜，又有煙塵欲南入，放烽兩炬。若餘寇賊，則五百人以上，不滿三千人，亦放兩炬。蕃人五百騎以上，不滿千騎，審知南入，放烽三炬。若餘寇賊三千騎以上，亦放三炬。若蕃賊千人以上，不知頭數，放烽四炬。若餘寇賊一萬人以上，亦放四炬。其烽一炬者，至所管州縣鎭止，兩炬以上者，並至京，原放煙火處州縣鎭，即錄狀馳驛奏聞。若依式放烽至京訖，賊回者，放烽一炬報平安。凡放烽告賊者：三應三滅，報平安者，兩應兩滅。又凡告賊烽起處，即須傳告隨近州縣鎭城堡村坊等人，令當處警固，不得泿行遮牒。」㊱牒猶今之公文書，泿者濫也。蓋防落入敵人之手，以策安全也。

宋襲唐制，對邊塞之建置，頗爲簡略。武經總要云：「唐之法制，適與宋同。」㊲周煇雜志曰：「塞上烽火臺，每日平安，即於發更時舉火一炬，每夜平安，即於次日平明，舉火一炬。緩急盜賊，不拘時候，日則舉煙，夜則舉火，各三炬。陸放翁游山南登城觀塞上傳烽詩云：「我昔游梁州，軍中方罷戰，登城看烽火，川迴風裂面，青熒幷駱谷，隱翳連鄠縣，月黑望逾明，雨急滅復見，初疑雲罅星，又似山際電。」㊳云云，蓋可想像髣髴宋代之烽傳，猶在眼前者也。然制法謹嚴，宋刑統云：「若諸候望者：有蕃人五百或二千五百人出入，而不覺者，徒一年，主司徒一年。諸烽候應舉烽燧而不舉，應放多烽而放少烽者，各徒三年。若放烽已訖，而前烽不舉，不即往告者，罪亦如之。以故陷敗戶口軍人城戍者絞。即不應舉烽燧而舉，應放少烽而放多烽，及繞烽貳里內輒放煙火者，各徒一年。」㊴如此嚴刑峻罰，不外期有關人士各能遵守條規也。以上爲在陸路方面之設施。至於水路地分，南宋高宗建炎元年（一一二七）六月二十一日，會要載宰相李綱言：「瀕水州郡創造戰船，常切訓習。」高宗從其言，實施於諸郡。至三年（一一二九）三月十二日，吏部郎官鄭資之除沿江措置防托，監察御史林之平爲沿海措置防托，並許辟置僚屬。所管地分：之平自杭州至太平州。資之自池州至荊南府。既而，之平言：「應海船乞於福建、廣東沿海州軍雇募，分作三等：船面闊二丈四尺以上，中等面闊二丈以上，下等面闊一丈八尺以上，並以舡中堵爲側，上等船募梢工二人，水手四十人，中等，梢工一名，水手三十五人，下等，梢工一名，水手二十五人。舡合用望斗箭、隔鐵撞硬彈、石砲、火炮、火箭及兵器等，兼防大家事之類。募舡候到日，別作旗號，令布沿江各認地分把隘。如有探報及觀望烽堠，節次應援，舡十隻爲一綜，差所募官一員管押，候到防托去處，及半年無散失敗闕，選人與循一資，大小使臣以下減三年磨勘，各與占射差遣一次。其舡約募六百餘隻，分作三番，半年一易。」詔並從之。既而，資之上言：「欲募江東西、湖北有物力人戶，及有予本舟舡，本處保明，權行借補，隨舡多寡，予本厚薄，與行補授，舡七隻以上，通載及一萬三千石，與補承信郎。五隻以上，通載一萬石，與補進武校尉。二隻以上，通載四千石，與補進義校尉。今具募二十綱，分諸路：江西路八綱，江東路七綱，湖北路五綱，候舟船通快日，更行增募十舡爲一綱，每舡梢工、梢手、招頭募三十人，備戰之具，合用紙、甲、手炮、鈎、鎗、木、弩、箭、用紅竹口火，綱舡不必盡用戰艦，只尋常舡亦可，分作二運：一即往來般運上貢米，一即居上流把隘，如此，勞逸既均，緩急可濟，今共二十綱，除梢工、梢手、招頭外，有二千七百人往來江上，雖有蕃賊小寇，則無能爲矣。」㊵至孝宗乾道七年（一一七一）三月一日，上出馮湛控扼海道畫一以示宰臣虞允文等曰：「馮湛所陳，不可行者一，可行者二，其言淮口一帶置鋪舉烽火，此不須行。明州神前山差人船卓望，黃魚垛分官兵往來巡綽，此兩事可令馮湛與趙伯圭同共措置。」㊶故韓元吉嘗有「海上狼烽不起煙，兵革猶記舊年前。」㊷之歎！狼烽，蓋狼煙也，古邊亭舉烽火時，用狼糞燒煙，其烟直上，冽風吹之不斜也。是以歷代用之不絕。至於淮西諸水不通淮河，據督視淮師王之望言：「由焦湖而北，可至廬州之境，廬州不宜置船，恐萬一資敵，若得舟楫於廬州，則可由焦湖而入於江，此曹操窺兵之路也。故淮西水軍當盡在建康、采石一帶以壯長江之勢，而量以一二千人游戰艘於江湖以疑敵，彼若深入，則乘間出合肥以擾其後。然建康戰船殊未如法，樓船絕少，惟海鰍稍多，不足以威敵，其船上器用什物，往往未備，合速令計置，仍更添造樓船，將來踏車之人當用民兵，及修船之類，事干建康府，乞令招撫司與江東帥司同共措置。」㊸如此策劃，可謂周而且備矣。

二、烽火臺及官員之建置與功用

烽火臺之建造，據太白陰經曰：「須於高山四望險絕處置之，無山亦於平地高迴處建置，下置羊馬城，高下任便，常以三五爲準，臺高五丈，下闊三丈，上闊一丈，形圓，上建圓屋覆之，屋徑闊一丈六尺，一面跳出三尺，以板爲上覆，下棧屋，上置突竈三所，臺下亦置三所，並以石灰飾其表裏。復置柴籠三所，流火繩三條。在臺側上下，用軟梯，上訖收之，下時垂之。四壁開孔望賊，及安置火筒，置旗一面，鼓一面，弩兩張，砲石、壘木、停水瓮、乾糧、生糧、麻緼、火鑽、火箭、蒿艾、狼糞、羊牛糞之屬。」㊹此等糞便，蓋隨時可以采集，其植物據曾公亮謂：「每歲秋前，別採艾蒿莖葉，葦條草節，皆要相雜爲放煙之薪。」㊺將所採薪柴晒乾後，捆紮成束貯於烽臺旁側。故曾公亮又云：「每烽別有土筒四口，筒間火臺四具，臺上插橛，擬安火炬，各相去二十五步，如山險地狹，不及二十五步，但取應火分明，不須限遠近，其煙筒各高一丈五尺，自半以下，四面各闊一丈二尺。向上則漸銳狹。造筒先泥裏，後泥表，使不漏煙，筒上著無底漏瓦盆蓋之，勿令煙出。下有烏爐竈口，去地三尺，縱橫各一尺五寸，著門開閉。」㊻復云：「其烏爐竈門，用木爲骨，厚泥之，勿令火焰燒及。㊼烽筒之外，皆作深塹環繞在烽臺。㊽其貯備物所委積處，亦掘塹環之，以防野燒延燎也。」㊾塹，溝也，火固不能越之也。

至於掌管烽臺之官員，及烽臺間之距離，武經總要與虎鈐經云：「凡邊城候望，每三十里置一烽，須在山嶺高峻處，若有山崗隔絕，地形不便，則不限里數，要在烽烽相望。若臨邊界，則烽火外周築城障。㊿置帥一人，副一人知文書，烽子六人，遞知更刻，觀視動靜，並取謹信有家口者充。」㊿烽子乃烽臺守卒也。又曰：「烽帥、烽副當番，常須在烽臺往來檢校。烽子五人，晝分爲五番，夜分持五更，晝堠煙，夜望火，其烽火一晝夜，須行二千里。」㊾又曰：「一人掌送符牒，並二年一代，代日須教新人通解，始得代去。如邊境用兵時，更加衞兵五人，兼守烽城，無衞兵，則選鄉丁武健者給仗充。」㊿此外又須別置馬鋪，同書又曰：「馬鋪每鋪相去三十里，于要路山谷間牧馬兩匹，設遊奕，計會，有事警急，煙塵入境，即報探。設土河於山谷口，當賊路橫斷，闊二丈，深二尺，以細土塡平；每日檢行迹，掃合淨土，人馬入境，即知足跡多少。其遊奕於軍中選驍勇者、諳山川、泉井者充之，常與土河、烽鋪計會交牌，日夕邏候於亭障之外捉生事，問敵虛實；我之密謀，勿使遊奕人知。其副使子將並用久在軍中行人（一作善）騎射者充之。」㊾此與拙撰宋代驛站制度中之斥堠相似，㊿蓋由遊奕、馬鋪，烽臺間互通消息，收集敵人情報，使馬鋪傳遞至附近驛鋪入急遞，以奏報所隸官府，及中央政府。史稱「烽燧爲軍中之耳目」者，似此之謂歟！

三、使用烽燧之方法

對烽燧之使用，據武經總要云：「凡應火炬長八尺，橛上火炬長五尺，並二尺圍乾葦作薪，葦上用乾草節縛，縛處周迴插肥木。」㊿以壯旺燃燒之火力，同書曰：「白日放煙，夜裏則放火。先須看筒裏至實不錯，然後相應時，將火炬就烏爐竈口裏焚爇成煙出外應滅訖，別捉五尺火炬安著土臺橛上。煙相應時，一爐筒煙一人開閉，二筒煙二人開閉，三筒煙三人開閉，四筒煙四人開閉。」⑰又曰：「應火土筒若向東，應筒口西開，若向西，應筒口東開，南北準此。比諸烽煙相應時，於土筒旁級上，立開盆放煙，合盆滅其煙。看放時：若無事，盡一時，有事一日，若晝放煙，至夜即放火。無事盡一時，若夜放火，至天曉，還續放煙。後烽放訖，前烽不應，煙盡一時，火盡一炬，即差脚力人走問?探知失堠，或被人掩捉；其脚力問者，即亦須防慮，且至烽側遙聽，如無消息，喚烽帥姓名，若無人應接，先徑過向前烽依式放火，仍錄被捉失堠之狀，告所在州縣勘當。⑱或以晝日陰晦霧起，望煙不見，原放之所，即差脚力人速告前烽，霧開之處，依式放煙。如有一烽承兩道以上烽者，用騎一人，擬告州縣，發驛報烽來之處。若烽與驛相連者，即差驛馬。凡寇賊入境，馬步兵五十人以上，不滿五百人，放烽一炬。得蕃界事宜，又有煙塵，知欲南入，放烽兩炬。若餘寇賊，則五百人以上，不滿三千人，亦放兩炬。蕃賊五百騎以上，不滿千騎，審知南入，放烽三炬。若餘寇賊三千騎以上，亦放三炬。若蕃賊千人以上，不知頭數，放烽四炬。若餘寇賊一萬人以上，亦放四炬。其放烽一炬者，至所管州縣鎮止，兩炬以上者，並至京，原放煙火處州縣鎮，即錄狀馳驛奏聞。若依式放烽至京訖，賊回者，放烽一炬，報平安。凡放烽告賊者，三應三滅；報平安者，兩應兩滅。又諸告賊烽起處，即須傳告隨近州、縣、鎮、城堡、村、坊等人，令當處警固，不得浪行遮牒。若烽號隱密，不令人解者，惟烽帥、烽副自執，烽子亦不得知委。」⑲此如今之密令或密件，固不令其他人知曉。又於危急之中，明禁濫行遮牒，疑亦防入敵人之手也。

四、爟烽之設置

爟火蓋為臨時擺置之烽火也。北周庾信言：「匈奴突於武川（今綏遠武川縣），爟火通於灞上⑥⓪（在今陝西長安縣東）。」宋蘇東波曰：「上不親郊，而通爟火於禁中。」⑥①清倪璠引張晏謂：「爟火，𤏻火也。」⑥②𤏻即烽，是別於自烽火臺發出之另種烽火也。李靖曰：「凡軍馬出行，擬停三五日，即須去軍一二百里，以便權置爟烽。如有動靜，舉烽相報。其烽並於賊來要路，每二十里置一烽，連接至軍所。其遊奕馬騎，晝日遊奕候視，至暮，即移十里外止宿，防賊徒暮間見煙火，掩襲烽火；其賊路左右，仍伏人宿止，以聽賊徒，如覺賊來，即舉烽遞報軍司。賊十騎以下，即舉小炬火，前烽應訖，即滅火。若不及百騎至二百騎，即放一炬。若三百騎至四百騎，即放二炬。若五百騎至五千騎，即放三炬。準前烽應滅，前烽應訖，即赴軍，若慮走不到軍，即且投山谷藏伏。即置爟烽，軍內即須置一都烽，應接四山諸烽，其都烽如見煙火忽舉，即報大總管，某道烽火起，大總管當須戒嚴，收斂畜產，遣人斥探。」⑥③此為爟烽制度之次第也。

五、橫烽之設置

橫烽乃警報、求救鄰路赴援兵馬之烽火，據宋會要，神宗熙寧元年（一〇六八）九月十四日，涇原路經略司言：

「今相度應諸路，如夏人入界，並依朝旨，舉放橫烽，其鄰路差定策應將官，纔見橫烽，立便排齪軍馬，申本路經略司，候得鄰路經略司或州軍關報文字，知夏人所在，勾索策應，即火急帶領兵馬前去爲援，更不取候本路經略司指揮。且如原州策應將官，雖見來東橫烽，然起發未得，蓋未知賊犯鄜延路或環慶路，若是鄜延，即更不起發，如環慶，即合策應，亦須候得環慶關報公文，知賊甚處？若在慶州東北路，即令兵自彭陽彭原入慶州。在環慶一帶，即領兵自石昌木波路入環州，餘皆準此。」詔陝西逐路經略司，其鄰路差定策應將官，並依今來涇原路所請施行。(64)三年（一〇七〇）十月二十六日，樞密院言：「勘會陝西沿邊四路先置橫烽，遇賊入界，遞相應接。」詔熙河路依四路例置橫烽。(65)其後邊帥請朝廷立法，長編云：「哲宗元祐元年（一〇八六）閏二月十一日，環慶經略使范純粹建請諸路修橫烽之法：『如夏人侵犯，則並舉橫烽，傳報鄰路，遞相照應。且乞委經略司選策應兵馬將副使臣分爲二番，戒諭士卒，整繕器械，凡軍行不可闕之物，平時一一備具，常爲猝行之計，纔見橫烽，立相赴應，蓋常山蛇勢也：擊其首則尾至，擊尾則首至，擊其中則首尾俱至。』朝廷是之。」(66)案此袁燮論橫烽言：「范純仁建請諸路修橫烽之法。」而長編、宋史則俱稱范純粹所奏上。今從之，疑絜齋有誤。迨至四月三日，純粹復奏：「『詔令狹西、河東逐處經略司相度，如有西夏人大舉入寇，攻圍城塞，審度夏人攻勢，須合要鄰路救援，即關牒鄰路經略司差發援兵，仰被關路分，據所關攻勢，相度合銷人馬發遣前去。其被關路分委託事故，不爲應副，並當重行朝典。』純粹謂：『今準上項朝旨，若令被關路分須候關報文字到彼，方相度合銷人馬，然後發遣，即必不及事。緣西夏人前後作過，務爲倏來忽往，鄰路軍馬，無補機事，宜於平日委經略司選定策應兵馬，將副使臣，仍須兩番：其第一番，便以最相近處，見屯泊兵將充，仍以策應將爲名。其第二番，亦於次近處差定，並擇去老弱衰遲，不能負甲奔趨之人，仍多用騎兵，即舉動神速，責令將副使臣，常切誡諭士卒，繕整器械，凡軍行須用之物，於平時一一備具，常爲猝行之計。若遇夏人入侵，並舉橫烽，傳報鄰路。其策應路分，才見橫烽，立便排促人馬，準備赴援。即未得起發，其被寇路分經略司，須審度事勢，委是夏人勢大，決非本路之力可以驅逐，方得關請鄰道。』⑥⑦詔曰：『須防夏人陽爲侵犯一路，卻於別路潛伏重兵，俟我出兵牽制，即發伏邀擊，或乘虛寇別路，致墮其計中』」⑥⑧故宋史云：「須預設符驗，以防姦詐，其被關路分經略司，據所關事理，知得夏人所在晝時亦以密號爲驗。」⑥⑨范純粹又言：「飛檄第一番策應將，遣人馬選快便路徑，火急前去。」⑦⓪那第二番人馬往第一番元駐劄處，準備續有呼索，節次遣發。若本路兵力可以禦捍，枉有拖拽鄰路軍馬及被關路分妄託事故，不爲應付，自依朝廷約束施行。」⑦①此法僅適用於陝西、鄜延、環慶、涇原、熙河等路，其他路分不在此限。

至於河東地分之橫烽，則略有不同。哲宗元祐七年（一〇九二）六月辛酉詔曰：「若遇夏人侵犯河東路五萬以上，河東兵難以枝梧，合銷諸路牽制者，即麟府路令府州軍馬司，嵐石州令石州都巡檢司舉橫烽入鄜延路報以次路分，仍各別舉橫烽至太原府帥司納火。麟府路仍聽軍馬司徑報諸路出兵牽制。其河東路得諸路橫烽，除報帥府外，亦別以一路橫烽轉報府州軍馬司納火。仍令諸路遇夏人入寇，合要牽制策應，除移牒逐路經略司外，更徑報麟府路軍馬司照會。其諸路得河東橫烽，若麟府軍馬司得諸路橫烽，並簡習軍馬，便爲牽制之備，速赴順便堡寨駐劄，未得出界，各候被寇路分報到，審驗得實，可以牽制，即依累詔從長取利進兵。」⑦②此爲河東地區之橫烽制度，比之其他路分固有明顯不同之處也。

六、烽燧臺之修立地區與職掌官員

烽燧臺者何謂也?宋儒嘗有詩云:「歷歷相望隱舊堆,狐穿兔穴半空推,行人不識問野老,云是昔時烽火臺。」[73]此種烽火臺之設置,遍布於各要塞,尤以陝西、熙河、涇原、環慶、鄜延、河東等路爲多,蓋以備禦夏人入侵時傳遞消息之耳目也。據景文集云:「太宗雍熙中(八八五至七)張詠關掌麟州軍事,夏臺弗靖,西戎方強,詠繕起亭障,精明烽火。」[74]亭障設有傳遞烽火之設備。稽古錄云:「至道三年(九九七)七月,嘗詔西邊將吏嚴烽堠。」[75]烽堠即墩堠,亦即烽火臺也。至仁宗康定元年(一〇四〇)春,西邊方用兵,仁宗命韓琦爲陝西安撫使,家傳云:「琦既至任所,以烽燧素不設,悉度遠近以置之。」[76]慶歷間,河東、陝西俱置烽燧,長編云:「慶歷元年(一〇四一)九月乙丑,詔河東緣邊州軍縣鎮置烽火臺。」[77]三年(一〇四三)九月巳卯,詔陝西緣邊屬戶蕃部置烽火候賊焉。」[78]後十八年,別置橫烽,宋會要曰:「神宗熙寧五年(一〇七二)十月二十六日,命陝西沿邊四路先置橫烽,遇夏人入界,遞相應接。」[79]再後十八年,河東亦置橫烽。長編曰:「哲宗元祐六年(一〇九一)冬十月庚申,詔河東經略司相度橫烽,如果利便,即行修立。」[80]至元符二年(一〇九九)九月壬戌,詔:「陝西、河東嵐、石州等修置烽臺巡綽處,令疾速了畢。」[81]知慶歷以來,對烽臺修建之命,時有所聞,乃以夏人見逼所致也。

至於堡堠之修建,仁宗時已於河西、麟州有拓地另築新堡之議。隆平集云:「嘉祐二年(一〇五七)三月,知麟州武戡、通判夏倚已築一堡爲候望,又議別創二堡,據其地,功畢則廢橫戎、臨塞二堡,徙兵實新堡,列烽燧以通警急。」㉜其後則大築寨堠，大典云：「嘉祐六年（一〇六一）六月庚辰，太原府代州鈐轄蘇安靜上麟州屈野河界圖：其府州自樺泉、骨堆、望狼堆、埋浪莊、蛇尾，接橫陽河東西一帶，築堠九，自蛇尾、旁順、橫陽河東岸上西界步軍照望鋪間，築堠十二，自橫陽河西以南，直埋井烽，築堠六，自埋井烽西南直麟州界俄枝軍營，築堠三，自俄枝軍營南至大橫水染枝谷、伺候烽、赤捷谷、掌野狸塢，築堠十二。其榆平嶺、淸水谷頭有西界奢俄寨二，從北訛也山成寨一，次南龐也乞寨一，各距榆平嶺四里。其大和拍攢有西界奢俄寨四，從北訛也遇勝寨一。次南吳移越布寨一。次南龐也吃多訛寨一。各距榆平嶺四里。次南龐也遇崖寨一，各距大和拍攢五里，其紅崖塢有西界奢俄寨三，從北岡越崖寨一，距紅崖塢二里。次南訛也成布寨二，各距紅崖塢一里。其道先都隔有西界奢俄寨二，並係訛也成布寨，在道先都隔上，其十一寨並存之如故。寨東西四里，各有西界步人照望鋪，亦築堠十二。其在豐州外漢寨，及府州界蕃戶舊奢俄寨，並復修完。府州沿邊舊奢俄寨三十三，更不𠟭修。」㉝其後賈逵徙幷、代路專管麟府軍馬，據宋史逵傳曰：「熟戶散處邊關，逵差度遠近，聚爲二十七堡，次第相望。」㉞其他鄜延、環慶、涇原、熙河等四路，亦大築亭障，修烽火臺。㉟華陽集云：「康定初，元昊叛河西，國家比歲調發，海內蕭然。」㊱又長編曰：「仁宗康定元年（一〇四〇）三月乙丑詔：「鄜延、環慶至邠州，涇原至涇州及秦州本界，各置烽候。」㊲烽候亦作烽堠，即墩堠，烽燧臺也。華陽集曰：「夏人入天都山（在今甘肅固原縣西北一百五十里）斬材木，具轉闘稍逼亭障。秦州守呂公綽戒守者益持重，嚴烽火，遠斥堠，以須其至，夏人亦不敢犯涇原。」㊳亭障中有烽火之設備。至神宗朝，攻媿集云：「神宗皇帝經略西事，纖悉周密，萬里風煙，俱入長算。」㊴會要云：「熙寧五年（一〇七二）詔依例置橫烽，遇夏人入境，遞相應接，其在蕃部地者，即以廂軍守之。」㊵廂軍，宋史謂諸州之鎮兵也。

長編云：「熙寧七年（一〇七四）鄜延路經略司言：『罷肅戎軍至鄜州十八鋪守烽稅戶九十人，即有邊事，差弓箭手。』從之。」[91]弓箭手，宋史稱州鎮招募之兵也。[92]會要云：「陝西、環慶路鎮戎軍張義堡，熙寧五年（一〇七二）置。元豐元年（一〇七八）六月十二日，知鎮戎軍張守約言：『張義堡四面受敵，易攻難守，堡南一里有舊堡，三面臨崖，城兩重，皆不受敵，乞存新堡外，更修繕舊堡，移置倉草場，及見任監押，令主管上下兩城兵馬煙火，遷解舍於舊堡。』從之」[93]諸堡之頂層小屋爲煙火屋，煙火即晝放煙，夜放火之烽火也。長編云：「元豐三年（一〇八〇）鄜延路經略使呂惠卿言：『並邊堡鋪烽火，止是直報本寨，未嘗東西相報，及報鄰寨上橫烽法式。』詔諸路相度推行。」四年（一〇八一）五月壬子，神宗批示鄜延等路大軍，非久乘勝至靈州，萬一未有濟渡之具，不可不預爲謀畫。宜令熙河路都大經制司密選間人齎信號，或移牒涇原等路舉橫烽至熙州，俟得本州馳報，即部勒兵馬駕船栰東下，接濟諸道之師，併力蕩除巢穴。」[95]橫烽乃傳報鄰路遞相應援之烽火也。會要曰：「元豐五年（一〇八二）六月五日，上批昨據李憲奏：『其環慶、鄜延克服之地，雖亭障環列，烽堠棊布，亦難守禦。』」[96]敵人之强盛可知也。玉海云：「元豐六年（一〇八三）七月壬申，知延州劉昌祚以鄜延邊面圖來上；東自義合，西至德靜，綿亘七百里，堡寨大小五十餘，疏密緊慢不齊，烽燧不相應，乃立爲定式。凡耕墾訓練，戰守屯戍，度强弱，分地望，圖山川形勢上之。』神宗嘉納。」[97]及至哲宗朝，綱要與長編同謂：「元祐六年（一〇九一）四月，夏人犯鄜延、熙河路，殺虜人民，毀烽火臺，兩路出兵，要其歸路，擒其首領二人。」[98]同年（一〇九一）鄜延路經略使范純粹言：「斥堠之本，須於界外三二百里，路無人跡，則可以布置望候烽警之具。欲無人跡，須輕兵銳卒，淺攻近討，不時而出。」[99]七年（一〇九二）范純粹又奏：「夏人既聞漢界諸路點兵，各有出討之勢，必分兵拒守，雖犯一路，自是其勢已分，纔遇它路橫烽報警，令環甲束裝引至塞上，於順便處駐兵，以俟被寇路分文檄之至。即分頭赴援把劫，務使敵人無回歸之路可尋。」⑩此乃横烽制最終之目的也。

環慶路，夏竦嘗謂最宜備禦，犬牙相入，烽候相望。⑩大典云：「仁宗慶歷二年（一〇四二）春，范仲淹奏請素得屬羌心之种世衡知環州，以鎭撫之。有牛家族奴訛者，倔强未嘗出，聞世衡至，遽郊迎。又見兀二族受西夏僞補。世衡招之不至，命蕃官慕恩出兵討之。其後生羌百餘帳皆自歸，納所得元昊文券袍帶，莫敢二，因令諸族置烽火，有急則擧烽燧相告，衆必介馬以待。」⑩烽燧，晝則燔燧，夜乃擧烽之烽火也。范忠宣言：「皇祐中（一〇四九至五四）環慶帥杜杞患屬羌支離爲夏人所攻，不能相救，掌機宜王尚恭請密諭屬羌之酋，比族結互爲應援，每夏人至，則擧烽、擊鼓，少壯畢集，無敢後者。自此，屬羌安於耕稼，夏人不能擾。」⑩又張方平言：「蔡子正之爲環慶經略安撫使也，夏人諒祚入寇大順城，子正以大順城堅，故以委之，揣柔遠城惡而當要害，以屬重將張玉，配以精兵守之。一日，子正與賓奕，烽起，民囂，子正令無囂，寇在吾彀中矣。」⑩事後果如所言。至哲宗朝，長編曰：「元祐七年（一〇九二）三月甲午，環慶路經略使章楶奏：『不謂夏人探候烽燧先覺，遂至遁逸。』⑩又會要言：「阿原堡在環慶路環州通遠縣，以阿原烽置。」⑩元符二年（一〇九九）夏四月，環慶路定邊城須自香桓樓羅觜（長編作星哈羅隴宗）至安州（長編作西安）界横山寨，即自之字平青岡峽至青（長編作清洲）遠軍界打蘿會（長編作戩章會）板井一帶，皆是合要置烽臺堡鋪，及人馬卓望巡綽（長編作斥堠）所至之處，相度修置。詔仍具所置烽臺堡鋪及巡綽所至地名，卓望去處，及與備邊新舊城寨，相去地里遠近圖貼以聞。秋七月，環慶奏具到新立烽臺堡鋪及人馬巡綽所至之處，畫圖進呈，大約巡綽所至有及一百一十里至八九十里，烽臺有四十里至五六七八十里。」

(107)至徽宗朝宣和元年（一一一九）五月十二日，蔡京等言：「宣撫使童貫奏修築蕭關一帶烽臺堡寨。」(108)考蕭關在今甘肅固原縣東南，爲關中四關之一，襟帶西涼，咽喉靈武，北面之險要，往來之孔道也。故宋時建烽臺堡寨於此，以禦夏人也。

涇原路據夏竦稱：亦須備禦，與環慶路犬牙相入，烽候相望。(109)長編言：「神宗元豐元年（一〇七八）六月四日甲寅，知鎮戎軍張守約言：『張義堡四面受敵，易攻難守，堡南一里有舊堡，三面臨崖，城兩重，皆不受敵，乞存新堡外，更修葺舊堡，移置倉草場及見任監押合管勾上下兩城兵馬煙火，遷廨舍於舊堡。』從之。」(110)哲宗元符元年（一〇九八）秋七月癸酉，涇原路奏：『折可適十八日出界討蕩。又所築四堡五烽臺皆畢。』詔役兵戰士並特支布、錄。」(111)二年（一〇九九）夏四月辛丑，涇原路進築天都鼐摩會鹻限（會要作天都南平會滅猥）即斥堠當葫蘆川東北及輕囉浪（會要作奇羅朗）口以外。(112)九月丁亥詔：「涇原路經略使章楶降授中大夫，餘如故。」蔡卞以楶稽留朝廷命，不即修置烽臺，白上亟責之也。(113)十月辛未，章楶奏曰：「乞陛下詢問主議大臣，假令鄯，湟州事宜便得定奪，可以保全城郭，即不委新造之州，鄰近是何國土？合與不合更置邊寨堡子烽臺，通貫血脈，捍禦賊寇。」(114)抵徽宗朝，會要曰：「政和七年（一一一七）六月二十四日，涇原路經略使席貢奏：『應副修築密多臺、飛井塢兩新寨，照管堡子七座，烽臺十八臺了當。』其後密多臺賜名威多寨，飛井塢賜名飛井寨。」(115)堡、寨、塢之頂層小屋爲烽火臺，以互通警急，上文已略釋之矣。

熙河路依緣邊四路例置橫烽，(116)以秦鳳爲境，長編曰：「哲宗元祐元年（一〇八六）修築廢壘，復置烽堠。」(117)壘，軍壁也。蓋廢棄之亭障堡寨也。會要曰：「元祐六年（一〇九一）熙河蘭岷路奏：「夏人殺虜人民畜牧，毀烽臺。」[118]又長編曰：「紹聖四年（一〇九七）四月，章楶言：『前於石門建城一所，好水河建寨一所，及置烽臺等並已畢工。』詔石門城以平夏城，好水寨以靈平寨爲名。」[119]案平夏城在今甘肅鎮戎縣南，亦名細腰胡蘆峽城，在石門峽江口好水河之陰，因此亦在好水河建寨。宋元通鑑曰：「元符二年（一〇九九）初，盛度奉使陝西，因覽疆域，參質漢、唐故地，繪爲西域圖以獻。帝問其所上西域圖？度因言：『酒泉、張掖、武威、燉煌、金城五郡之東南，自秦築長城，西起臨洮，東至遼碣，延袤萬里，有郡有軍有守，襟帶相屬，烽火相望，其爲形勢備禦之道至矣。』」[120]又據長編,是年,哲宗嘗先後兩降詔旨：六月己未詔：「打繩川且爲烽臺堡鋪遮護，候來春進築。」[121]八月戊子詔：「經略司指揮會州孫苗履疾速權暫繫橋，於黃河外擇地修築烽臺，及巡綽所至之處，明立界堠。」[122]界堠者，與夏國界之標識也。據拙撰宋代驛站制度，其堠多以土、石、木爲之，須打量足二十里爲約，不可令就地形，任意出縮，內十里築堡鋪，供耕牧，外十里開壕，或築石牆，立封堠，累年不以時墁飾，空作草地,所謂兩不耕地,即於蕃界，亦當依數對留，例以辨兩國界也。[123]宋史翼云：「徽宗崇寧初（一一〇二）洪中孚移漕熙河蘭湟路,湟、鄯、廓皆極邊，創烽火臺置郵傳，屯要害處，以閑田給候人使自耕。」[124]蓋仿屯田自足之制，以維持生計也。三年（一一〇四）熙河轉運使李復請：「自蘭州京玉關東北約二十里，有舊阿密鄂特城，地基正在兩城中路,地勢甚高,接連生界，欲乞本路經略司就彼修築烽臺，比尋常增展寬大，可以停泊五十人，開掘壕塹，築立羊馬墻,安置門橋,備設守禦之具，差人守坐，照管賊馬出入，若有抄掠，客旅可以奔投。若賊馬數多，舉烽火，京玉通湟,頃刻便到,蘭、湟二州兵馬相接而至。」[125]至南宋理宗朝，女眞及蒙古人南犯。吳泳上西陲八議曰：「端平三年（一二三六）金國及蒙古人入侵熙河、洮、鞏、大安軍、陽平關一帶，亦復例遭蹂藉，戰士被甲胄不得臥，編氓烽燧不得息。」

[126]由是南宋之國力亦漸入衰亡之勢矣。

秦鳳路據浮山集言：「兵戈尚阻於關河，烽燧相望於郊甸。」[127]仁宗慶歷二年（一〇四二）自關中河北至青州皆置烽燧，於是烽火通齊、秦矣。[128]故劉敞云：「齊秦雖謂遠，烽火自相通，消息雌雄國，關防百二同，流火下滄海，飛熖避驚鴻，不及承平日，空悲垂白翁。」[129]長編曰：「哲宗元祐元年（一〇八六）以秦鳳爲境，修築廢壘，復置烽堠。」[130]五年（一〇九〇）九月己丑，樞密院言：「秦鳳等路提點刑獄游師雄奏：『親詣智固、勝如堡，體量夏人五千餘人，攻毀兩堡，其日，煙霧不見烽火。」[131]元符二年（一〇九九）春，正月甲子詔：「秦鳳路經略司，如沿邊城寨側近別無地土摽撥，即相度將新歸順人部族於甘谷城（在甘肅伏羌縣北）西堡之外摽撥住坐，仍量遠近，修置護耕堡，及展築烽臺，遮護耕種。」[132]以便戍卒自給自足。長安亦有烽臺之築，劉敞云：「四海傳烽急，長安亦響振。」[133]李復稱：「此等沿邊烽臺口鋪堡寨，最是重難，自來本地方城寨分擘守坐者六人，不限戍兵、蕃兵，一例輪差，東來戍兵（禁軍），不能辛苦，多是不着臺鋪，蕃兵[134]又難以盡依官軍驅使，地方官雖時或點檢，終不能整齊。今沿邊烽臺只差土兵與側近弓箭手，其口鋪如土兵、弓箭手人數不足，方許兼差蕃兵，亦不得只差蕃兵。依例給錢米。」[135]不差蕃兵，蓋疑其私通敵人也。總觀上述，無論城、保、堡、塞、寨、塢、鄔、候、堠均爲屯駐戍軍之營房，蓋字異而義同。漢簡嘗言及烽燧則在此等建築物頂端之小型建築物謂之「堠樓」。[136]武經總要曰：「以探望敵人動靜，故稱烽燧爲軍中之耳目也。」[137]諸如後漢書有「修烽燧，築亭候，[138]繕治障塞、[139]繕城郭、起塢候。」註：「字林曰：『塢，小障也。一曰小城，字或作【隖】』」[140]漢書註：「師古曰：『漢制，每塞要處，別築爲城，置人鎮守，謂之候城。』」[141]又後漢書曰：「自西河至渭橋，河上至安邑，太原至井陘，中山至鄴，皆築堡壁，起烽燧，十里一候。」[142]侯，堠，蓋可通用，即烽燧也。[143]居延漢簡曰：「夜食時堠上苣火一通居延苣火。」[144]又曰：「三堠隧長□□十月。」[145]疏勒河漢簡曰：「烽燧頂上有一小屋，或爲堠樓。」[146]又曰：「烽台頂部發現一間小屋，或爲堠樓。」[147]次爲「候」，居延漢簡曰：「戍卒三人以候望爲職，戍卒濟陰郡定陶羊于里魏賢之死夜直候誰。」[148]又疏勒河漢簡曰：「□和謹候望明畫天田察塞外動靜有聞見輒□□□□。」[149]又曰：「亭隧第遠晝不見煙夜不見火士吏候長候史馳相告□燔薪以急疾爲故。」[150]云云可證也。

川陝諸路帥臣監司都統制司所轄地分，要錄云：「高宗紹興十年（一一四〇）五月己亥，詔令擺置烽燧。」[151]十二年（一一四二）川陝宣撫司及右護軍分屯三邊與沿流十七郡：洋、興、潼川府、金、成、階、鳳、文、龍、綿、劍、利、閬、西和州、大安軍、興元府及房州之竹山縣等處置烽燧，凡一百六十二烽，早晚舉火傳報平安。[152]其他州縣，據可齋續藁後曰：「巴州、渠州、順慶、合州及長寧軍、敍州。」[153]又要錄云：「韃爲之籠蓬堡亦皆有烽燧之設，以備夷蠻之襲掠。」[154]故李宗伯言：「其後敍州、閬州、渠州等處俱先後有烽火告急之警。」[155]可謂不徒虛設矣。

河北路地分，據李宗伯言：「河北始設烽燧以候虜。」[156]虜者指契丹人也。王安石曰：「自五代以來，契丹歲壓境，及中國徵發，即引去，遣人問之？曰：『吾校獵爾！』以是困中國。」[157]李復曰：「眞宗景德中（一〇〇四至七）置烽燧，夜夜以報平安。」[158]夏竦言：「武安之守鴈門也，謹烽火，明斥堠。」[159]又曾鞏曰：曹翰之督役開運河，南自雄至莫，以通漕運，授五色旗爲斥堠，起烽燧於境上，虜疑而不敢近塞，事遂濟。[160]其後田京提點河北刑獄，宋史京傳云：「『請擇要官守滄、衞，鑿西山石臼廢道，以限戎馬，義勇聚敎，復給糧置守燧。』仁宗頗納之。」

[161]其他要害處亦繼修置烽火臺。長編曰：「慶歷二年（一〇四二）五月甲子，詔乾寧軍獨流寨、釣臺寨、滄州官鹽竈、甜水渦並置烽堠。」[162]六月戊寅，初七日，詔河北轉運司修河北舊烽臺。」[163]庚寅十九日，以提舉河北刑獄王儀提舉本路置堡寨烽火。[164]迨神宗朝，沈括察訪河北，長編云：「熙寧八年（一〇七五）三月十九日，河北西路察訪使沈括言：『本路烽臺基址，高下疎密，多有未便。乞下兩路安撫司更選差官子細打量。』旋又言：『乞別立到起納道路，舊烽臺基，具畫圖以進。』詔從括所請。仍令定州眞定府、大名府路安撫司據合修去處，未得興功，候的有事宜，即非時修築。」[165]六月壬子二十二日，沈括又言：『後來又拆卻鋪立卻十八個烽堆、七個鋪子。北朝聖旨，今來已指立烽臺標桿，開撅濠塹，興功建立鋪寨，即且依舊。』」[166]至徽宗朝，亦頗關心烽火，會要曰：「宣和四年（一一二二）三月三日，詔河北沿邊安撫使和詵，烽臺材植見在何處堆垜，有無缺少？」[167]會編曰：「宣和五年（一一二三）四月，遣姚平仲、康隨分疆域立烽燧。」[168]以便傳遞警急也。

登州境據蘇軾言：「地近契丹，號爲極邊，契丹山川隱約可見，便風一帆奄至城下。宋立國，常屯重兵，教習水戰，旦暮傳烽，以通警急。」[169]旦暮傳烽，平安報也。王文正公筆錄曰：「眞宗景德元年（一〇〇四）冬十月，契丹舉兵深入，犯大名，魏邊烽警，於內黃縣北四里築烽火臺，高二丈。烽火夜夜照前殿，殿前羣臣色如死。十一月丙子，眞宗次澶淵（今河北濮陽縣），結盟而歸。」[170]史稱澶淵之盟即此也。至南宋則與金國對境，金人於燕山造丹，欲來南，繫錄云：「高宗建炎元年（一一二七）七月戊戌，詔京東帥司相度自登萊至海州置斥堠烽燧。」[171]斥堠蓋伺望窺探敵人情形之諜報人員也。

兩浙、江南東西路地分，據繫錄云：「高宗建炎三年（一一二九）二月，張浚於秀州列置烽燧。」[172]又輿地紀勝云：「上元縣（今江蘇江寧縣）西五里石頭城南最高處，沿江築烽火臺，以舉烽燧，自建康（今南京）至西陵（今河北易縣）五千七百里，有警急，半日而達。」[173]又曰：「六合縣（江蘇今縣）南九十里有烽子山烽火臺。[174]縣西北四十里烽火山亦建有烽火臺。」[175]故俞德鄰曰：「昔年烽火隔江津。」[176]蓋謂兩山之傳遞烽火也。會要云：「建炎四年（一一三〇）八月十四日，詔兩浙、江南東西路，並沿海州軍舊有烽燧去處，有未便處，更令疾速增置烽臺。」[177]迨至詔興十年（一一四〇）六月八日，沿海制置使仇悆言：『溫、台、明、越四州，地分闊遠，海道浩渺，欲自越州至溫州沿海處，隨宜並置烽火，遇有警急，以相應援。』從之。」[178]此為沿海沿江州軍烽火施設之概況也。

淮西地分據會要云：「高宗紹興初（一一三一）江南東路安撫大使李光請于『淮西頻塞數千里，與治關隘，修設烽燧，所以固封宇，杜侵軼，勢若常山之蛇。但與江東隔江，風浪不能渡。李光請於沿江相對，隨地勢高阜，若土脉不堪築烽火臺，即以木為望樓，[179]舉煙火色號報應，若和州與太平州、建康府相對，置立去處，梁山渡口與太平州褐山對，采石渡口與太平州東采石對，當利河口與太平慈湖對，車家渡口與建康府馬家渡對，石靖口與建康大城堙對，無為軍與太平、池州相對，置立去處，泥汊江口與太平州荻港繁昌對，柵江口與太平州蕪湖縣三山對，糝潭口與池州銅陵縣鵲頭山對。』詔自當塗之褐山，東采石、慈湖、繁昌，三山至建康之馬家渡、大城堙、池州之鵲頭山，凡八所，每日平安，即於發更時舉火一把，每夜平安，即於次日平明時舉煙一把。緩急盜賊，不拘時候，日則舉煙，夜則舉火，各三把為號。故於緊要津渡，差撥人兵防押，遇警急，即自及於所屯兵馬押摘調發前去，同共防拓。」[180]此沿江相對地方之措施也。

淮南道，太平寰宇記云：「舒州之宿松縣東北六十里烽火山，亦置有烽火臺。[181]南宋高宗紹興五年（一一三五）

二月，張致遠上言：「請罷崇德縣烽火望樓。先是，崇德縣每鄉三里置一望樓，調民五人守視。」[182]望樓猶烽火臺也，蓋以其地脉不堪築烽火臺，故以木建望樓以代之。又吳中舊事云：「長洲縣彭華鄉之高景山北白馬澗山上設有烽火臺一座。」[183]繫錄曰：「紹興七年（一一三七）淮東州縣相連，道里不遠，楚、泗兩州，城壁堅牢，大軍分屯，烽堠相望。」[184]宋史全文載有高宗紹興三十有一年（一一六一）冬十月庚子朔，手詔云：「烽火遂交於近甸。」[185]又繫錄於同月辛亥十二日稱：「初，淮南轉運副使楊抗令州縣鄉村臨驛路十里一置烽火臺，其下積草數千束。」十二月壬子，洪遵言：「夾運河築烽臺，徒費無益。乃罷鎮江至臨安所置烽燧。」[186]三十有二年（一一六二）二月，言者謂維陽、合肥、蘄陽、襄陽爲四鎮，以在江北者爲屬城，各置弓箭手二萬人，人授艮田百畝，增城浚隍，農戰交修，依陝西沿邊故事行之。」[187]諸烽火臺之烽子即烽燧臺之守卒，多來自此等弓箭手中。又雙溪類稿云：「淮海至於巴蜀，煙火萬里，未嘗騷動，而吾民不樂其生，宿邊之師一二十萬，未嘗戰鬬。」[188]煙火即晝放煙，夜放火之烽火也。緣烽火爲軍中之耳目，故與軍隊有不可分關係。續宋編年通鑑引言者謂：「『京口、建康、九江、江夏、公安（湖北今縣）建爲五帥，各屯二萬人，列置烽燧，益修樓船。』詔益就措置。」[189]五帥俱屬沿江重鎮，益需樓船。繫錄曰：「薛季宣爲武昌令，諸鄉皆置樓，盜發，伐鼓舉烽，以相號召，瞬息遍百里，盜爲衰止。」[190]樓，疑爲望樓。渭南文集曰：「自武昌至京口，列置烽燧。」[191]紀勝曰：「暮舉火西陵（今河北易縣），三鼓竟達吳郡南沙（在今江蘇常熟縣西北五十里有南沙鄉）。」[192]其速可知也，在途中有地名曰烽火磯者，董嗣杲廬山集晚泊烽火磯詩曰：「野陰遠閣雪風乾，向暮維舟水色寒，火號熒熒今夜燭，因知江北報平安。」[193]平安，平安火也。長編拾補曰：「番陽及武甯縣（江西今縣）之三頭山亦皆有烽火臺之設。」[194]至孝宗隆興初（一一六三）王之望督師淮西，漢濱集言：「臣自前月十七日到建康，日夜督諸將營建官寨烽火，王彥地分已修了昭關山寨（在今安徽含山縣北十五里），并關門，聞頗雄壯。見接續修褒禪（在今安徽含山縣北十五里。）曠口時俊地分，已修石湖嶺（在安徽和縣東二十里）。戚方亦修北峽關（在安徽桐城縣北四十里）。」⑲案此即古夾石，山有北峽關，宋之北峽鎮也。昭關，紹興中，張浚嘗因山築城，置水櫃以遏金兵，俱屬淮西之要塞也。未幾，之望又請沿淮創置斥堠烽火，漢濱集曰：「淮西平川廣野，今與諸將措置，候將來防秋，各於敵馬所由道路，登高瞭望，依舊日陝西、河東體例，創置斥堠烽火，頃刻之間，達數百里，非徒緩急官與民間皆可預備，亦使敵人知我邊境與向來不同，以伐其掩襲之謀，兼諸軍不入隊人甚多，足以充役，不占破出戰之士，遇防秋即權罷，其探馬，亦令依舊，委實利便。」⑲斯言誠是也。大典曰：「郴州南安軍都巡檢使兼宜城、零陵兩鄉煙火。」⑲煙火猶烽燧也。會要曰：「潭、衡山縣贍軍酒庫官改作監橋口鎮煙火公事。」⑲又曰：「江、浙間保伍之法，不過使之機察煙火、盜賊，以保守鄉井。」⑲又曰：「衢州西安縣南接處之遂昌，北抵嚴之遂安，相望三百餘里，止有一尉，惟是管下銀坑監官一員，拘收課利兼管煙火公事。」⑳此蓋較次要州鎮之設施也。

福建地分，三山志曰：「神宗元豐二年（一〇七九）詔移長溪等六縣巡檢一員於長溪縣海名峯火墺，管長溪、寧德海道兼就近陸路盜賊兼本墺煙火公事。」⑳「峯」字疑作「烽」。會要曰：「福州海口鎮監鎮留元剛則爲賜進士出身承事即兼管煙火公事。」⑳監鎮，乃一鎮首長也。綱山集曰：「福清縣有烽火山，其山甚高。」⑳此正合建烽火臺之目標。紀勝曰：「蒲田縣東北二十里烽火山有烽火臺之置。」⑳此福建地區烽火臺之分布也。

廣州地區，長編曰：「廣州在城煙火由駐泊鈐轄兼提舉煙火公事。」⑳又曰：「其東海有島曰香山鎮，由監鎮兼煙火公事。」⑳⑥香山，寰宇記曰：「一名香罏山，在東莞縣隔海三百里，地多神仙花卉，故曰香山。」⑳⑦會要曰：「番禺縣之流溪里合移置巡檢一寨官監管煙火。」⑳⑧番禺乃今之廣州市。又會要曰：「於地名赤崗邨興福寺及曾家舊莊基置煙火巡檢寨。又於地名扈村置摧鋒軍駐劄，兩寨相望，緩急可以應援，添巡檢一員兼煙火職事。」⑳⑨其他廣西地分，據宋遺民錄曰：「廣西之烽燧，亦不絕於時也。」㉑⓪于湖集云：「靈川雖屬小縣，亦有烽燧之設。」㉑①靈川爲廣西省今縣，地近桂林爲交通要道，故有烽火之設備。

案掌巡檢盜竊據宋會要稱：「唐有品秩，五代以來，政府中爲兵部。」㉑②「地方上皆節帥自補親隨，與縣令抗禮，公事專達於州。自宋太祖建隆二年（九六一）置縣尉，主鄉盜賊，鎮將所主，止郭內而已。」㉑③又曰：「其諸路州軍所管，縣鎮多寡不同：河東、陝西縣多而鎮少，河北、京東縣少而鎮多，且逐鎮居民，人煙過於河東縣分，兼各有知鎮或監官並管煙火賊盜，注親民資序，及有巡尉去處，自可責委覺察奉行條令。㉑④若鄉村戶數，鄉皆有物力合併歸煙爨處外，其坊郭及別縣戶有物力在數鄉，並令各隨縣分併歸一鄉物力最高處，理爲等第差遣，仍各許募人充役。」㉑⑤又曰：「若縣尉、巡檢、監鎮所管煙火盜賊於邊頭利害，實有關係，故須審量或不稱職，即從辟替。」㉑⑥茲就逐路、府、州、軍、縣、鎮、都掌管煙火之官職，略列於後：

府、州、軍據會要曰：「統由都監管勾在城煙火公事，」㉑⑦又曰：「亦有鈐轄兼提舉在城煙火盜賊公事者。㉑⑧而軍則或差本軍指使官權攝兼煙火公事。」㉑⑨

縣據會要曰：「縣則縣令、尉及監鎮㉒⓪與彈壓緝捕盜賊，鹽、銀場監兼煙火公事。銀場者，有如衢州西安縣南銀場監官兼管煙火公事。㉒①其鹽井監有卭州蒲江縣鹽井鹽官兼煙火。㉒②彈壓緝捕盜賊官曾有兼無爲軍襄安縣煙火公事。㉓另為知寨兼帶煙火公事，如四川碉門寨，廣西萬安軍之調闔寨皆為諳熟邊備精於武事者也。㉔除知寨外，亦有以見任監押主管煙火者，如鎮戎軍之張義堡及堡南一里之舊堡皆是也。㉕

鎮據會要記載，鎮有監鎮，㉖有以武臣任監鎮，㉗亦有以文臣者，文臣自來係京朝官，或由轉運司學幕職州縣官使臣兩員。㉘除癃老疾病外，須通曉律文者方許擬差。㉙又有擇土豪首領補下班祗應充監鎮兼煙火盜賊公事者，此則以光州褒信縣移治淮南上由市，以褒信為鎮為名，而擇土豪首領為監鎮也。㉚文臣者，南宋孝宗淳熙元年（一一七四）十二月五日詔：「紹興府諸暨縣楓橋鎮煙火公事專差文臣一員。」㉛武臣者，南宋高宗紹興三年（一一三三）十二月十日，淮南東路提舉茶鹽司言：「自經殘破之後，逐鎮各添置武臣監鎮一員。」㉜又有「孝宗乾道九年（一一七三）十月十一日，宣撫司言：『蜀州新渠鎮，舊係新渠寨，直西去西門與蕃部接界，相距止三十里，舊差武臣一員主管煙火公事。後以運司並廢務官，鎮官一概罷去。緣本鎮人戶近千餘家，多有外方軍賊作過，無官彈壓，民不安居。乞依舊差置主管煙火公事一員。』從之。」㉝另有使、巡檢、縣尉、鹽、酒監官兼管本鎮煙火公事者。會要曰：「紹興三年（一一三三）十二月十日，淮南東路提舉茶鹽司言：「泰州西溪、海安兩鎮，昨來各係買鹽場監官兼本鎮煙火公事。」㉞又曰：「隆興二年（一一六四）九月二十五日詔：「揚州泰興縣紫墟鎮酒稅官兼管煙火公事。」㉟又曰：「乾道九年（一一七三）十二月四日，四川宣撫司言：『開州舊三邑，今所存者開江、清水兩縣，其新浦縣，自慶歷間，廢以為鎮，緣本鎮去州遙遠，山谷窮深。姦豪巨蠹，肆居其間，昨差置酒官一員，在本鎮兼煙火公事。』」㊱又曰：「尉，有鄂州蒲圻縣主薄改作西尉，仍兼鄂岳州蒲圻、臨湘、新店市鎮專湖盜賊煙火公事。」㊲又曰：「巡檢，則有西和州祁山寨巡檢、監押二員，內一員移充威遠鎮巡檢，於威遠鎮置司兼煙火公事。㊳又有安豐軍花霤鎮巡檢兼煙火公事。」㉓⑨又曰：「關使，則有三關，曩屬應山，其間鳳現一關，去城一百二十里，武陽關亦九十里，關下村落居民繁夥，亦爲盜賊出沒之所，倣瞿塘關體例置關使一員，專一點三關一帶關隘兼煙火公事。」㉔⓪都，據會要曰：「每都量留保正副大小保長共三兩名。㉔①蓋保伍之法也，倣成周比閭族黨之遺意，不過使之機察煙火盜賊，以保守鄉井而已。」㉔②

七、結語

烽燧軍中之耳目也。其始說雖不可考，然據事始、㉔③事物紀原言：「黃帝出軍，決法，亦有望見烽火之文。」㉔④迨墨子、㉔⑤周本紀、㉔⑥魏公子傳，㉔⑦已有確切記載。至漢而大行其道，漢簡㉔⑧及漢代遺迹發掘報告中累有圖文並茂論證，㉔⑨固不待言矣。是以歷代承襲，尤以唐代最具特色。宋仿其制，別刱橫烽；於陸路，依周圍烽燧信號，互相傳報，牽制策應。其於江、海中輒有船舶應援、㉕⓪把劫，斷絕入侵者歸路，使寇盜無論水、陸均有必敗之虞！誠以無論天涯海角，㉕①凡屬境內村或鄉、都、鎮、縣、監、軍、州、府、路，以至中央政府，皆有專責官長職掌，時刻有居安思危，以備不時需索措施，對鄉井疆域保衞，俱有絕大貢獻，故歷朝沿用，以通警急，匪傳統良策歟！

注釋：

①：秦漢魏晉出土文獻，疏勒河流域出土漢簡頁七十九，七二〇乙面。頁五十四，三六〇。

②：同上書頁四十一，一四五。

③：史語所專刊，居延漢簡考釋卷二，頁十九，（四六七）三一一，三一面。又（四六八）三一一，三一（背）。同卷，頁二（七三）一四，一一。秦漢魏晉出土文獻，疏勒河流域出土漢簡頁七十二，六二二。又頁七十六，六九一。又頁九十二，九一八（背面）。

④：秦漢魏晉出土文獻，疏勒河流域出土漢簡頁九十三，九二〇。頁八十三，七八〇。頁九十一，九一九。

⑤：史語所專刊，居延漢簡考釋卷二，頁十（二〇七）六七，二三。同卷，頁十四（三一九）二二五，二一。秦漢魏晉出土文獻，疏勒河流域出土漢簡頁三十五，一九。

⑥：秦漢魏晉出土文獻，疏勒河流域出土漢簡頁四十五，二一七（背面）。頁三十七，六三。

⑦：同上書頁四十一，一四六（正面、背面）。同頁，一四七。頁八十，七三八。

⑧：國學基本叢書，說文解字注第十四篇下，頁二十五文九十二[illegible]。

⑨：史語所專刊，居延漢簡考釋卷二，頁二（二五）三三二，五。同頁（三二）一二六，四〇，五三六，四。頁四（一二三）二八八，七。頁三（八九）五一六，二六。

⑩：叢書集成，東觀漢記卷十，頁七十八馬成。同書卷十五，頁一二五至六郭伋。又同書卷十八，頁一六三至四廉范。

⑪：中華書局，後漢書卷五十二，頁一七〇三至七崔駰傳。同書卷一下，頁六十光武帝紀曰：「築亭候，修烽燧。」又同書卷二十二，頁七七八至八。馬成傳曰：「築保壁，起烽燧。」

⑫：河洛圖書出版社，李善注昭明文選卷一，頁十三西都賦曰：「舉烽命爵。」註：「方言曰：『烽虜望也。』郭璞曰：『今烽火也。』」同書卷二，頁四十一西京賦曰：「升觴舉燧。」註：「燧，火也，謂行酒舉烽火以告衆也。」又同書卷二十，頁四一九應詔詩曰：「前驅舉燧。」註：「西京賦曰：『升觴舉燧。』薛綜曰：『燧，火也。』」知不足齋，履齋示兒編卷十九，頁四字異而義同條。

⑬：國學基本叢書，說文解字注卷一篇下，頁一〇三蓬。

⑭：同上書卷十篇上，頁百五至六㷭。

⑮：國學基本叢書，說文解字注卷十四篇下，頁二十五至六𨽌。

⑯：中華書局，史記卷四，頁一四八至九註文正義。

⑰：四部叢刊初編縮印本，六韜卷五，頁二十一敵强。

⑱：中華書局，史記卷一一七，頁三〇四五至六司馬相如傳。中華書局，漢書卷五十七下，頁二五七八至九司馬相如傳。

⑲：中華書局，史記卷一一七，頁三〇四五至六司馬相如傳。中華書局，後漢書卷一下，頁六十光武帝紀。

⑳：甲戌年翻刻（現藏於日本天理大學圖書館）詔安縣志卷七，頁二十七武備鋪兵。
㉑：四庫珍本，中正德文集卷四，頁二謝除知樞密院事川陝宣撫處置使表。
㉒：中華書局，酉陽雜俎前集卷十六，頁一六〇毛篇（六六三條狠）。
㉓：四庫珍本，武經總要前集卷五，頁二十烽火。
㉔：惜陰軒，事物紀原卷九，頁四十七烽燧。中華書局，史記卷四，頁一四八至九周本紀。
㉕：中華書局，墨子卷十四，頁十備城門。中華書局，史記卷四，頁一四八周本紀云：「幽王爲熢燧大鼓，有寇至，則舉熢火，諸侯悉至。」
㉖：先知出版社，二十二子叢書，淮南子卷十二，頁五〇六道應訓曰：「爝火甚盛。」注曰：「爝，炬火也。」東南印務出版社，莊子纂箋，內篇，頁一至七逍遙遊云：「日月出矣，而爝火不息。」注曰：「字林，爝，炬火也。向秀曰：「人所然火。」」中華書局，墨子卷十四，頁十一備城門。
㉗：文物第十期，敦煌馬圈灣漢代烽燧遺址發掘簡報，頁三苣，采集七件，有大、中、小三種。大苣長二三三，直徑五厘米，蘆葦把，用葦根捆扎六道。中苣長三二—三五．五，直徑四．五厘米左右，個別有用麻繩捆扎二至四道的。小苣長八．七，直徑三厘米，用細麻繩捆扎三道，似作引火用。

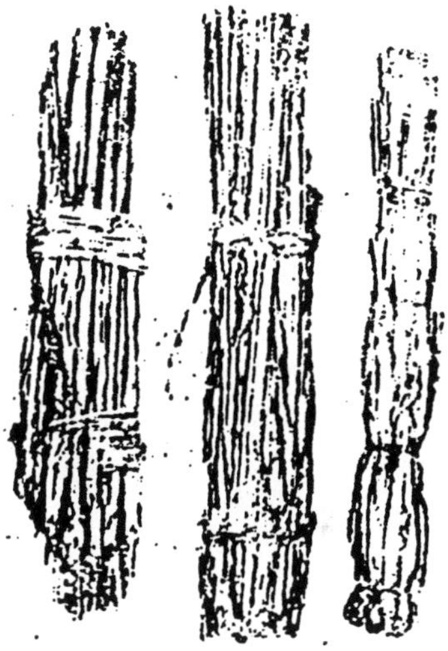

(29)

㉘：史語所專刊，居延漢簡考釋卷二，頁七（一八五）二六四，三一。

㉙：同註二十七。

㉚：秦漢魏晋出土文獻，疏勒河流域出土漢簡頁四十七，二四八。史語所專刊，居延漢簡考釋卷二，頁一（二五）三三一・一三。同書自序，頁七云：「放烽一炬報平安。」

㉛：秦漢魏晋出土文獻，疏勒河流域出土漢簡頁七十六，六九一。

㉜：同右書頁六七，五四八。

㉝：四庫珍本，張守撰毘陵集卷二，頁二十四應詔論備禦劄子。

㉞：中華書局，隋書卷五十一，頁一三二九至三七長孫晟傳。開明版，隋書卷八一，頁二五三七，三染干傳。

㉟：世界書局，長編卷四十五，頁二十二咸平二年十二月，右司諫梁灝言。
㊱：四庫珍本，武經總要前集卷五，頁二十三至四寇賊入境條。
㊲：同右書卷五，頁二十烽燧軍中之耳目條。
㊳：知不足齋，周煇撰淸波雜志卷十，頁十三沿江烽火臺條。四庫珍本，廬山集卷五，頁十九晚泊烽火磯。中華書局，陸游集，劍南詩稿卷八，頁二一二夜讀唐諸人詩多賦烽火者，因記在山南時登城觀塞上傳烽，追賦一首。同書劍南詩稿卷八十，頁一排悶云：「傳烽東駱谷，倏忽若流電。」
㊴：文海本，宋刑統卷八，頁二九二至六烽候不警條。
㊵：宋會要兵二十九，頁七三〇八至九建炎元年六月二十一日，宰臣李綱言。
㊶：同右書兵二十九，頁七三〇四乾道七年三月一日，上出馮湛控扼海道畫一。
㊷：四庫珍本，南澗甲乙稿卷五，頁九次韻子雲盱眙道中三首。
㊸：永樂大典卷四千九百八，頁二狼糞煙云：「太平廣記，狼糞煙直上，烽火用之。南部新書，凡邊疆放火號，常用狼糞燒之以爲煙，煙氣直上，雖烈風吹之不斜，烽火常用此，故爲候曰狼煙也。錦繡萬花谷，五代殷文圭集，諸侯時，中國有事，燒狼糞爲煙，以達諸侯。唐薛逢詩，三道狼煙過磧來，受降城上探旗開，傳聲報道邊無事，自是官軍欲放回。」四庫珍本，王之望撰漢濱集卷七，頁三至四乞招撫司與江東帥司措置建康樓船奏議。鑄版，宋史卷三七二，頁五四五七王之望傳。
㊹：守山閣叢書，太白陰經卷五，頁二烽燧臺篇。叢書集成，衞公兵法輯本卷中，頁三十六至七烽臺。世界書局，

永樂大典卷八三三九，頁三十五引杜佑通典烽臺。通典卷一五二，頁八。一烽臺條。
㊺：四庫珍本，武經總要前集卷五，頁二十一置烽之法。
㊻：同右書卷五，頁二十二置烽之法。
㊼：同右書卷五，頁二十一置烽之法。
㊽：同右。
㊾：同右。
㊿：同右書卷五，頁二十烽燧軍中之耳目條。世界書局，永樂大典卷四千九百八，頁五置候放煙。
51：同右書卷五，頁二十掌烽火條。叢書集成，衞公兵法輯本卷中，頁三十六至七烽臺。
52：四庫珍本，武經總要前集卷五，頁二十四烽帥烽副條。
53：同右書卷五，頁二十至一掌烽火條。
54：四庫珍本，虎鈐經卷六，頁十馬鋪、遊奕。
55：拙撰宋代驛站制度，頁一四八至一五五斥堠遞。
56：四庫珍本，武經總要前集卷五，頁二十一置烽之法條。
57：同右書卷五，頁二十二至三白日放煙條。
58：同右書卷五，頁二十三至四應火土筒條。宋史卷四五二，頁二張吉傳。
59：同右書卷五，頁二十三至四白日放煙條。

⑥⓪：中華書局，庾子山集注卷十三，頁十至二十周上柱國齊王憲神道碑。
⑥①：愧郯錄卷三，頁一南北郊。
⑥②：同註六十。
⑥③：叢書集成，衞公兵法輯本卷中，頁三十六諸軍馬擬停三五日條。四庫珍本，武經總要前集卷五，頁二十五軍馬出行條。
⑥④：宋會要兵二十八，頁七二七二熙寧元年九月十四日，涇原路經略司言。
⑥⑤：宋要兵二十八，頁七二七六熙寧三年十月二十六日，樞密院言。
⑥⑥：叢書集成，絜齋集卷七，頁九十四論橫烽。世界書局，長編卷三六八，頁十四閏二月壬辰，環慶路經略安撫使范純粹奏。同書卷四七〇，頁十六至七元祐七年二月壬午，鄜延路經略使范純粹奏。中華書局，宋史卷三一四，頁一〇二七九至八一范純粹傳。同卷，頁一〇二八一至九三范純仁傳。案此袁燮論橫烽謂：「范純仁建請諸路修橫烽之法。」而長編、宋史則稱范純粹所請。今從之，疑絜齋集有誤。
⑥⑦：世界書局，長編卷三七四，頁八至九元祐元年四月庚寅，環慶路經略使范純粹奏。
⑥⑧：同右書卷四六七，頁三元祐六年冬十月癸亥，詔。
⑥⑨：宋史卷一九六，頁二十掌契官籍條。
⑦⓪：世界書局，長編卷三七四，頁九元祐元年四月庚寅，環慶路經略使范純粹奏。
⑦①：同右書卷三七四，頁九元祐六年四月庚寅，環慶路經略使范純粹奏。

72：同右書卷四七四，頁二至三元祐七年六月辛酉，詔。中華書局，宋會要兵八，頁九〇三元祐七年六月九日，詔。
73：四庫珍本，沈氏三先生文集卷一，頁四十至一七言烽火臺二首。
74：四庫珍本，景文集卷六十二，頁一至二張尚書行狀。
75：點校本，稽古錄卷十七，頁六九〇至道三年條。十朝綱要卷二，頁二十一太宗至道三年七月，詔。
76：正誼堂全書，韓魏公集卷十，頁十四家傳。
77：世界書局，長編卷一三三，頁十六慶歷元年九月乙丑，詔。
78：同右書卷一四三，頁二十二慶歷三年九月己夘，詔。
79：中華書局，宋會要兵二十八，頁七二七六熙寧五年十月二十六日，樞密院言。
80：世界書局，長編卷四六七，頁一元祐六年冬十月庚申，樞密院言。
81：同右書卷五一五，頁十三元符二年九月壬戌，詔。卷五一〇，頁十六元符二年五月壬戌，詔。
82：隆平集卷十九，頁二六四郭恩傳。宋史卷三二六，頁五郭恩傳。世界書局，長編卷一八五，頁九至十嘉祐二年五月庚辰，崇儀使幷代鈐轄管勾麟府軍馬郭恩。案此長編、隆平集俱作「臨塞堡」而宋史傳則作「呰堡」疑有脫誤，今從諸書。
83：世界書局，長編卷一九三，頁九至十嘉祐六年六月庚辰，太原府代州鈐轄供備庫使蘇安靜上麟州屈野河界圖。世界書局，永樂大典卷一二四二八，頁九至十嘉祐六年六月庚辰，太原府代州鈐轄蘇安靜上麟州屈野河界圖。中華書局，宋會要兵二十七，七二六七上至八下嘉祐六年六月，是月太原府代州兵馬鈐轄蘇安靜上麟州屈野河界圖。

⑭：宋史卷三四九，頁三賈逵傳。

⑮：文海本，太平寰宇記卷一九二，頁一匈奴左部遂復轉居塞內條。

⑯：四庫珍本，華陽集卷三十八，頁八翰林侍讀學士贈左諫議大夫呂公綽墓誌銘。

⑰：世界書局，長編卷一二六，頁十七康定元年三月乙丑，詔。

⑱：四庫珍本，華陽集卷三十八，頁十一翰林侍讀學士贈左諫議大夫呂公（公綽）墓誌銘。

⑲：叢書集成，攻媿集卷六十九，頁九二七恭題神宗賜沈括御扎。

⑳：中華書局，宋會要兵二十八，頁七二七六神宗熙寧五年十月二十六日，樞密院言。世界書局，長編卷二三九，頁十四熙寧五年冬十月辛丑，詔。

㉑：世界書局局，長編卷二五二，頁二十二熙寧七年夏四月庚寅，鄜延路經略司言。

㉒：宋史卷一九〇，頁四七〇五兵四，鄉兵頁四七一二至一四可參考。

㉓：中華書局，宋會要方域二十，頁七六五五張義堡。

㉔：世界書局，長編卷三〇四，頁十七元豐三年五月丙戌，鄜延路經略使呂惠卿言。

㉕：世界書局，長編卷三一六，頁十五元豐四年九月壬子，上批條。適園叢書，太平治蹟統類卷十五，頁十五元豐四年五月壬子，上批條。

㉖：中華書局，宋會要兵二十八，頁七二八二神宗元豐五年六月五日，詔。

⑰：世界書局，長編卷三三七，頁十七元豐六年秋七月壬申，知延州劉昌祚言。台灣華文書局，玉海卷十四，頁三〇七（三七至八）元豐六年七月壬申，知延州劉昌祚條。宋史卷三四九，頁六劉昌祚傳。文海本，東都事略卷八十頁三至四劉昌祚傳。

⑱：文海本，皇宋十朝綱要卷十三，頁二元祐六年四月，是月，夏人犯鄜延、熙河路條。世界書局，長編卷四五八，頁二元祐六年五月庚申，樞密院言。

⑲：世界書局，長編卷四六六，頁九至十元祐六年九月辛亥，鄜延路經略使范純粹言。

⑳：世界書局，長編卷四七〇，頁十六元祐七年二月壬午，鄜延路經略使范純粹奏。

㉑：四庫珍本，夏竦撰文莊集卷十四，頁七陳邊事十策。

㉒：世界書局，長編卷一三五，頁十慶歷二年三月庚申，是春，范仲淹巡邊至環州條。世界書局，永樂大典卷一二三九九，頁十慶歷二年三月庚午，是春，范仲淹巡邊至環州條。適園叢書，太平治蹟統類卷七，頁三十六康定元昊擾邊。四部叢刊，范文正公集卷十三，頁十六東染院使种君墓誌銘。涑水記聞卷九，頁七生羌歸附條。

㉓：四庫珍本，范忠宣集卷十四，頁三朝議大夫王公墓誌銘。

㉔：四庫珍本，樂全集卷四十，頁三十七至八宋故—贈工部尚書蔡公墓誌銘。

㉕：世界書局，長編卷四七一，頁八元祐七年三月甲午，環慶路經略使章楶奏。

㉖：中華書局，宋會要方域二十，頁七六五四下阿原堡。

㉗：中華書局，宋會要方域十九，頁七六三三修築城塞。世界書局，長編卷五一三，頁六元符二年秋七月癸丑，環

慶奏。

⑩⑧：中華書局，宋會要兵十四，頁七〇〇三上宣和元年五月十二日，蔡京等又言。

⑩⑨：四庫珍本，夏竦撰文莊集卷十四，頁七陳邊事十策。

⑪⓪：世界書局，長編卷二九〇，頁三至四元豐元年六月甲寅，知鎮戎軍張守約言。

⑪⑪：世界書局，長編卷五百，頁二十二元符元年秋七月癸酉，涇原路奏。

⑪⑫：世界書局，長編卷五〇九，頁十四至五元符二年夏四月辛丑，樞密院言。中華書局，宋會要方域十九，頁七六三三元符二年四月二十八日，樞密院言。

⑪⑬：世界書局，長編卷五一〇，頁十八元符二年九月丁亥，詔。

⑪⑭：世界書局，長編卷五一八，頁三元符二年十月辛未，涇原路經略使章楶奏。

⑪⑮：中華書局，宋會要方域十九，頁七六三五至六政和七年六月二十四日，涇原路經略使席貢奏。同書方域二十，頁七六六〇上同。

⑪⑯：世界書局，長編卷二三九，頁十四熙寧五年冬十月辛丑，詔。

⑪⑰：世界書局，長編卷三八一，頁二十八元祐元年六月，右司諫蘇轍言。四部叢刊，欒城集卷三十八，六論蘭州等地狀。

⑪⑱：中華書局，宋會要兵八，頁六九〇二下元祐六年五月二日，樞密院言。十朝綱要卷十三，頁三元祐六年二月，是月，夏人犯鄜延熙河路。

⑲：世界書局，長編卷四八六，頁六紹聖四年四月甲辰，章楶言。世界書局，長編拾補卷十四，頁五紹聖四年二月庚午，議石門建城條。
⑳：台商務版，宋元通鑑卷十四，頁十六大中祥符二年，初，盛度奉使陝西條。
㉑：世界書局，長編卷五一一，頁十三元符二年六月乙未，詔。
㉒：世界書局，長編卷五一四，頁十二元符二年八月戊子，詔。
㉓：拙撰宋代驛站制度頁二九六至七B界堠。
㉔：文海本，宋史翼卷五，頁二十二洪中孚傳。
㉕：四庫珍本，李復撰潏水集卷一，頁十三至四乞於阿密鄂特置烽臺。小貼子。
㉖：四庫珍本，鶴林集卷三十七，頁十三西陲八議。台商務版，宋元通鑑卷一一〇，頁一五〇端平三年九月壬午，御前諸軍統制曹友聞條。
㉗：四庫珍本，浮山集卷七，頁六賀參政啟。
㉘：四庫珍本，李復撰潏水集卷一，頁十三至四乞於河密鄂特置烽台。小貼子。
㉙：四庫珍本，劉敞公是集卷二十二至五烽火。
㉚：世界書局，長編卷三八一，頁二十八元祐元年六月甲寅，右司諫蘇轍言。四部叢刊，欒城集卷三十八，頁六論蘭州等地狀。
㉛：世界書局，長編卷四四八，頁九元祐五年九月己丑，樞密院言。

⑬²：世界書局，長編卷五〇五，頁十四元符二年春正月甲子，詔。
⑬³：四庫珍本，公是集卷二十六，頁九上夏太尉。
⑬⁴：中華書局，宋史卷一九一，頁四七五〇兵志五曰：「蕃兵者，具籍塞下內屬諸部落，團結以爲藩籬之兵也。」
⑬⁵：四庫珍本，李復潏水集卷一，頁十三守坐臺鋪議。同卷，頁十四乞于阿密鄂特置烽臺。小貼子。世界書局，長編卷四八〇，頁十二元祐七年十二月乙巳，戶部言。
⑬⁶：秦漢魏晋出土文獻，疏勒河流域出土漢簡（不分卷）頁十八T16烽燧，頂上有一小屋，或爲堠樓。又頁二十四T40烽燧，烽台頂部發現一間小屋，或爲堠樓。又頁三十一T44d烽燧，烽台頂上有一小屋，屋內及烽台脚下灰堆中發現十漢簡和兩張漢文紙文書。
⑬⁷：四庫珍本，武經總要前集卷五，頁二十烽火。
⑬⁸：中華書局，後漢書卷一下，頁六十光武帝紀。
⑬⁹：中華書局，後漢書卷二十二，頁七七八至八〇馬成傳。
⑭⁰：中華書局，後漢書卷二十四，頁八二七至五五馬援傳。
⑭¹：中華書局，漢書卷六，頁二〇二武帝紀。
⑭²：中華書局，後漢書卷二十二，頁七七八至八〇馬成傳。
⑭³：文海本，三朝北盟會編卷十五，頁十三曰：「宣和五年四月甲午，先是，宣撫司遣（姚）平仲、康隨分疆域立烽燧回。」而長編拾補卷四十六，頁二十作「宣和五年四月甲午，先是，宣撫司遣姚平仲、康隨分疆域立烽堠回

。」知烽燧即烽堠也。

⑭:史語所專刊，居延漢簡考釋卷二，頁二(二五)三三二·一三。

⑮:同右書卷二，頁六(一七七)七二·五。

⑯:秦漢魏晋出土文獻，疏勒河流域出土漢簡(不分卷)頁十八T16。

⑰:同右書頁二十四T40c。同書頁三十一T44d。

⑱:史語所專刊，居延漢簡考釋卷二，頁三(七八)一八三·七。同書頁一(一六)二一三·四。秦漢魏晋出土文獻，疏勒河流域出土漢簡(不分卷)頁七十九·七二〇(甲面)、(乙面)。

⑲:秦漢魏晋出土文獻，疏勒河流域出土漢簡(不分卷)頁四十九·二八〇。同書頁四十六·二四一。又同書頁四十七·二四二。

⑳:秦漢魏晋出土文獻，疏勒河流域出土漢簡(不分卷)頁六十七·五四八。史語所專刊，居延漢簡考釋卷二，頁九(一九八)五二·六二。同卷，頁十(二〇四)一一〇·一八。又同卷，頁十一(二二七)二四·一五。又同卷，頁十四(三一二)二八六·二四。又同卷，頁十五(三二〇)四八六·四九。

㉑:中華書局，繫年要錄卷一三五，頁二一七四紹興十年五月巳亥，下川陝諸路帥臣監司條。

㉒:中華書局，繫年要錄卷一四六，頁二三五二至三紹興十有二年秋八月巳丑，自休兵後條。四部叢刊，鶴山先生大全文集卷七十八，頁十朝奉大夫府卿四川總領財賦累贈通奉大夫李公墓誌銘。文海本，輿地紀勝卷一五四，頁八烽火山。四庫珍本，可齋續藁後卷三，頁四十乞調重兵應援奏。

⑮③：四庫珍本，可齋續稾後卷三，頁四十乞調重兵應援奏。文海本，輿地紀勝卷一六六，頁四烽火臺。

⑮④：中華書局，繫年要錄卷一九四，頁三二八五紹興三十有一年十有一月戊戌，是日，虛恨蠻掠犍爲之籠蓬堡條。

⑮⑤：四庫珍本，李宗伯撰可齋續稾後卷三，頁四十乞調重兵應援奏。

⑮⑥：同右。四庫珍本，名臣碑傳琬琰文集中卷四十八，頁五韓忠獻公琦行狀。四庫珍本，元憲集卷三十二，頁八崇政殿與樞密院同答手詔。四庫珍本，公是集卷二十一，頁十一九日（河北置烽火）。

⑮⑦：廣文書局，箋註王荆文公詩卷七，頁八十九白溝行註。于湖居士文集卷二，頁三十三和沈教授子壽賦雪三首。

⑮⑧：四庫珍本，滍水集卷十一，頁十過澶州感事。四庫珍本，景文集卷四十五，頁四登科記序。四庫珍本，名臣碑傳琬琰文集上，頁八孫抃寇忠愍公準旌忠之碑。

⑮⑨：四庫珍本，文莊集卷十九，頁九答杜侍郎書。

⑯⓪：隆平集卷十七，二三七曹翰傳。

⑯①：宋史卷三〇三，頁十九田京傳。

⑯②：世界書局，永樂大典卷一二三九九，頁二十五慶歷二年五月甲子，詔。世界書局，長編卷一三六，頁二十五慶歷二年五月甲子，詔。

⑯③：世界書局，長編卷一三七，頁一慶歷二年六月戊寅，詔。世界書局，永樂大典卷一二四〇〇，頁一慶歷二年六月戊寅，詔。

⑯④：世界書局，長編卷一三七，頁二慶歷二年六月庚寅，以提舉河北刑獄王儀條。世界書局，永樂大典卷一二四〇〇

〇，頁二慶歷二年六月庚寅，以提擧河北刑獄王儀條。中華書局，宋會要方域八，頁七四四二慶歷三年正月十九日，以提點河北刑獄王儀條。

⑯⑤：中華書局，宋會要兵二十八，頁七二七八上熙寧七年三月十九日，沈括言。世界書局，長編卷二六一，頁六至七熙寧八年三月辛亥，河北西路察訪使沈括言。夢溪筆談卷三十五，校證第（七八三至四四九條）案此長編、筆談同繫於神宗熙寧八年三月辛亥，據長術是年三月癸巳朔，辛亥十九日也。惟會要則繫于七年三月十九日，據長術是年三月戊戌朔，十九日爲丙辰，辛亥十四日也。復檢是條乃排列於八月後，足見錯誤，疑脫「八年」二字。況十九又與長編、筆談吻合。今從長編、筆談。

⑯⑥：世界書局，長編卷二六五，頁十一至五八月六日壬子，沈括又言。

⑯⑦：中華書局，宋會要兵二十九，頁七二九五下宣和四年三月三日，詔。開明版，宋史卷三五〇，頁五四一一·一和詵傳。

⑯⑧：文海本，三朝北盟會編卷十五，頁十三宣和五年四月十日甲午，先是，宣撫司遣姚平仲、康隨分疆域立烽燧回。世界書局，長編拾補卷四十六，頁二十宣和五年四月甲午，先是，宣撫司遣姚平仲、康隨分疆域立烽堠回。」

⑯⑨：四部叢刊縮印本，經進東坡文集事略卷三十三，頁二一二登州召還議水軍狀。

⑰⓪：學津討原，王文正公筆錄（不分卷）頁二契丹擧兵深入條。中華學術院印行，宋史卷七，頁四十八眞宗紀。四庫珍本，潏水集卷十，頁十過澶州感事。夢溪筆談卷九，頁三四一·一五一條人事一。

⑰①：中華書局，繫年要錄卷七，頁一七七建炎元年七月戊戌，詔。

⑰②：同右書卷二十，頁三九七建炎三年二月戊午，上將發平江府條。
⑰③：文海本，輿地紀勝卷十七，頁十八烽火臺。輿地勝覽卷十四，頁十烽火樓。
⑰④：文海本，輿地紀勝卷四十四，頁六烽子山。
⑰⑤：文海本，輿地紀勝卷三十八，頁五烽火山。
⑰⑥：四庫珍本，宋百家詩存卷三十八，頁三十一引俞德鄰撰佩韋齋集，后平叔母夫人挽辭。
⑰⑦：中華書局，宋會要方域十，頁七四九六上建炎四年八月十四日，臣僚言。世界書局，永樂大典卷一四五七四，頁十五建炎四年八月十四日，臣僚言。
⑰⑧：中華書局，宋會要兵二十九，頁七三一〇紹興十年六月八日，沿海制置使仇悆言。
⑰⑨：四庫珍本，武經總要前集卷十三，頁二十五至六望樓。

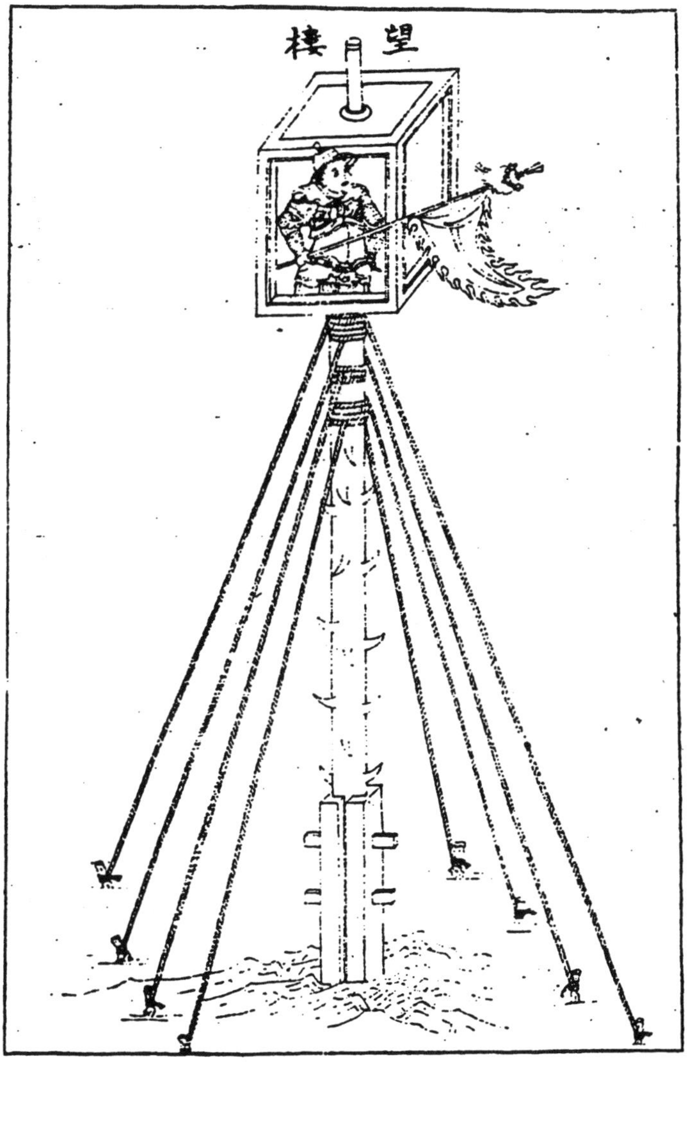

右望樓高八丈，以堅木爲竿，若木不及八丈，則三兩接亦可。上施板屋，方闊五尺，上下開竅，過木竿兩旁釘尋舉八十箇，用索棚四條，各一百二十尺，中棚四條，各一百尺，下棚四條，各八十尺。尖鐵橛十二箇，各長三尺，橛端穿鐵環，凡起樓用鹿頰木二，各長一丈五尺，深埋之入地八尺，用鐵叉層竿數條，更用木馬及巴木堅之如舡，上建檣法：其高亦有百尺，百二十尺者，棚索隨而增之。板屋中置望子一人，手執白旗，以候望敵人，無寇則卷，來則開之，旗竿平則寇近，垂則至矣，寇退徐擧之，寇去復卷之。此軍中備預之道也。

⑱:中華書局，宋會要方域十，頁七四九八下至九上紹興二年九月八日，江南東路安撫大使兼充壽春府、滁、濠、廬、和州、無爲軍宣撫大使李光言。世界書局，永樂大典卷一四五七四，頁十八紹興二年九月八日，江南東路安撫大使兼充壽春府、滁、濠、廬、和州、無爲軍宣撫使李光言。中華書局，繫年要錄卷五十八，頁一〇〇六紹興二年九月乙丑，初，沿岸置烽火台以爲斥堠。玉海卷十八，頁三十五大江七渡。

⑱:文海本，太平寰宇記卷一二五，頁十舒州宿松縣。文海本，輿地紀勝卷四十六，頁七烽火山。

⑱:中華書局，繫年要錄卷八十五，頁一三九六紹興五年二月乙酉，侍御史張致遠言。

⑱:墨海金壺本，吳中舊事（不分卷）頁十五清源莊季裕。雞肋編卷上，頁十七至八建炎三年七月條。

⑱:中華書局，繫年要錄卷一〇八，頁一七五二紹興七年春正月癸卯朔，左司諫陳公輔言。

⑱:文海本，宋史全文卷二十六，頁十紹興三十一年冬十月庚子朔，手詔。

⑱:中華書局，繫年要錄卷一九三，頁三二三八紹興三十有一年冬十月辛亥，初，淮南轉運副使楊抗條。同卷，頁三二九七紹興三十有一年十有二月壬子，上泊姑蘇館條。文海本，三朝北盟會編卷二三四，頁六紹興三十一年十月十二日辛亥，金人陷滁州條。

⑱:續宋編年資治通鑑卷七，頁十四紹興三十二年二月，言者謂。中華書局，繫年要錄卷一九七，頁三三一九紹興

三十有二年二月庚子，言者論江淮三事。中華書局，宋史卷一九〇，頁四七一二至四兵四曰：「慶曆中，歐陽修言：『代州、岢嵐、寧化、火山軍，被邊地幾二三萬頃，請募人墾種，充弓箭手。』詔宣撫使范仲淹議以為便。遂以岢嵐軍北草城川禁地，募人拒敵，界十里外占耕，得二千餘戶，歲輸租數萬斛，自備弓馬，涅手背為弓箭手。」又曰：「熙寧五年，趙卨為鄜延路，以其地萬五千九百頃，募漢、蕃弓箭手四千九百人。帝嘉其能省募兵之費，褒賞之。」

⑱⑧：四庫珍本，雙溪類稿卷二十一，頁二十四上胡參政。

⑱⑨：續宋編年資治通鑑卷七，頁十四紹興三十二年二月，言者謂。中華書局，繫年要錄卷一九七，頁三三一九紹興三十二年二月庚子，言者論江淮三事。

⑲⓪：中華書局，繫年要錄卷一九二，頁三二〇八紹興三十有一年八月甲辰，武昌令薛季宣條。

⑲①：四部叢刊初編縮印本，渭南文集卷四十五，頁三九四入蜀記三。知不足齋，畫墁集卷七，頁十七己亥行山條。

⑲②：文海本，輿地紀勝卷七，頁八烽燧臺。

⑲③：善本，廬山集卷五，頁十九晚泊烽火磯。知不足齋叢書，畫墁集卷七，頁十七己亥條。

⑲④：世界書局，長編拾補卷三十四，頁六政和五年六月己酉，夷賊攻武寧縣三頭山烽臺條。

⑲⑤：四庫珍本，王之望撰漢濱集卷七，頁十一至二論和議奏議。

⑲⑥：四庫珍本，王之望撰漢濱集卷七，頁二至三乞沿淮創置斥堠烽火奏議。開明版，宋史卷三七二，頁五四五七王之望傳。

⑲⑦：世界書局，永樂大典卷一四六二五，頁三吏部條法奏辟門，尚書侍郎右選通用令。
⑲⑧：中華書局，宋會要職官四十八，頁三五二五慶元四年，三月十八日，詔。
⑲⑨：中華書局，宋會要食貨十四，頁五〇五六下紹興三十一年二月二十七日，臣僚言。
⑳⓪：中華書局，宋會要職官四十八，頁三四九七上嘉定元年四月十八日，詔。
⑳①：宋元地方志本，三山志卷十八，頁七七九一元豐二年，詔。
⑳②：四部叢刋，眞西山文集卷十七，頁九辟林司戶充浦城北尉狀。中華書局，宋會要選擧十二，頁四四五九下開禧元年正月二十九日，詔。
⑳③：四庫珍本，綱山集卷一，頁四九月晦日，登烽火山。
⑳④：文海本，輿地紀勝卷一三五，頁四烽火山。
⑳⑤：世界書局，長編卷七十八，頁十四大中祥符五年八月癸酉，廣州駐泊鈐轄秦義言。同書卷七十九，頁七大中祥符五年冬十月壬戌，詔。
⑳⑥：世界書局，長編卷三三一，頁四元豐五年十月癸未，廣南東路轉運判官徐九思言。
⑳⑦：文海本，太平寰宇記卷一五七，頁三八〇東莞縣香山。
⑳⑧：中華書局，宋會要方域十九，頁七六四三上嘉定六年五月二十八日，樞密院言。
⑳⑨：中華書局，宋會要方域十九，頁七六四三上嘉定六年五月二十八日，樞密院言。
㉑⓪：知不足齋，宋遺民錄卷十，頁一至三吳萊，桑海遺錄序。

㉑①：于湖居士文集卷八，頁六十二過靈川寄張仲欽兼贈令尹。

㉑②：夢粱錄卷九，頁十七六部。中華書局，宋會要職官四，頁二四三九上，哲宗職官志。

㉑③：中華書局，宋會要職官四十八，頁三五〇一下鎭將。新興書局，文獻通考卷六十三，頁五七三職官十七，縣丞、主簿、縣尉條。

㉑④：中華書局，宋會要刑法一，頁六四七七下宣和四年十二月二日，知平陽府商守拙奏。

㉑⑤：中華書局，宋會要食貨六十六，頁六二四六下紹興十年十月四日，戶部看詳鄉村戶數條。

㉑⑥：中華書局，宋會要職官四十八，頁三五二三上嘉定元年九月七日，淮西運判張孝仲奏。同卷，頁三四九九下淳熙五年十二月十六日，詔。同書方域十二，頁七五二九下紹興十四年七月十四日，臣僚言。

㉑⑦：中華書局，宋會要方域六，頁七四一四紹興二十八年二月二十二日，禮戶部言。同書方域十六，頁七〇三五開禧三年三月二十三日，詔。又同書職官四十九，頁三五三三上乾道元年三月二十五日，三省樞密院奏。又同書職官六十一，頁三七七七下建炎四年四月十三日，權發遣建康府呂祉言。

㉑⑧：中華書局，宋會要職官四十八，頁三五〇九下大中祥符五年十月，詔。

㉑⑨：同上書職官四十八，頁三五二四上嘉定九年三月二十三日，淮西安撫轉運司奏。

㉒⓪：同右書職官四十九，頁三五三〇下乾興元年十二月，詔。又同右書方域六，頁七四三三紹興六年十月二十八日，廣南東路經略安撫轉運提刑提舉常平司言。又同右書方域五，頁七三九三紹興五年九月十九日，襄陽府安撫都總管司言。

221：同右書職官四十八，頁三四九七上嘉定元年四月十八日，詔。
222：同右書職官四十八，頁三五二七上嘉定三年八月二十三日，知邛州舊管蒲江縣鹽井條。
223：同右書方域十二，頁七五三〇上乾道六年十二月二十八日，詔。又嘉泰四年正月八日，詔。
224：同右書職官四十八，頁三五〇〇下至〇一上淳熙二年二月一日，四川安撫制置司言。同卷，三五〇一上淳熙三年八月十二日，廣西諸司言。
225：同右書方域二十，頁七六五五下元豐元年六月十二日，知鎮戎軍張守約言。又同右書職官四十八，頁三五二二上淳熙十三年五月十七日，詔。
226：同右書方域十二，頁七五二八下神宗元豐五年十一月六日，廣南東路轉運判官徐九思言。又同右書職官四十八，頁三五〇一下諸鎮監官掌警邏盜竊及煙火之禁。同卷，頁三五〇二上政和四年正月二十四日，兩浙轉運司言。又同右書方域十二，頁七五二八下至九同。世界書局，永樂大典卷一四六二二，頁二十監臨安府仁和縣臨平鎮兼煙火公事。中華書局，宋會要方域六，頁七四一四紹興五年六月九日，淮西安撫使言。同書方域十三，頁七五三〇乾道九年閏正月三十日，吏部言。又同書職官四十八，頁三五〇〇下淳熙十六年八月十八日，詔。
227：中華書局，宋會要方域十二，頁七五二九紹興五年七月十四日，詔。同頁，紹興三年十一月十九日，淮南本路安撫提刑司言。又同頁，紹興七年，二月二十日，福建路轉運司言。
228：同右書方域十二，頁七五二八慶歷四年五月二十八日，省河南府條。
229：同右書職官四十八，頁三四九九下淳熙五年十二月二十六日，詔。

㉚：同上書方域六，頁七四一四至五紹興五年七月十四日，詔。
㉛：同右書職官四十八，頁三四九九淳熙元年十二月五日，詔。
㉜：同上書方域十二，頁七五二九紹興三年十二月十日，淮南東路提舉茶監司言。
㉝：同右書方域十二，頁七五三〇上乾道九年十月十一日，四川宣撫司言。
㉞：同上書方域十二，頁七五二九紹興三年十二月十日，淮南東路提舉茶鹽司言。四庫珍本，北山小集卷三十七，頁六論本州冗員及權官等事。東洋文庫，宋代研究文獻提要，頁六〇四宋代經濟文書斷簡零葉〔役名〕條。
㉟：中華書局，宋會要方域十二，頁七五二九隆興二年九月二十六日，詔。同頁，紹興五年七月二十五日，鄧州言。同書方域五，頁七三九二紹興五年，廢入襄陽府條同。同頁，孝宗隆興二年九月二十五日，戶部尚書兼湖北京西路制置使韓仲通言。又同書方域十九，頁七六四五下嘉定七年二月二十八日，詔。
㊱：同右書方域十三，頁七五三〇乾道九年十二月四日，四川宣撫司言。
㊲：同上書職官四十八，頁三四九五下淳熙十一年五月十六日，詔。
㊳：同右書職官四十八，頁三五二二上淳熙十三年五月十七日，詔。同頁，紹熙元年九月二十九日，權發遣靈州趙鞏言。同卷，頁三五一八下天禧五年六月二十一日，同提點開封府界諸縣鎮公事張君平言。同書方域十三，頁七五三〇紹興二十六年，酒官復省條。
㊴：同上書職官四十八，頁三五二三上紹熙元年九月二十九日，權發遣靈州趙鞏言。
㊵：同右書方域十二，頁七五二五嘉定十五年九月十二日，樞密院言。

241：同上書食貨六十五，頁六二〇二上紹興二十九年七月五日，國子正張恢言。同卷，頁六二〇三下紹興三十二年五月二日，臣僚言。同書食貨十四，頁五〇五七下隆興二年六月一日，詔。又同書食貨六十五，頁六二〇六上隆興六年五月二十五日，臣僚言。同卷，頁六二〇六下隆興八年十一月二十六日，戶部尙書楊倓等言。同書食貨六十六，頁六二二一下慶元五年二月二十一日，右諫議大夫兼侍講張奎言。同卷，頁六二二三上嘉泰四年十月二十八日，臣僚言。同頁，嘉定十四年二月十二日，臣僚言。同書兵二，頁六七九五上紹熙五年九月十四日，明堂赦。雲麓漫鈔卷十二，頁一七八國初里正戶長掌課輸。浙江書局，文獻通考卷十三，頁十四歷代鄉黨版籍職役。

242：中華書局，宋會要食貨六十五，頁六二〇二下紹興三十一年正月二十七日，臣僚言。

243：四部集要子部，說郛卷十，頁四（一九六）事始云：「烽火，黃帝出軍，決法曰：『軍兩散，敵地形不便，望見烽火也。』」

244：四庫珍本，事物紀原卷九，頁四十六烽燧曰：「玄女戰經曰：『諸見舉烽火，傳言虞虜且起，黃帝出軍，決，亦有望見烽火之文。』周幽王爲褒姒舉烽燧，疑亦自初用兵，即有之也。」

245：廣文書局，墨子新釋卷三，頁五十七號令云：「樹表，表三人守之，北至城者三表，與城上烽燧相望，晝則舉烽，夜則舉火。」同卷，頁六十一雜守曰：「望見寇，舉一烽，入境，舉二烽，射妻，舉三烽一藍，郭會，舉四烽二藍，城會，舉五烽五藍，夜以火如此數。」

246：中華書局，史記卷四，頁一四八至九周本紀第四曰：「幽王爲㸏燧大鼓，有寇至，則舉㸏火。」又曰：「爲數舉㸏火。」注：「正義曰：『晝日燃熢以望火煙，夜舉燧以望火光也。熢，土魯也。燧，炬火也。皆山上安之，有寇擧之。』」

㉗:中華書局，史記卷七十七，頁二三七七魏公子列傳云:「公子與魏王博，而北境擧烽，言:『趙寇至，且入界。』」

㉘:史語所專刋，居延漢簡考釋、秦漢魏晋出土文獻，疏勒河流域出土漢簡、敦煌漢簡、簡牘學會，居延漢簡新編、流沙墜簡。

㉙:文物一九八一年第十期，頁一至八敦煌馬圈灣漢代烽燧遺址發掘簡報、秦漢魏晋出土文獻，疏勒河流域出土漢簡。

㉚:中華書局，宋會要兵二十九，頁七三〇八建炎三年三月十二日，吏部郎官鄭資之除沿江措置防托監察御史林之平爲沿海措置防托，既而之平言。

㉛:四部叢刋，後村先生大全集卷三十八，頁三二八寒食二首。

漢書地理志梁國王都問題參論

李啟文

一、前言

《漢書·地理志》縣名首書者即西漢末郡國之治所，嚴師歸田先生嘗辨之矣①；迨一九八七年五月出版之《歷史地理》第五輯，有王文楚先生〈關於《中國歷史地圖集》第二册西漢圖幾個治所問題〉一文（以下簡稱「王文」），謂嚴師〈漢志〉縣名首書者皆郡國治所、「絕無例外」之說未必盡然。王文係答劉福注先生有關十二郡國治所之問題，謂《中國歷史地圖集》（內部試行本）第二册西漢圖郡國治所向有誤者，於一九八二年公開出版後已作修訂，其中從嚴師說改正者有四，計：汝南郡之平輿縣、零陵郡之零陵縣、廣漢郡之梓潼縣、武威郡之姑臧縣，其餘八郡國治所，則「仍從原說」（即仍從內部試行本所定者）。翌年（一九八八年）四月，嚴師又據王文而修訂舊稿，並作答辯②。案〈漢志〉所據乃西漢末平帝時之版籍，固不待言；而〈班志〉之有義例，嚴文已詳論之，亦毋庸余之置喙。今所論者，爲西漢末梁國王都及其領域，蓋嚴師及王先生先後所論者，尚有可商榷之餘地。因翻檢數年前之筆記，賡續成篇；固非踵事增華，其唯續貂而已。

二、梁孝王立國之初不都睢陽

王文引閻若璩、王鳴盛、王先謙、李子魁諸說，以爲梁國都睢陽。案睢陽長時期爲梁國都，自不待言，但梁孝王武立國之初，不都睢陽。《漢書》卷四十八〈賈誼傳〉載文帝十一年（紀元前一六九年）梁懷王勝（《史記》卷十〈孝文本紀〉作「揖」）死，誼上疏，言制諸侯王之策：

「臣之愚計，願舉淮南地以益淮陽；而爲梁王立後，割淮陽北邊二三列城與東郡以益梁。不可者，可徙代王而都睢陽，……」③

是梁懷王勝時（在位十年），梁國之都仍不在睢陽，故賈生特爲文帝言之。《水經注》卷二十二〈渠水注〉：「（渠水）又東逕大梁城南，……秦滅魏以爲縣。漢文帝封孝王於梁，孝王以土地下溼，東都睢陽，又改曰梁。」又《史記》卷五十八〈梁孝王世家〉「以勝爲梁王」句下，〈正義〉引《括地志》云：「宋州宋城縣，在州南二里外城中，本漢之睢陽也。漢文帝封子武於大梁，以其卑溼，徙睢陽，故改曰梁也。」《寰宇記》卷一開封府條所言略同。大梁，即〈漢志〉之浚儀，是武爲梁王之初，不都睢陽也。

三、漢志碭縣爲成帝末梁國王都

嚴文據〈獲水注〉④及〈續志〉惠棟《補注》引〈曹瞞別傳〉，證西漢末時梁國都碭縣，又云：

「至成帝元延中，復削（梁王）立五縣，只得三縣矣。至平帝元始中廢爲庶人。後二年，又立孝王玄孫之曾孫音爲梁王。蓋還後削五縣，故〈地志〉仍爲八縣也。」⑤

王文以「還後削五縣」之說「缺乏根據」⑥，故「仍從原說」，以睢陽爲梁國之都。

案〈漢志〉所載各郡國之戶口數，以平帝元始二年（西元二年）爲據⑦；然「各郡國所屬縣目（即郡國之領域），乃以（成帝）元延、綏和之交（紀元前九—八年）爲斷」⑧；此周振鶴先生嘗爲文論之⑨。梁國自孝王武經營睢陽，至成帝時立爲王，皆都睢陽。武帝元朔中，「削梁八城，梁餘尚有十城」（《史記・梁孝王世家》⑩）；至成帝元延中（約紀元前十年）「削（梁王）立五縣」（《漢書・文三王傳》）以前，漢廷先後封梁王子侯國凡十七⑪，所餘者唯〈漢志〉所載之八縣⑫。此十七侯國之分封，最堪注意者，厥爲成帝永始二年（紀元前十五年）所封之祁鄉節侯賢⑬。祁鄉，〈漢志〉屬沛郡，王氏《補注》引《一統志》，謂故城在今（河南省）夏邑縣北祁邑鄉。蓋祁鄉之自梁國分封屬沛郡後，沛郡之西北界即突入梁國中，梁國遂成爲東西兩部分，西部領五縣（即〈漢志〉之睢陽、蒙縣、虞縣、己氏、甾縣），東部領三縣（即〈漢志〉之碭縣、杼秋、下邑），即嚴師所謂「藥葫蘆形」者（見附圖⑭）；此蓋承漢初「犬牙相制」之政策也⑮。迨元延中，「削立五縣」，以地理形勢視之，所削者，當爲西部五縣。嚴師云：

「梁國地形，東西兩頭廣大，中間爲沛郡之祁鄉縣（今夏邑縣北）所扼，故極狹仄，如藥葫蘆形，……觀此地形，西部五縣，睢陽其一；東部三縣，碭縣其一；碭與睢陽之間有下邑、虞、蒙三縣，則王立末年僅有三縣時必不能兼有碭及睢陽也。然碭縣爲梁之始祖墓塚祠廟所在，既與立國，似不宜割隸他郡，蓋即其時盡削西部五縣，徙都碭縣，以就祖墓宗廟歟？」⑯

旨哉斯言。《漢書．文之王傳》云，平帝元始中，「廢立爲庶人，徙漢中。立自殺。二十七年，國除。」檢《漢書》卷十四〈諸侯王表〉，立以成帝陽朔元年（紀元前二十四年）嗣，至平帝元始三年（西元三年）廢，在位恰爲二十七年。然則自成帝元延中（約紀元前十年）削立五縣後，至平帝元始三年（西元三年）此大約十三年內，梁國惟餘三縣矣（當爲東部三縣），何以〈漢志〉却有八縣之數？周振鶴先生云：

「〈漢志〉所載郡縣隸屬關係，總的來說是表明元延末年的版圖，但是元延末年左右年限的情況有時也會反映在個別郡國上。如〈漢志〉中山國所表明的就是綏和元年的封域。因此〈漢志〉梁國八城所表明的可能是元延中未削五縣以前的形勢，至綏和以後梁恐僅餘三縣，但來不及體現到〈漢志〉上去。」⑰

案周先生所言甚是，但此中尚有可斟酌者。蓋「〈漢志〉梁國八城所表明的可能是元延中未削五縣以前的形勢」固合情理，但〈漢志〉既係兩份資料之混合物——一爲成帝元延綏和之交（紀元前九—八年）之郡國版圖（即所屬縣目），一爲平帝元始二年（西元二年）各郡國之戶口籍；則〈志〉所示梁國之戶口籍，正元始二年僅餘三縣時之戶口數。易言之，至元始二年時，梁國之版圖亦唯餘碭縣、杼秋、下邑三縣。班氏既取平帝元始二年時之郡國名及戶口數，當時中央之版籍必載其時各郡國治所。蓋治所既屢有遷徙，郡國領域又時有變更，故當郡國上計於中央時，漢廷必錄其時之治所⑱，此即〈漢志〉縣名首書者，所謂義例也。然孟堅又合以成帝元延末各郡國之縣目，所以如此者，或以當時（元延末）之版籍，各縣（郡國）下記載其地之沿革、山川、地方官署等較詳，故兼採之而併合於平帝元始二年之版籍。易言之，〈漢志〉之版籍，以平帝元始二年時爲正——記當時之郡國名、戶口數、治所（縣名首書者）；以成帝元延末時爲輔——載當時各郡國之縣目。故侯國與郡國之關係，頗有相牴牾者⑲。以地理形勢觀之，梁國僅有三縣時既不能兼有睢陽及碭，而後者復有孝王墓冢及祠，故當成帝元延中削立五縣時，梁徙都碭，固順理而成章者，是以《漢志》梁國首書碭縣。王先生引周文，雖亦云「《漢志》梁國八縣就是元延中未削五縣以前的轄縣數，國都睢陽，至綏和以後，梁國僅存三縣」⑳；但不思僅餘三縣時，必不能兼有睢陽及碭之理，故「仍從原說」，以爲平帝元始二年時仍都睢陽。

復案嚴文謂元始中廢立爲庶人，「後二年，又立孝王玄孫之曾孫音爲梁王。蓋還後削五縣，故《地志》仍爲八縣也」㉑。此說亦欠安。蓋《漢志》所載戶籍，斷於平帝元始二年，立之廢，在元始三年；而音之紹封，又在元始五年（見《漢書·諸侯王表》）；況其時王莽權傾天下，封音，「奉孝王後」（《漢書·文三王傳》），要名譽耳。至謂「還後削五縣」，更豈莽所樂見哉？

《漢志》戶口籍既以平帝元始二年爲斷，以此視梁國之戶數，亦可證當時唯餘三縣耳。《班志》梁國領縣八，戶三萬八千七百九，平均計算，每縣僅四千八百三十餘戶。此數目反映於梁國屬縣之多爲大縣㉒，固不合情理。若以元延中削五縣後僅餘三縣計算，則每縣平均一萬二千九百餘戶，正合大縣之數也㉓。

至於當日梁孝王既「廣睢陽城七十里，大治宮室」（《史記·梁孝王世家》），何以卒後又遷葬於碭縣之碭山，並立祠於山上？頗疑碭縣於漢代初期嘗爲王都，蓋此縣於秦漢時爲大縣也。《水經注》卷二十三《獲（雅）水注》：「雅水又東逕碭縣故城北。應劭曰：縣有碭山。……秦立碭郡，蓋取山之名也」；實即郡以縣名，故閻若璩云：「秦碭郡治碭縣」（見《漢志》梁國下《補注》引）；全祖望亦云：「秦立碭郡，則碭縣乃秦之治所」㉔。《史記》卷八〈高祖本紀〉叙沛公「收碭兵，得五六千人」㉕；而沛公之擧事於沛，「收沛子弟」，才二三千人；即項羽「擧吳中兵，使人收下縣」，亦僅「得精兵八千人」（《史記》卷七〈項羽本紀〉）；是碭縣於秦時爲大縣也。文帝二年（紀元前一七八年）立子揖（勝）爲梁王時，梁國僅有秦碭郡地㉖，或嘗以碭縣爲都也。〈高祖本紀〉又云：「秦二世三年，楚懷王……以沛公爲碭郡長，封爲武安侯，將碭郡兵」；時「沛公軍碭」。梁孝王卒後遷葬碭縣，或以其地乃沛公初爲郡長處㉗，於漢初爲重要軍事據點㉘，別有歷史意義耶㉙？

四、結語

「〈班志〉郡國之名，以元始二年戶口籍爲斷」㉚。當時郡國治所，固有與漢初不盡同者。蓋西漢二百餘年中，治所屢有遷徙（此亦嚴師所一再强調者），而郡國領域，亦時有變更。故不能以西漢初之郡國治所，通貫於西漢二百餘年中；而以成帝元延末之郡國領域，合諸〈漢志〉所載（平帝元始二年）之戶口數，亦難求得精確之人口密度也㉛。要之，〈漢志〉梁國王都爲首縣之碭縣，殆無疑義者也。

一九八七年夏初稿，一九九一年八月十日增訂，九月十八日再訂注釋：

①：見〈漢書地理志縣名首書者即郡國治所辨〉（以下簡稱「嚴文」），原載《中央研究院院刊》，第一輯，一九五四年；又收入《嚴耕望史學論文選集》，聯經出版社，一九九一年五月。以下所引嚴文頁碼，即據《論文選集》。

②：見嚴文之「附記二」，載《嚴耕望史學論文選集》，頁139—42。

③：〈漢志〉「梁國」下，《補注》引王鳴盛曰：「賈誼請徙代王都睢陽，代王即孝王武。後果徙王梁，如誼策」（又見《十七史商榷》卷十六「王都」條）。案鳳喈以誼策中之代王即孝王武，誤。當時之代王，乃參，非孝也，見《史記》卷五十八〈梁孝王世家〉。

④：案〈獲水注〉之「獲」字，楊守敬以爲當從孫星衍校，作「濉」，從隹犬聲；見《水經注疏》點校本，江蘇古籍出版社，一九八九年，中册，頁一九七五—六。

⑤：嚴文，頁124。

⑥：王文，頁48。案王文謂「梁國始祖宗廟在碭，缺乏根據」，嚴文之「附記二」已作答辯，並於修訂舊稿時引出〈獲水注〉之原文：「（碭）山上有梁孝王祠」。

⑦：葛劍雄先生之《西漢人口地理》（人民出版社，一九八六年）云：

「班固在總述戶口數時只說是平帝時的情況，並未確指何年，僅在京兆尹下注明爲元始二年數。考慮到原始資料的殘缺以及〈漢志〉頗有體例不一之處，我們很難斷定其他郡國都是元始二年的數字，只能說是西漢末期（哀、平間）人口高峯時的數字。」（頁13）

案〈漢志〉於總述口數時，爲59,594,978；而各郡國下之口數總和，則爲57,671,402（案《西漢人口地理》〔頁12〕，前者之「七十八」，誤植作「七十四」；後者之「四〇二」則作「四〇一」〔頁12、97〕，或其中丹陽郡之口數據殿本而少一人。又書中之「元始二年人口密度表」〔頁96—9〕，除丹陽郡口數與王氏《補注》本有異外，其東海郡、雲中郡、南海郡之口數皆誤植）。於總叙戶數時，爲12,233,062，而各郡國下之戶數總和，則爲12,356,470。二者有別，或歷代抄刻致誤，或孟堅所據版籍有異故也（〈續志〉劉昭注引《帝王世紀》所記戶口數又不同）。京兆尹下擧元始二年之戶口數，顏師古注：「後皆類此」，蓋謂此後各郡國下之戶口數，皆元始二年時之紀錄，此所謂義例也（〈續志〉亦仿此）。

⑧：引自周振鶴，〈西漢諸侯王國封域變遷考（上）〉（以下簡稱「周文」），載《中華文史論叢》，一九八二年，第三輯，頁273。案〈漢志〉侯國之名以成帝元延末爲斷，發自錢大昕《廿二史考異》卷九「侯國考」。參周文，頁273。

⑨：周文載《中華文史論叢》，一九八二年，第三、四輯，又參周先生之《西漢政區地理》，人民出版社，一九八七年，頁22—3。

⑩：案《漢書》卷四十七〈文三王傳〉作「削梁王五縣」，「梁餘尚有八城」；周文謂此處應採《史記》說(頁300)，是。

⑪：見周文，頁300－1。
⑫：案梁國雖以十縣之地，分封十七侯國，然侯國之戶口甚少，故仍餘〈漢志〉之八縣也。參周文，頁301－2。
⑬：見《漢書》卷十五下〈王子侯年表〉。永始三年，又封曲鄉頃侯鳳，曲鄉地望無考，今不論。
⑭：底圖採自譚其驤先生主編之《中國歷史地圖集》第二册，頁19－20而加以放大。
⑮：《史記》卷十〈文帝本紀〉：「高帝封王子弟，地犬牙相制，此所謂盤石之宗也。」又見《漢書》卷四〈文帝紀〉、卷五十三〈景十三王傳〉；參周振鶴，〈西漢諸侯王國封域變遷考（下）〉，載《中華文史論叢》，一九八二年，第四輯，頁137。
⑯：嚴文，頁124－5。
⑰：周文，頁301。
⑱：關於兩漢上計制度，參嚴師歸田先生之《中國地方行政制度史》上編卷上：秦漢地方行政制度，第八章，中央研究院歷史語言研究所專刊之四十五，一九七四年，頁二五七－六八；又葛劍雄先生之〈秦漢的上計和上計吏〉，載《中華文史論叢》，一九八二年，第二輯，頁181－99。
⑲：參周文，頁273。
⑳：王文，頁148。
㉑：嚴文，頁124。
㉒：《史記》卷五十八〈梁孝王世家〉：「（梁）爲大國，居天下膏腴地。地北界泰山，西至高陽，四十餘城，皆

多大縣。」此雖係文帝十一年武自淮陽王徙爲梁王後至景帝初年之情勢（其時梁尚未一分爲五，而僅有秦碭郡地，見周文，頁299），然是時「四十餘城，皆多大縣」可知也。其次，梁國自武帝元朔後至成帝元延中削五縣前，僅有十城，其間雖分封王子侯國十七，尚餘〈漢志〉所載八縣（參周文，頁300—2），足證梁國之屬縣爲大縣也。復次，《漢書》卷二十四上〈食貨志〉云：「永始二年（紀元前十五年），梁國、平原郡比年傷水災，人相食。」但同書〈文三王傳〉載永始中谷永上疏，謂「梁國之富，足以厚聘美女，招致妖麗」，可知西漢末梁國仍甚富，以多大縣故也。

㉓：案葛劍雄先生之《西漢人口地理》以爲梁國國都睢陽「被削的可能性不大」，故據〈漢志〉測定人口密度時，將梁國與山陽郡、沛郡「作爲一個計算單位」（頁93），蓋以梁國所削五縣，歸之於山陽及沛郡也。

㉔：見《水經注疏》點校本，卷二十四〈睢水注〉：「天下既定，五年，爲梁國」句下熊會貞引，頁二〇〇八。案〈睢水注〉：「睢水又東逕睢陽縣故城南，……秦始皇二十二年以爲碭郡。」是睢陽爲秦碭郡治所。然碭郡之名既由碭山（在碭縣）而來，似當日嘗治碭縣。或置郡之初，治碭縣，後徙睢陽歟？抑所謂錯簡，〈睢水注〉此語，本爲雉（獲）水注）之文，以「睢」、「雉」形近而致誤耶？

㉕：《漢書》卷一〈高帝紀〉作「六千人」，《史記》卷十六〈秦楚之際月表〉、《資治通鑑》卷八〈秦紀〉三俱作「六千人」。

㉖：參周文，頁299。

㉗：《史記》卷十八〈高祖功臣侯者年表〉載「從（高祖）起碭」者凡十三人（《漢書》卷十六〈高惠高后文功臣

表〉同），計：博陽嚴侯陳濞、潁陰懿侯灌嬰、蓼夷侯孔藂、費侯陳賀、隆慮克侯周竈、曲城圉侯蟲達（依〈漢表〉）、河陽嚴侯陳涓、芒侯耏跖（依〈漢表〉）、棘丘侯襄、東茅敬侯劉釗、臺定侯戴野、樂成節侯丁禮、甯嚴侯魏選（〈漢表〉作「魏遫」）。

㉘：《史記．高祖功臣侯者年表》（《漢書》卷十八〈外戚恩澤侯表〉略同），周呂侯呂澤「以呂后兄初起以客從，入漢爲侯。還定三秦，將兵先入碭」。漢二年夏四月，灌嬰「復以中謁者從降下碭」（《史記》卷九十五本傳）；漢王入彭城，旋爲項羽所擊，西奔。時「呂后兄周呂侯爲漢將兵，居下邑。漢王從之，稍收士卒，軍碭」（《史記．高祖本紀》）。是碭縣爲秦漢時之軍事重鎮也。

㉙：《史記》卷四十八〈陳涉世家〉載「陳勝葬碭」，又云：「高祖時爲陳涉置守冢三十家碭，至今血食。」

㉚：見錢大昕《廿二考史異》卷九「侯國考」。此條資料，採自周文，頁273。

㉛：參周振鶴，《西漢政區地理》，頁1；又葛劍雄，《西漢人口地理》，頁85、91。

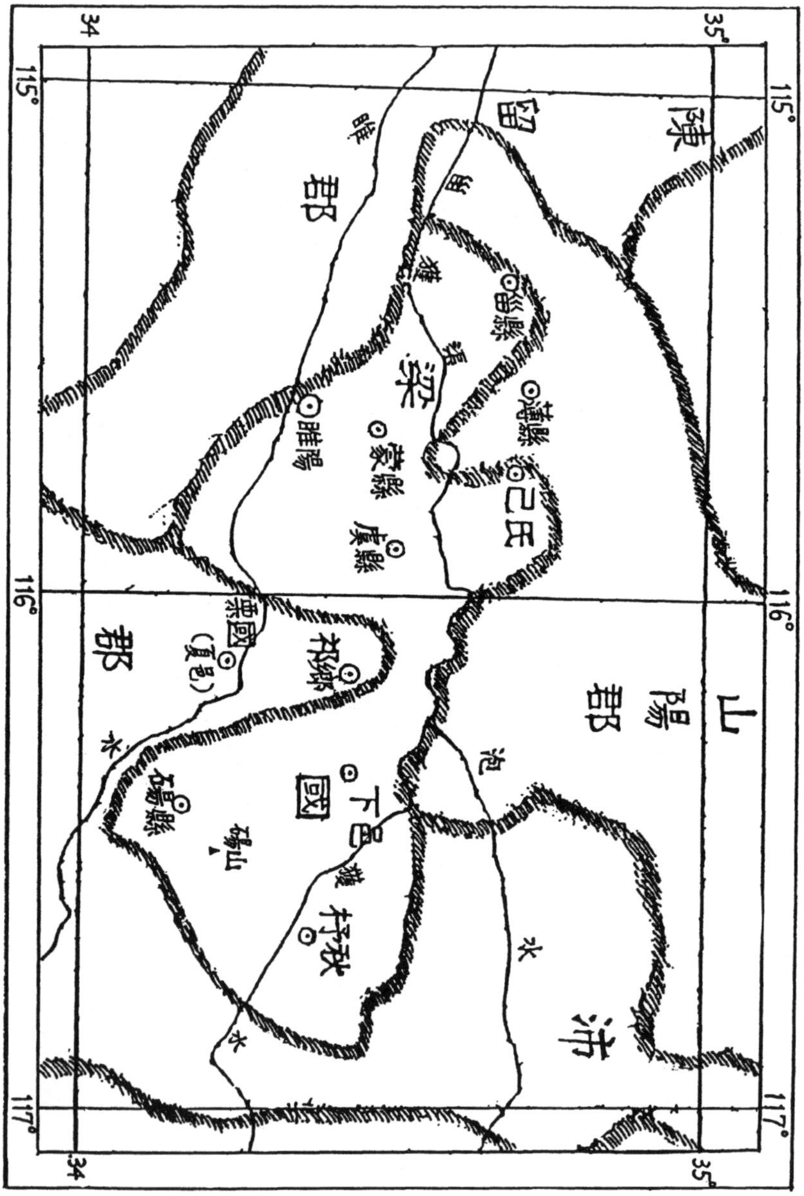
陳留郡
梁
睢陽
蒙縣
虞縣
甾縣
薄縣
己氏
栗國
（夏邑）
祁鄉
郡
山陽郡
下邑
國
碭縣
碭山
杼秋
沛
泡
水
獲
睢
34
35°
115°
116°
117°

王陽明哲學的體系性分析

陶國璋

一、先秦儒學的基本方向

儒家哲學由孔子開端緒，孟子繼而立體系，儒家於先秦階段，已確立大方向；後世儒學發展，乃一延續，內容大體不超越孔孟。孔子言「仁」，曰「人能弘道，非道弘人」（註一），乃扭轉中國神權之原始思想，挺立個體生命的主宰性，倡立人道精神。是故，孔子言君子小人之辨，已非政治階級觀念，實爲個體成德之完成之意；君子者，人能自覺地主宰其生命作道德生活，能完成其德行而致其極者。小人則爲平面之生命，完全是外物相依相待，在順應而持續的作用中，下陷爲庸俗生命。君子小人乃一德性價值之對辨，而德性價值爲個體自覺作道德實踐所成就，此即肯定個體之自律性與個體道德生命之內在性。象山云「夫子以仁發明斯道，其言渾無罅縫」（語錄），即贊頌孔子確立道德主體，合分解之表達，直下從道德生活中，體現主體之內在性。

孔子哲學，既蘊含了道德主體之自律性與內在性，至孟子，則進而於客觀義理弘啟此人道精神之道德哲學，是爲心性論。孟子倡言善爲人之本性，人皆有爲善去惡之本然能力，故曰：「乃若其情，則可以爲善，若夫爲不善，非才之罪也。」（註二）「情」與「才」皆訓爲實，原意是人本其實有之能力，皆可以實踐善。孟子於告子篇中，論辨人之所以爲人之本性、眞性，乃在乎人可以作道德判斷；而食色無異於禽獸，不可謂之人之特性。人之所以爲人者，他能自覺地、不假於外在之規範，直下判斷其所當爲不當爲。是故孟子確立了人之所以異於禽獸者，乃在爲善去惡之能力上分判；此爲善去惡之能力，乃先驗地植根於吾人之道德生命中，是爲人性。

孟子謂善性之表現在四端之心，性即心也。善性之人性是吾人之本性，此本性非一靜態光板般的體，它必要求實踐，要求對天下事關注、判別，指導吾人之當爲與不當爲，是則本性必然是動態，要求實現於經驗世界，是爲心。中國哲學首重心學，心者虛靈而妙運萬事，能應物而不累於物。孟子言心，即强調心能主動地作種種的道德判斷。見孺子入井，即能怵惕惻隱，見父自然知孝；見兄自然知悌；見朋友自然知信。（註三）心體就不同之境況，俱能自發感通其對象，促導吾人所當爲。就其大處排列，得四端之心，以對應仁義禮智，實則本心無限，四端不足以形容其全部內容，通達儒者，皆無疑異。

孟子承孔子仁說，開展心性論，肯定「仁義內在」，則儒家遂得完整而定型。後世儒家，就其歷史機緣之發展，有漢儒型態、有唐儒型態、有宋明儒型態及清儒型態，乃至現代之新儒家型態。型態與表達形式各異，惟不防礙儒家重視人本，人道之精神，是爲中國文化之主流思想。

先秦儒學，言簡意深；孔子孟子直下就道德實踐，肯斷道德主體之自律性與內在性，大都就生活處指點，少作概念分解，故無深切之生活實踐，不易體悟其主體性內涵，所謂「道高明而中庸」，「仁者見之謂之仁，智者見之謂之智，百姓日用而不自知。」（註四）後世儒者，鮮有達至仁者境界，遂失心性論之主旨，歧出誤解。雖非「日用不自知」，亦多以後天經驗，看待內聖之學；或從性惡說之，或從自然之資說之，或從認知進路說之，使儒學之本質混雜，異化爲官學之儒家，或假道學之儒家，實可悲也。近世魯迅、胡適等學者反對儒家，斥之延誤中國民族現代化等言論，一方面是不了解儒家宗旨，另一方面是異化了之儒學，給人種種煙幕，導致近代之反儒運動。是故，現代之新儒家，重視架構之思辨，透過中西哲學之比較、激盪，將儒家之內涵，依客觀義理之方式開展，讓儒學之本質重新顯露。

本文希望承接唐君毅、牟宗三先生的表達方法，以西方的架構思辨方式，探討王陽明哲學中的主要觀念，盡可能分解證立每一觀念之邏輯關係，讓王陽明哲學更符合西方客觀義理探討之要求，開展陽明學的體系性。

二、王陽明的生命型態

陽明早年是狂狷躍動型態的生命，他生命似乎有一股不可抑遏的力量，不斷鼓動着他。少年即有經略四方之志，仰慕英雄豪傑行徑；稍長，又熱烈追求仙道，廢寢忘餐。直至得遇婁諒，婁氏為他講述儒學義理，並勉勵他：「聖賢必可學而至」，陽明遂企慕聖賢之學，開始學聖之途。（註五）

明代初年，朱子學大盛，陽明遂依朱子格物之說，做窮理工夫。朱子認為物物一太極，一草一木莫不有理。成聖之途，必須認識各物之理，故曰格物窮理然後成聖。陽明遂與友人取竹子來格。友人格了三天，便病倒。他繼續格下去，始終未能窮究竹子之理，至第七天亦病倒了。於是，陽明慨嘆聖賢不可學而至；及後，再求佛老仙道之術，做修練工夫，行導引術。

狂狷躍動的生命，始終不甘於內斂而歸於寂靜，其內在的生命力要求創造，要入世做一番事業，乃重入仕途。三十五歲，武宗即位，宦官柄政，南京科道戴銑等上諫忤旨，逮下詔獄。陽明激於義憤，抗疏上救，結果觸怒太監劉瑾，亦下詔獄，廷杖四十，死而復甦。不久，並被謫貴州龍場去做驛丞。赴謫途中，劉瑾派人跟蹤加害，陽明幾遭不測，輾轉流徙，萬里跋涉，終於到了龍場。

龍場地處萬山叢棘之中，蠱毒瘴癘，蛇虺侵入，而苗夷土人，言語風俗迥異，加上劉瑾隨時有暗害之可能，正是窮途末路，朝不夕保。陽明於是日夜端居默坐，以求靜一，久之胸中灑灑，而從者皆病。陽明特意造了一個石棺，自誓道：「吾惟俟命而已。」陽明此時之「俟命」，是表示將現實的一切，全部剝落放棄，即是孟子所謂「空乏其身」；形軀生命一旦放下，一體之仁心眞體即予朗現，故「胸中灑灑」，頓悟良知。曰：「聖人之道，吾性自足。向之求理於事物者，誤也。」（註六）陽明在此大剝落之後，開悟體證良知本體，極富戲劇性，終於開致良知教，扭轉明代朱子學傳統。

三、王學的原初洞見

就宋明儒學發展的脈絡言，陽明與象山同屬孟子學傳統。依牟先生之三系說，（註七）宋明二代之儒學，可分列三組主流思想。周敦頤、張橫渠、程明道、胡五峯乃至宋末劉蕺山，是爲嫡系。所謂嫡系者，其義理形態切合宋明二代之歷史條件與氣氛，富形上玄思、曲折性，有別於先秦儒學之理路，是宋明新儒學之所以爲新的印記，故曰嫡系。另一系伊川，朱子爲代表，其論說以大學爲本，別立格物窮理，以居敬工夫爲主，世稱「道問學」。牟先生以此系於成聖理論部份，有所歧出，故稱之爲「別子爲宗」。

至於象山陽明，倡言「心即理」，爲孟子「本心即性」傳統之再發揚，故稱之爲孟子學。象山直宗孟子義理，不加己意，乃重視孟子學厚潤之本質。陽明則依孟子義理，加以拓展，開創致良知敬體系。其中「正心誠意」、「格物致知」、「知行合一」等觀念，皆陽明依「心即理」之義蘊，所開創的新觀念念，其體系首尾一貫，極富邏輯性，是儒學得以發展完熟彰顯之柱石。

陽明哲學，論者多分之爲「前三變」、「後三變」。此區分可理解陽明哲學的思路進程。「前三變」，「後三變」之區分屬時序性，不一定能把握陽明哲學的體系性。所謂體系性是該哲學系統由原初之洞貝，發展其運作觀念，如何成就爲首尾一貫之結構。例如西哲康德建構其純粹理性批判，就是基於兩個原初洞見之上，一爲「現象與物自身」之超越區分；一爲「人之有限性」。依其原初洞見，乃發發展感性、直覺、範疇等運作觀念，而成批判哲學的體系性結構。

如是，陽明哲學之體系性，亦須發見其原初之洞見，進而剖解原初洞見與體系內運作觀念之邏輯推衍關係，乃可根源瞭解陽明哲學的結構。此種解釋是「基源問題研究法」，不同於時序式的「發生研究法」。（註八）

陽明哲學之原初洞見爲「心即理」。而「心即理」實爲孟子發明。孟子言本心，本心之呈現爲仁義理智，故曰四端之心。心是體，仁義禮智乃心所體現者，宋明儒學乃謂之「天理」。於是孟子言人皆有四端之心：「理義之悅我心者，猶芻豢之悅我口也」，輾轉發展爲象山「心即理」之說。惟象山並未將「心即理」之意，依概念分解的方式開展，致與朱子論爭不休，成鵝湖之會。

陽明早年承朱子學，走格物窮理一路，不獲入聖之旨。龍場悟道，大悟良知爲「徹通人我物我之界限，而爲人生宇宙之大本」（註九）的本心，實已暗契孟子「本心即性」之意。龍場之頓悟，乃個體生命衝破現實得失榮辱之籐葛，直截體驗內在生命之神聖性。此體驗是感性的，是美學的，正好與陽明自身的性格呼應，是如此戲劇性，熱情躍動。是故，陽明悟道後，仍然有所謂「後三變」，變即是龍場所悟，有所鬆動，有待學力反思深化。

吾人以爲陽明悟道，只是義理方向之扭轉，由朱子之他律道德，一下子逆轉於自律道德。當如黃河十八灣中，一下衝出大海，豁然暢通，眼前自然一亮。由是，陽明中年以後，經反覆辯證推敲致良知之意，義理精純完熟，其體系始達完整而確定。是故，龍場頓悟，是初步開啟「心即理」之義蘊，及後經過回頭批判朱子學，順「朱子之講大學而覺其有剌謬」，才具體開示「心即理」之內容架構。

大學中有致知、格物、正心、誠意四聯。陽明則就此心、意、知、物四者之關聯上，扭轉朱子他律道德式之解說，而曰致良知而正心誠意以正物，乃憑藉此大學新說開展其致良知教體系。此大學新說不一定合乎大學本義，因爲大學的方向性不若論語、孟子等文獻，有明確之道德自律意義；陽明借大學內容發揮儒家義理，有點方便說法意味；一方面是扭轉朱子以認知進路言道德之弊，另一方面，將大學收入儒家道德主體義蘊之中，是一新發展，有大貢獻。

心、意、知、物四者構成致良知教之體系骨架，爲致良知教內部之主要運作觀念，陽明哲學遂達首尾一貫，體系井然。至於此架構之得以竪立，則在「心即理」之作爲原初之洞貝，續步開展而成就者。

四、「心即理」與「仁義內在」的理論淵源

中國哲學之論題中，心論是首出問題。心論有二主要傳統，一爲儒家心義，一爲佛道家心義。佛道論心，首重

心之虛靈性，淸淨無爲，吾人稱之爲鏡心傳統。因爲佛道論心，以心爲寂靜無爲，平靜如鏡，鏡能照物，不增不減，無有偏滯，此喻生命虛一而靜，應物而不累於物。是故佛道所論之如來藏自性淸淨心或道心，偏就心之虛靈性而言之。至於儒家，每以心之涵蓋性及主宰性爲首出本質。所謂涵蓋性，意心體無限，涵蓋一切價値德性，爲一切價値之最後根源。至於主宰性，意謂心體乃生命內在的動力，近乎西方所謂自由意志，其功能是內在地或自律地，指導吾人當爲與不當爲之行爲方向。此主宰性就是道德主體自我立法，規範吾人作道德實踐義務之動力因由心之涵蓋性與主宰性之特質，乃推衍出心以感通爲性，潤物爲用，他必然要求感通一切、遍潤一切，使天地萬物皆在其關切、領受之中，所謂心外無物。此中義理，屬道德形上學領域，暫不贅言。

「心即理」乃儒家心學傳統之發揚。象山、陽明所言之心，就是孔子所謂之仁，孟子所謂之四端之心。孔子言「爲仁由己」，「我欲仁斯仁至矣」。是首先點明仁（心）是內在於吾人生命，而爲吾人生命之主體，亦即前面所說心之主宰性義；孟子更明確說明人皆有四端之心，四端之心乃吾人之「大體」。而本心發用，，呈現爲仁義禮智之理，直言「心即理」之義。

陽明所言之良知，就是孟子之心。因爲良知一詞，源出孟子盡心篇：「人之所不學而能者，其良能也，所不慮而知者，其良知也。孩提之童，無不知愛其親也。及其長也，無不知敬其兄也，親親仁也，敬長義也。無他，達之天下也。」

陽明就此良知，良能之文獻，倡言人皆有一良知。而良知就是四端之心。不過孟子言四端之心，是平列而應機於不同之價値判斷而言，如見孺子入井，本心呈現爲惻隱同情，不忍見生命之不幸破滅；及見長者、父母，自然呈現爲恭敬之心；見世間不公義事件，乃呈現爲是非之心，及自覺自我行爲有錯失，即呈現爲羞惡之心。四端之心乃同一本心之不同表現，隨着不同之機緣而發動爲不同之表象。陽明言良知，則是直貫型態的。因爲他將四端之心中之是非之心凸出，統合其餘三端。傳習錄下云：

「良知只是個是非之心。是非只是個好惡，只好惡就盡了是非，只是非就盡了萬事萬變。是非兩字是個大規矩。巧處則存乎其人。」

「是非」是良知好善惡惡本性的方向，良知是統合了四端之心，而凸顯爲是非之心，以之爲良知最本質的特性。「是非」就是道德判斷中的對與錯。良知作爲吾人之道德本體，是一超越的價值本體，它能是則是之，非則非之，成爲道德判斷之超越基礎。爲何它能是則是之，非則非之呢？此則關乎自律道德與他律道德之論爭，須後文解釋。

陽明自承良知出自孟子，而良知就是心之本體，則「心即理」之根源意義，亦來自孟子哲學。吾人分析孟子篇章，即可發見二者的理論淵源。

孟子七篇，以告子篇最具條理，爲孟子之中心思想。孟子於告子篇中，主要論辨人性問題，是先秦文獻中，論述人性問題之始。

告子以常識之頭腦，從後天，經驗的層次看待人性，乃有「性猶杞柳也，義猶杯棬也」之說，將人性看成材質。又有「性無善無不善」之說，以人性爲中性。又有「有善有不善」，以命定之方式說人性。凡此種種人性說，都是從後天看人性，人性遂無異於禽獸，頂多從類不同之角度，說人性之特徵有異於禽獸，而不能表達人性，或人之所以爲人的價值性尊嚴性所在。是故孟子反問曰：人之所以異於禽獸者何在？難道人性就等同於犬之性、牛之性？孟子論辨人性曰：性猶湍水，必有就下之性，論述之過程或有邏輯謬誤，惟其主旨甚爲明確，即主張人性是先驗，人性有定然之好善惡惡（水之就之）之道德方向。於是進而論及「仁義內在」。

「仁義內在」是告子篇中的核心論題。因爲告子從後天看待人性，必然引申爲仁義外在或仁內義外之說，若此，道德價值必被轉化爲他律的，成爲偶然的，或相對性的。孟子若要證立人性是先驗地善，人皆能爲善，則須徹底否定此種後天論的道德學，建立道德的超越性。

告子辨仁內義外（其實是仁義外在）時，謂：

「……彼長而我長之，非有長於我也；猶彼白而我白之，從其白於外也，故謂之外。」

告子混淆了「長」與「白」之層次。「長」是價值性謂詞，而「白」是知識性謂詞。價值判斷屬應然領域，而知識判斷則屬實然領域，二者的性質不同，不待贅言。又假若告子以長（老）與白同爲外在之知識對象，則引申新的困難。因爲長之作爲知識現象看，不外是老態龍鍾，行動緩慢等中性的描述，我們如何能夠從這些老的現象衍生出一內在的誠敬呢？所以一客觀化了的，知識化了的老者，實不能觸動吾人發生敬長之心。故孟子順此思路曰：

「異於白馬之白也，無以異於白人之白也；不識長馬之長也，無以異於長人之長與？且謂長者義乎？長之者義乎？」

孟子實已掌握知識判斷與道德判斷之差異，白馬與白人是爲知識判斷，而老馬與長者就不同於知識判斷。老馬尚且可就其老視之，而生憐恤之意（已經是價值判斷），而無尊敬意；而對於長者之以長者視之，卻有尊敬意。此中不能等同於知識判斷。故結論引出：「長者義乎，長之者義乎」之反問語。用現代用語說：你說此應當敬長之要求究竟是見之於「長者」呢？抑或是見之於「長之者」呢？

顯然，敬長之心發自內心，乃道德主體自發的要求，而非從外在的客體處，發見應當敬長的道理。此即證成仁義皆內在。仁義是吾人本性之流露，為吾人理性生命實踐時之方向，落在具體之道德實踐上，即為四端之心。端者端倪也，喻人性發用之始端。人皆有是心，心既非光板般之鏡心，必然要求呈現，關切遍潤事間之是是非非，是為「溥博淵泉而時出之」。心體依不同之機緣，自發地發動為不同之表象，指導吾人實踐。心與其表象之關係（心之於四端），是內在的相即；心體是體，四端是用。所謂「寂然不動，感而遂通」，即存有即活動，便是仁義內在於心之理路。

陽明所謂之「心即理」，就是孟子之「仁義內在」。孟子從活動（價值判斷）中反溯心體，是倒逆式；陽明從存有說活動，是縱貫式。不過陽明於答顧東橋書中，論辨「心即理」時，亦應用到孟子的倒逆方法，從價值判斷之活動中，反證一內在的本心之存在。書中有云：

「朱子所謂格物云者，在即物而窮其理也。即物窮理是就事事物物上求其所謂定理者也。是以吾心而求理於事事物物之中，析心與理為二矣。夫求理於事事物物者，如求孝之理於其親之謂也；求孝之理於其親，則孝之理其果在於吾之心邪？抑果在於親之身邪？假而果在於親之身，則親沒之後，吾心遂無孝之理歟？見孺子之入井，必有惻隱之理。是惻隱之理在於孺子之身歟？抑在於吾心之良知歟？其或不可以從之於井歟？其或可以手而援之歟？是皆所謂理也。是果在於孺子之身歟？抑果出於吾心之良知歟？以是例之，萬事萬物之理莫不皆然，是可以知析心與理爲二之非矣。……若鄙人所謂『致良知、格物』者，致吾心之良知於事事物物也。吾心之良知，即所謂『天理』也。致吾心之『良知之天理』於事事物物，則事事物物皆得其理，格物也。是合心與理而爲一者也。」（傳習錄中）答顧來橋書之主旨在申明「心即理」，以扭轉朱子以心理二元論之傳統。其中論及孝之理、惻隱之理問題，正好與告子篇中論「長者義乎，長之者義乎」同調，都是用倒溯方式，分析孝與惻隱之判斷（理），不可能在客體對象處發見，否則有所剌謬；換言之，理不在外，自然內在。論述有點似西方的歸謬法。

最後，既不能肯定理在外，則孝之理，惻隱之理，乃至一切之價值性判斷，皆根源自吾心之良知。而換一角度說，吾心之良知本具衆理；致良知，就是將本有之理或價值方向，推致到經驗界之事事物物之上，讓中性的事事物遍潤於價值德性之中，此即心外無物之本義。「心外無物」不是知識論意義，否則就變成「唯我論」的主觀主義；「心外合物」是價值論意義，吾心之良知以一切萬有爲對象，則吾心之良知之價值性就得遍及一切萬有，而使它們德性化，價值化。

是故，陽明從孟子言「仁義內在」，確立了「心即理」。吾人以「心即理」爲陽明哲學體系之原初洞見，是因爲「心即理」是個大規矩，其他觀念如「知行合一」、「格物致知」、「正心誠意」、「良知之天理」等，都從此命題引衍，爲陽明體系的基本前題。雖然，存在哲學始終不能等值於形式邏輯，可以從基本定義，以一嚴格的方式，續步演繹出公設、定理。不過存在哲學亦有嚴格性、精確性可言，是則吾人依「心即理」之作爲基本前題，亦可建構出原初洞見與體系內部各主要運作觀念的理路關係。

五、良知之「無相之體」與「感應起用」

孟子倡言「良知」、「良能」，是順從性善說而引申。「知」、「能」重在說明人皆有爲善去惡之本然能力，不假外求。而陽明言良知，則爲體系性的，用以貫穿其體系各主要觀念。所以，陽明每言「良知」二字爲其正法眼藏，晚年更放棄「惟精惟一，允執厥中」等工功綱領，只言「致良知」。

「吾良知二字，自龍場以後，便已不出此意。只是點此二字不出。與學者言，費卻多少辭說。今幸點出此意，眞是直截。學者聞之，亦省卻多少求索。一語之下，洞見全體。學問頭腦至此已是說得十分下落。但恐學者不肯實去用力耳。」（陽明全書卷二）

又云：

「區區所謂致知之學，乃是孔門正眼法藏，於此得見眞的。眞是建緒天地而不悖，質諸鬼神而無疑……，知此者方謂之知道，得此者方謂之有德，異此而學謂之異端，離此而說即謂之邪說，逆此而行即謂之異行。……」（同上卷五）

孟子言四端之心；陽明則以四端之心中之是非之心，收攝餘端，稱爲良知。因此，良知與四端之心內涵上是等值的，外延則有點不同。良知以知是知非爲性，乃凸顯了良知的外向性。良知感通，遍潤天下事物，使天下事物皆德化，有一種主動意義。故陽明每言良知，皆曰「致良知」。致是向前推擴之意，是讓良知之內涵或價值方向，昭然地推擴到事事物物之上。

儒家論「心」，都是從「即存有即活動」的方式說之。因爲儒家所肯言之心體，必然爲一活潑跳動的自覺心。中庸云：「溥博淵泉而時之」，正好描述出心體的動態，心體總是不容已地，要求發放其內涵，所謂「性份之不容已」。陽明自然把握良知之動態，故亦云：

「心無體，以感應天地萬物之是非爲體。」（傳習錄下）

「感應天地萬物之是非」就是良知的體。感應是活動，是價值判斷；良知之實存性（體性），不只是一個光板的鏡心，而是在價值判斷之活動中，呼之而出，此爲即存有即活動之意。良知不是一寡頭的實體觀念，一說良知，即就良知之感應而說。惟就分解方便，吾人仍可以將良知暫時區分爲體用二層次。所謂「體」，是良知內部之靜態分析；而「用」則就良知外指應用，作具體的道德判斷。以下就體用關係分析之。

陽明傳習錄中，言及良知之本體：

「良知者，心之本體，即前所謂恆照者也。心之本體，無起無不起。雖妄念之發，而良知未嘗不在，但人不知存，則有時而或放耳；雖昏塞之極，而良知未嘗不明，但人不知察，則有時而或蔽耳……。」（傳習錄中答陸原靜書）。

「無起無不起」是講良知的虛靈性，氣氛似佛道言心方式。因爲此段重言良知本體之內部情況，不從感應起用處說，故顯無相境界，與佛道相類。

言及良知內部狀況，仍有下列文獻：

「虛靈不昧，衆理具而萬事出。」（傳習錄上）

「定者，心之本體，天理也。」（傳習錄上）

「性無不善，故知無不良。良知即是未發之中，即是廓然大公，寂然不動之本體，人人之所同具者也。……」（傳習錄中答陸原靜書）

以上文獻，皆良知內部情況之形容。中庸謂「寂然不動，感而遂通」。內部情狀就是「寂然不動」一面。凡說寂然，即爲無相。相則有起，有分別；而無相之相，不可言說，不可思議，此爲中國哲學之共慧。此中可有辯證玄思發揮，佛道最爲善長。而儒家憂患「德之不修，學之不講」，任重道遠，在强烈的道德感下，則盡可能放輕形上玄思，而重視當下之道德生活實踐，故「夫子性與天道不可得而聞歟」，即爲憂患意識之崇高表現。

後人於宋明儒學文獻中，每見心性之形上描述，即謂之宇宙論、形上學。或謂宋明儒者背離了先秦儒家。實是從義理外部瞭解宋明儒學，並未從中國哲學內部，瞭解「離言說相」，「默而識之」之共慧。佛道固然有此「不可言說境」，不用多言。儒家自古亦論及「寂然不動」之無相境界。試引言之：

詩經大雅文王之什：「上天之載，無聲無臭，儀刑文王，萬邦作孚。」

「無聲無臭」就喻天道之內容爲非認知性，亦即不可言說。而天道以文王之德行爲表現，乃德性宇宙論的特有表達。

又論語記孔子曰：「吾欲無言」；「空空如也扣其兩端而竭焉。」；「天何言哉」等語，亦接近「默而識之」之玄慧。

至於中庸易傳，更多「無相」之暗示：

「君子戒愼乎其所不睹，恐懼乎其所不聞。莫見乎隱，莫顯乎微，故君子愼其獨也。」

「君子之道，費而隱。夫婦之愚，可以與知焉；及其至也，雖聖人亦有所不知焉。」

「是故著之德圓而神，卦之德方以知，六爻之義易以貢。聖人以此洗心，退藏於密。吉凶與民同患。神以知來，知以藏往，其熟能與於此哉。」

陽明常引述中庸、易傳，以說良知本體之奧密。其詩亦云：「無聲無臭獨知時，此是乾坤萬有基。」故此儒家一如佛道，亦有無相之境。不過儒者內聖之學，必然涵蘊着外王之道，是故無相境界其主流思想，文獻數量較佛道少。

「寂然不動」說良知，是本體論的，是玄思性的。此「寂然不動」必涵着「感而遂通」。感而遂通乃良知感應之用，富動態。不過此動態不同動相，乃動而無動相。因爲良知是超越的本體，其用康德的語彙說，良知屬睿智界（Intelligible world），其感應活動是「純粹的行動」(pure action)，其判斷亦是純粹的表象（pure representation）。良知本體是「寂然不動」，喻其無相可執；良知不容已地要求表現其方向、內涵，或謂之理者，則是良知之純粹活動。有關良知之感應起用，可參考以下傳習錄之內容。

「良知只是一個天理自然明覺發見處，只是一個眞誠惻怛，便是他本體。故致此良知之眞誠惻怛以從兄便是弟，致此良知之眞誠惻怛以事君便是忠。只是一個良知，一個眞誠惻怛。」（傳習錄中答聶文蔚書）

「天理之自然明覺」可釋爲「天理之自然地而非造作地，昭昭明明而即在本心靈覺中之具體而非抽象地呈現。」

良知本身既非鏡心，而是以眞誠惻怛爲內容，其內容自發地要表現出來，所謂「性份之不容已」。

「知是理之靈處，就其主宰處說，便謂之曰心，就其稟賦處說，便謂之性。孩提之童，無不知愛其親，無不知敬其兄，只是這個靈能不爲私欲遮隔，充拓得盡，便完完是他本體，便與天地合德。自聖人以下，不能無蔽，故須「格物以致其知。」（傳習錄上）

「所謂汝心，卻是那能視、聽、言、動的這箇便是性，便是天理。有這個性，才能生這性之生理，便謂之仁。這性之生理發在目，便會視；發在耳，便會聽；發在口，便會言；發在四肢，便會動。都只是那天理發生，以其主宰一身，便謂之心。這心之本體，原只是箇天理，原無非體。這箇便是汝之眞己，這箇眞己是軀殼的主宰。」（傳習錄上）

良知寂然不動，感而遂通，兼此二面，方是良知本來面目。良知以眞誠惻怛爲內容，致此良知之眞誠惻怛於事事物物，即是將其道德內容，落實於對象界，而使對象界德性化、價值化。良知自身只是一個虛靈明覺、無起無不起，就不同的機緣而表現爲各種方向，如事親便表現爲孝；在從兄便表現爲弟，在事君便表現爲忠。孝、弟、忠等俱是良知就不同機緣，所表現之方向，吾人稱此等方向曰「理」。又就其爲先驗地，自律由良知從容智界頒發下貫的，則稱之爲「天理」。

「良知之天理」乃「心即理」義理規模，進一步的闡述。良知之於天理，乃表示這些天理不是外在的，而是良知本身所自然明覺所發見。此明覺不是認知地外指於客觀對象，而是內斂地，昭昭明明之不昧，即隱然給吾人決定方向，決定一應當如何之原則（天理）。當其決定之，即是覺識之。但它覺識的，不是外在的理，乃即是它自身所決定者，不，乃即是它自身底決定活動之自己，此決定活動之自己即呈現一個理底決定活動之自己即呈現一個理，故它覺此理即是呈現此理，它是存有論地呈現之，而不是橫列地認知之，而就此決定活動本身說，它是活動，它同時亦是存有，此之謂即活動即存有。

「即存有即活動」，是從良知本體說到良知之感應起用。而「即活動即存有」則是從良知之感應朕兆中，反溯其超越本體。前者是「即體顯用」，後者是「即用見體」。二者角度不同，表達乃異；實則良知之體就是用，其用就是體，體用不二。故此「心即理」，心就是理，理就是心。依分解言，心是實體性，理是方向性，心與理好像是二。不過，陽明不斷表明：「心無體，以感應天地萬物之是非爲體」，則心體之實體性，不能寡頭地孤離之，視之爲一靜態之實體。良知不是沒有實在性，只不過它的實在性，是「即活動即存有的」，是動態的。

六、「知行合一」是「心即理」與「致良知」的聯接中介

「心即理」是陽明哲學的原初洞見，亦是其道德哲學的原則。而道德全在於有人與人之關係存在，故有實踐問題。原則決定了實踐的方式，故有實踐之理論問題，以證立原則與實踐的一致性。

陽明提出「致良知」爲工夫總綱領。如何致良知，則可細緻區分爲內指與外指二面（註十）。內指是正心誠意」，外指是「格物致知」。合此二面工夫，即爲致良知。而致良知是向前推擴良知之天理於事事物物上之意。此「向前推擴」是表示，吾心之良知有一不容已的力量，自覺地主宰它自己，隱然給吾人決定一方向。所以「致」之工夫，不是從外界找尋動力，而是自我激發內在的本心，讓其本然的方向流露出來。由於儒家肯定人皆有本心，本

心即具象理，不假外求；則工夫實踐至為簡易；孔子曰「為仁由己」，孟子曰「求其放心」「反身而誠」，皆明言工夫的關鍵在「逆」，反求本心，使其本然的方向流露出來，即能成聖成賢。後世儒者，每每從具體生活中，體驗道德生活之艱難，遂倡漸教工夫，否定簡易之說。實則，「簡易」一詞有歧義，致後世多所曲解。孔孟言「為仁由己」，「反身而誠」等語，乃直下肯定道德之基礎，為內在於吾人之仁心、本性。此「內在」是原則上，肯定人皆有四端之心，人皆可為堯舜之意。所以吾人不假外求，不待客觀條件的和合，皆可自覺地實踐其心性，擴充其本然心性之端倪以達其極，成聖成賢。

至於具體的道德生活之實踐，必須涉及經驗的知識。經驗的知識千變萬化，莫有窮盡；吾人實不能絕對地決定實踐的效驗。於此則不能言簡易，須有精審籌措。

所以，「簡易」必須扣緊道德的原則上言。就道德的原則上說，吾人之實踐道德，乃自致其本有之良知，推致到事事物物之上，所謂「如理而行」。理既源自本心，心即理也；則吾人當下即可從道德之判斷中，肯定本心貫穿其中，不假外求，至為簡易。但，落到具體的判斷中，吾人實不能保證所作之道德判斷，必然是「如理而行」，而無絲毫私欲、利害滲透其中。故道德實踐總有兩面，一為原則上，肯定「當下即是」；一為實踐歷程上的無限性。「當下即是」是道德的簡易性；而實踐歷程則是道德的艱苦性。

陽明哲學偏重說明道德的基礎性，此乃承象山「先立其大」之理路。「大」即大體，指本心。故二人同為孟子學，主張心即理。從原則層上討論道德實踐，自然肯定簡易之教。故陽明倡言「知行合一」，作用是聯接心即理與致良知二層。

陽明學論者每以「知行合一」，爲陽明的核心思想。實則，陽明哲學的原初洞見爲「心即理」，只有從「心即理」之義蘊中，始能開展其致良知說，證立自律道德的客觀妥效性。「心即理」是整個體系的基礎，而「致良知」是工夫實踐之綱領，此二者構成陽明哲學的體與用，是最核心的兩組觀念。

由體的一面開展，「心即理」可推衍出「良知之天理」、「本心之良知」等觀念。它們都是原則上肯言本心內具衆理或仁義內在之意，是則自律道德的基礎得以證成。至於用的一面，致良知之作爲工夫綱領，內斂的修養爲「正心誠意」，向外推擴則爲「格物致知」。如此體用均衡，合成一體。「知行合一」則將「心即理」與「致良知」橋聯上。知行合一是介乎原則層與實踐層的觀念，故是一中介觀念。如此，陽明所謂之「知」與「行」，俱非取常識義。

常識中，知是認知；行就是行動、實踐。知與行分明有時序上的先後或邏輯上的先後，如何合一？故尚書云：「知之匪艱，行之爲艱」。其中的「知行」，是採生活實踐義；其意是知道如何是對錯並不困難，能夠主宰自己去實行，才是最艱難的。這是合乎日常生活之實踐的，我們平時都知道某事應當如此實行，但不一定能如其所知道而實行。乃有知而不行。故知與行爲二。

又孫中山先生提倡「先行後知」，其「行」與「知」亦採常識義。即革命的首要方向是行動，積極參予；而非空言理想，瞭解革命的義意義。此爲當時爲喚起同胞抗清的口號，其中並無多大哲學問題。

不過，尙書與孫氏所言之「知行」，易爲一般人所理解，遂往往被引用之以理解陽明之知行合一，乃有種種誤解。

陽明所言之知，是良知之知，行是良知之發動處。良知之知，是知是知非之知，亦即超越層的價值判斷，而非認知判斷。陽明謂「良知即是一個是非之心」，以知是知非爲其本質，則其昭靈明覺不容已地，要求決定吾人當行之方向，是故其知某事當爲，即主宰吾人於具體行爲中實現之，故知與行是一。

因此，陽明所謂之「知」，當訓爲「主宰」義，即知州、知府之知。知州、知府者，主一州一府之事務。此中之「知」，即有「負責」、「主使」等意含，此應接近陽明之意。良知是一主宰，是一能動者，其知必然涵着行，只是一體之兩面。故陽明於答顧東橋書，論知行曰：

「知之眞切篤實處即是行，行之明覺精察處即是知。知行工夫本不可離，只爲後世學者分作兩截用功。失卻知行本體。故有合一並進之說。眞知即所以行，不行不足謂之知。」

陽明申明知與行是同一道德行動的兩端，是一體的兩面。因此「知行功夫本不可離」之「本」，是從原則上，肯定了知與行爲同一本源。良知本然能知是知非，並且要求將此知是知非之道德方向，推致到行爲之上。

吾人前面曾討論心即理問題。「心即理」即是肯定了良知內具衆理，不假外求。並且，良知非光板般的鏡心，更是活潑不已的眞幾，要求表現其內涵於經驗世界。當吾人作道德活動時，吾心之良知即隱然地提供吾人一價值方向。此提供即是決定一當然的理，此決定之活動一方面呈現爲理，另一方面推致此理於行爲之上。此乃良知即存有即活動的基本性相，亦是儒家體認心體的基本立場。

依分解言，此決定之活動而呈現爲理，就是良知的覺識，就是明覺之知；而推致此理而向外，就是良知之起用，就是行。依「寂然不動，感而遂通」的辯證理路，乃見此覺識即是行動，此行動即是覺識，莫有分別。

至於具體的實踐境況，知行明顯可以分立，陽明如何回應？傳習錄上卷中，徐愛即從具體的生活實踐之層次，求問知行分立問題。

「愛曰：『如今人儘有知得父當孝兄當弟者，卻不能孝，便是知與行分明是兩件。』

先生曰：『此已被私欲隔斷，不是知行的本體了。未有知而不行者。知而不行，只是未知。聖賢教人知行，正是安復那本體。不是着你只恁的便罷。故大學指個眞知行與人看。說如好好色，如惡惡臭。見好色屬知，好好色屬行。只聞那惡臭時，已自惡了，不是聞了之後，別立個心去惡。……知行如何分得開。此便是知行的本體，不曾有私意隔斷的……。』」（傳習錄上）

徐愛所言之「知」與「行」，是採常識義，乃有先知後行之時序過程。陽明並未明言良知之知不同一般常識義之知，口說私欲隔斷了良知本體，乃有所不知（知是知非之方向）。私欲固然是妨礙良知「如理而行」的因素，不過此處宜先釐清良知之知與一般認知之知之層次差異，而私欲則納入生活實踐部份討論，則較爲明朗。又陽明用「好好色」、「惡惡臭」之事例，旁證知行合一，亦不甚恰當。因爲好好色、惡惡臭乃感官層次，不易說普遍性，或引起他人辯論先有知色、知臭之知，後有好惡之感覺，知行又變成兩事。

「知行」必須從原則的層次上討論。知是良知本然能作價值判斷之能力；行是良知作具體價值判斷時之發動處。良知自處時是寂然不動，無有眹兆，一旦隨機緣而起用，則感而遂通，發動良知之明覺（知），下貫至事事物物上，使事事物物德性化，價值化。此過程是一整然的，不可分割的活動。知在其中，行亦在其中，故曰知行合一。

假若一道德主體純然至善，已達「所存者神，所過者化」的境界，則其道德實踐必然是知行合一的。因爲聖人的生命已經修養至純然至善，比配天德；他自覺是應該的，就自然而然去實踐，無有掙扎相、無有動搖。孔子自況「七十從心所欲不逾矩」，孟子曰「理義悅心」即此種修養心境，此亦康德所謂「神聖意志」。這樣的一個純然德性的生命，當然不易達到。不過儒家既肯定了人皆有是心，則人人皆可擴充其本心而達至其極，則其生命亦具有無限性與圓滿性，其純然的創造性、理想性、與神性性，亦當然指向眞善美。此即天德流行境界，「知行」於原則上與實踐上都得合一。

所以，知行問題可區分爲原則層次與實踐層次。原則層是就理上一般而說，依心即理的義蘊必然分析得出知行合一。其意是說明了任何擁有良知本心的存有，原則上都能「知行合一」地作道德實踐，否則與「心即理」之前題相矛盾。至於實踐層次，則有私欲隔斷問題，不是所有的個體生命，都能如理而行，是則往往其覺識某事之當爲，而不能主宰自己去實踐。於是有徐愛所疑問：見父不能孝，見兄不能悌的情況存在。依陽明的理路，吾人可以回應說：見父不孝，見兄不悌中的「見」，是「不完全的知」或「不純然的知」。此中所見的父、兄或被視作外在的對象物，故無所謂孝與悌；又或此中所見的父、兄已滲雜了私意、利害、怨憤；故加一周折意氣於良知之知之上，使良知之本然方向搖動；則良知之知成爲「不完全的知」或「不純然的知」。「不完全」、「不純然」表示他內心仍有良知之靈明，只是爲私欲意氣一時間隔斷，致令其靈明半明半暗，成爲隱而不顯。故此，個體生命的二元性——道德性與氣性，令到每一個體必須實踐道德（此爲「份定固也」）；同時必須在實踐中掙扎鬥爭。故康德嘗言上帝是純然至善，不待道德的掙扎；而動物沒有道德良知，亦不可以作道德掙扎；只有人類是介乎上帝與動物之存在，他們可以掙扎和應該掙扎。言意深刻。

至此，吾人可將「知行合一」問題作一總結。首先，一般人所謂之「先知後行」，或「先行後知」，並非陽明知行合一之意。常識的知是認知意，行是實踐意。而陽明所謂之知行，是其體系內部的專門語言，是指良知「寂然不動」開展至「感而遂通」的呈現活動。

「知行合一」本屬原則層次觀念，假若引申至實踐層次，則是對聖人境界之形容。個體生命必須經工夫修養而至其極，始能言知行合一。否則個體所實踐的，是不完全的知，他一念發動，或順從良知而行，或順從感性而動，是不決定的。所以他以爲知行是兩事，正好表示他所實踐的，非純然從良知發動。

最後「知行合一」提出私欲隔斷問題。儒家屬正面立教，甚少剖析人生的黑暗面，此處須待佛、道補足。陽明只當私欲爲一實然問題，並未詳細分析私欲如何會或如何能隔斷良知的感應。此點極須補充，私欲問題幽微曲折，非本文所能討論。惟儒家道德哲學，確須兼顧之，始能體系完整。

七、「致良知」乃「心即理」體系所開出的本質工夫

道德哲學是一種內容眞理，與邏輯數學乃至科學所表現的外延眞理不同。外延眞理可以驗證，有眞假的客觀標準可言。而文學、藝術、宗教、道德都不能客觀量化，只能依主體的修養程度成一正比而開示該對象的內涵。例如有深刻的音樂或文學修養者，即能對音樂或文學作品品鑒欣賞，開示該作品的內涵性。

故此，內容眞理必須是生命感的，它活潑潑地與不同的境況遭遇而發展它的韻律。孔子曰「仁」；孟子言心性；陽明言良知；都不是抽象概念，而是就人倫間，父母、兄弟、朋友之實際境況中表現一種關切、愛。「仁」、「心

性」、「良知」在不同的境況中呈現就像演奏音樂。演奏音樂有韻律，彈性就代表那種韻律。有韻律始有顫動、有感觸。眞正生命的感觸，心靈會發抖，它的全部光采就在此顫動，發抖中湧現。這就是你的主體，這就是一位活着的生命。此處只有强度問題，而無眞假問題。所以內容眞理不能定義，不能用概念將它定住，它一旦被定住，就會窒息死掉。用黑格爾的話，就是「異化」。

陽明龍場悟道，就是體證內在的眞生命。他生命發生顫動、感觸；一下子發見了良知的韻律，靈光爆破。自始立言，俱不失儒家宗旨。

生命的顫動，必然表現爲實踐。儒家哲學，即以工夫論爲首務。工夫論是道德實踐的方法、程序。中國哲學大體都是將理論與工夫問題統合一起討論。論語大部份內容，是孔子與學生講論生活實踐問題，多屬指點語，而非理論建構。陽明傳習錄亦一部工夫論，分上中下三卷，除中卷記錄書信，餘者都是陽明與學生的答問。答問的內容主要是如何作道德實踐，亦即工夫問題。

陽明早年常提「惟精惟一」，以允執良知之中爲工夫。及後覺得此工夫過於內斂，主張多在事上磨練，言及「知行合一」。至晚年，則總結其工夫爲「致良知」。

「此『致知』二字，眞是箇千古聖傳之秘，見到這裏，百世以俟聖人而不惑。」（傳習錄下）

「……此便是格物的眞訣，致知的實功。若不靠着這些眞機，如何去格物？我近年體貼出來如此分明，初猶疑只依他恐有不足，精細看，無些小欠闕。」（同上）

「初猶疑只依他恐有不足」的「依他」，是指致良知。因爲致良知是自我作道德實踐之工夫，是主體要求推致其良知之天理於事事物物之上，主體自然可以自我決定其致之工夫；惟事事物物是否如理，則涉及經驗知識問題，此則非致良知之工夫所能決定，於是陽明考慮致良知之工夫效驗問題，乃有動搖。

於答顧東橋書中，陽明非常詳盡說明致良知與經驗知識的關係。顧東橋以為節目時變之詳，毫釐千里之謬，必待學而後知，如舜不告而娶，武之不葬而伐紂，以及養志養口，小杖大杖，割股廬墓等事，處常處變，過與不及之間，必須討論是非為制事之本。陽明乃答：

「……節目時變，聖人夫豈不知？但不專此以為學。而其所謂學者，正惟致其良知以精察此心之天理，而與後世之學不同耳。」

陽明首先點出聖人所學是德性問題，而非見聞之知問題。其作用是點出學之本末。致良知是本，而見聞之知是末故下文云：

「……夫良知之於節目時變，猶規矩尺度之於方圓長短也。節目時變之不可預定，猶規矩長短之不可勝窮也。故規矩誠立，則不可欺以方圓，而天下之方圓不可勝用矣。尺度誠陳，則不可欺以長短，而天下之長短不可勝用矣。良知誠致，則不可欺以節目時變，而天下之節目時變不可勝應矣。毫釐千里之謬，不以吾心良知一念之微而察之，亦將何所用其學乎？……。」

此處以良知類比於規矩尺度，良知是道德實踐之超越基礎，良知與道德判斷是一內在的貫徹關係，此中並無疑難。不過，以「吾心之良知一念之微」以察天下之節目時變則屬異質問題，不同於規矩、尺度之於方圓、長短。因為良知是價值之超越判準，此無疑；但天下之節目時變，屬經驗層，則不可歸類於良知之決定的範圍，故異質。

吾人須補足陽明的答辨。陽明於傳習錄上，曾提到「意之所在爲物」，他將「物」收攝爲德化生活的對象。於是，他所謂的物，並非物理事物，而是良知感應下的行爲物：

「意之所在爲物。如意在於事親，即事親便是一物。意在於事君，即事君便是一物。意在於仁民愛物，即仁民愛物便是一物。意在於視聽言動，即視聽言動便是一物。所以某說無心外之物，無心外之理。」（傳習錄上）

此處所言的意，是良知發動，純意之意。而物則是意之對象。依「仁義內在」的前題，一切「外在」的價值判斷，俱是吾人的心性，自發地頒予外界之物理事，而使之德性化、價值化。因此依道德心的角度觀世界，世界即在一德性化，價值化的境域之中，無出其意，故曰心外無物，心外無理。換言之，吾人一旦剝落此道德心的觀照，則世界只剩餘一中性的物理事，平寂地存在着。由是即不能於此物理事的世界中，言文學、藝術、宗教，乃至於科學，世界也無所謂歷史與文化。

儒家重言人文化成。依此理路，陽明言物，即指人倫價值世界之行爲事。如此，每一生活、每一行爲，吾人的道德心必對之負全部責任。吾既對之負全責，自必統於吾心之意，吾心要求一價值方向（良知之天理），則吾之生活行爲自必一歸於此方向。

所以陽明言致良知，只是就良知的方向上，由內而外，推致良知之理於事事物物之上，使事事物物得其理。而聖人之所學，所知，亦只在良知之內容，非增廣見聞之知。

一聖人無所不知，只是知個天理，無所不能，只是能個天理。聖人本體明白，故事事知個天理所在，便去盡個天理。不是本體明後，卻於天下事物，都便知得，便做得來也。天下事物，如名物度數，草木鳥獸之類，不勝其煩。聖人便是本體明了，亦何緣盡能知得？但不必知的，聖人自不消求知。其所當知的，聖人自能問人。如子入太廟每事問之類，先儒謂雖知亦問。敬懂之至。此說不可通。聖人於禮樂名物不必盡知。然他知得一個天理，便自有許多節文度數出來。不知能知，亦即是天理節文所在。」（傳習錄下）

此段明確表達聖人之知是德性之知，只是自覺其良知當然之理，而非對具體事物無所不知。依「心即理」之大前題，吾心內具衆理，則人本來能知如何應當下之具體事物之當然之理。此「能知」是原則層的肯定，是指良知之覺識活動，而理是方向。良知之天理下貫於行爲物，其天理遍潤其間，成爲良知天心下的對象物。

由是，答顧東橋書乃總結致良知之先要性與獨立性：

「夫舜之不告而娶，豈舜之前已有不告而娶者爲之準則，故舜得以考之何典，問諸何人，而爲此耶？抑亦求諸其心一念之良知，權輕重之宜，不得已而爲此耶？武之不葬而興師，豈武之前，已有不葬而興師者爲之準則，故武得以考之何典，問之何人，而爲此耶？抑亦求諸其心一念之良知，權輕重之宜，不得已而爲此耶？使舜之心而非誠於爲無後，武之心而非誠於爲救民，，則不告而娶與不葬而興師，乃不孝不忠之大者。而後之人不務致其良知以精察義理於此心感應酬酢之間，顧欲懸空討論此等變常之事。執之以爲制度之本，以求臨事之無失，其亦遠矣。」

舜與武王的事例，表示道德實踐之判準只能是內在，不能是外在的。道德之判準就是良知之方向（天理）。良知人皆有之，它能昭明地指導吾人行爲當爲之方向，不待外間知識。故此良知之知，只是「應該」之決定，不涉及變常之事。

如此依陽明的體系，吾人須區分行爲事與物理事。行爲事是良知之對象，則良知可涵蓋之而決定之；而物理事則屬經驗知識，必須學習而至。由於經驗知識可以無窮無盡，則學習亦不可窮止，故莊生嘆「學無涯也」。陽明重視「先立其大」，以爲其小（知識）必亦從之，實輕視認知一面的疑難。他似不言喻或世間極成之知識，都可以良知之微察之。所以陽明不曾考論經驗知識與實踐效驗的關係，只輕輕帶過曰：如何不講求（實踐之知識），只是要有個頭腦，便又是期在作人作聖。「頭腦」即其「先立其大」的理路，就原則層說，此屬不錯。不過具體生活亦有其技術層的一面，需要精審判別，否則道德的動機層與效驗層會脫節而造成困局。

假若要徹底解決此德性之知與見聞之知的異質問題，必須內在地透析德性之知與見聞之知在存有論上的關係。二者之知根源上是同是異，即可回應以上之問題。如果存有論上是異質的，則致良知便不能決定經驗知識，實踐時，動機層與效驗層總有疏離之危機。又假若二者之知在存有論上是同源的，則問題可能有解決之道。

依牟先生的思路。良知是天心，而認知心是分別心。二者在存有論上是同源的。因爲認知心是由「良知之坎陷」而成就，是故分別心本源自天心。不過「良知之坎陷」此關鍵性概念，不容易剖析，必須對整體中國哲學作深入瞭解，始能體證之。本文限於學力，未能依論證方式證立此前題論斷，則致良知與經驗知識問題，只能存而不論。

「致良知」是從「心即理」之原則所開示之本質工夫。自律道德的工夫總是簡易，當下即是。是以「致良知」亦可類比於孟子「從其大體」、「求其放心」或象山「先立其大」之意。稍有不同者，陽明言「致良知」，機緣上是「順朱子講大學而覺其有剌謬」，就大學而發揚之。

大學「致說」之說，其意不甚明確，並無致良知之意。陽明龍場悟道，乃明白朱子「格物致知」，以認知之進路，求得物理以成德，是取徑迂迴，析心與理爲二。於是，陽明將大學之「致知」轉化爲「致良知」，套入心即理的脈胳中言本質工夫。

陽明晚年只教人致良知，認爲致良知是其立言宗旨。致良知之致，直接地是「向前推致」之意，等於孟子所謂「擴充」。「致」與「擴充」俱表示良知或本心，見於行動，它雖是超越的，亦時時不自覺地呈露。致良知底致字，在此致中即含有警覺的意思，而即以警覺開始其致。。警覺亦名曰「逆覺」，即隨其呈露反而自覺地意識及之，不令其滑過。故逆覺中即含有一種肯認或體驗。此名曰「逆覺體證」。此體證是在在其於日常生活中，隨時呈露而體證，故此體證亦曰「內在的逆覺體證」。

八、「致良知」之外指工夫爲「致知格物」

本質的工夫唯在逆覺體證，所依靠的本質的根據，唯在良知本身之力量。所以致良知與朱子言居敬、涵養、格物、窮理有所不同。朱子重於後天言工夫，透過變化氣質，以達成聖，即以助緣爲主力，本末顛倒。依王學看來，這些都不是本質的工夫，不能保住道德實踐的必然性。陽明並非不知氣質之病痛，亦非不知教育，爲學等之重要性，但此等後天的工夫並非本質的，不能內在地、自律地推動吾人作實踐。故內聖之學，必從超越層開工夫，而言逆覺體證。

逆覺體證是工夫之根本處，道德之實踐，即在推致此道德心，下貫於行爲事，使行爲事內合於良知所頒之天理。良知屬超越本體，下貫其理於行爲事，即良知外指之起用。良知對應於對象事而起用，謂之「格物」。「格物」源自大學。大學論修身之程序曰：「欲修其身者，先正其心；欲正其心者，先誠其意，欲誠其意者，先致其知，致知在格物。」

大學以格物爲修身工夫之端始，但格物之意含，則不甚明確。朱子與陽明，各依其體系脈胳，詮釋格物之意。朱子將「致知在格物」套入伊川格物窮理之理路，格物就是認知事物。伊川析格物窮理云：

「……格猶窮也，物猶理也。猶曰窮其理而已也。窮其理然後足以致之。不窮，則不能致也。格物者，適道之始。欲思格物，則固已近道矣。是何也？以收其心而不放也。」

伊川訓「格」爲「窮」，即窮究之，認識之之意。格物就是窮究事物之所以然之理，此爲適道之必經途徑。故伊川續云：

「隨事觀理，而天下之理得矣。天下之理得，然後可以至於聖人。」

因此伊川、朱子同認爲格物是窮究天下之理，是採認知意訓格物。由是伊川、朱子所言之理，就夾雜有天理（道德義），物理義乃至情理、事理之義。「理」採廣泛之義，泛指一事，一物成就之所以然。

「格物窮理」實依朱子的宇宙論而引申的。朱子宇宙論主張「物物一太極」、「枯槁有性」。「太極」、「性」就是理。理遍在於萬物，而成它們所以存在之基礎，所以朱子所言之理，兼指宇宙生化之實現化原則，是形而上的。理是形上，氣是形下，遂構成一理、氣二元論。

朱子就此宇宙論架構，以成聖須體悟天下之理，以達天德流行境界。遂倡「格物窮理」，以橫列之認知進路作爲工夫下手處。「橫列」是指能格與被格爲一主客對立。能格是認知心，被格是一認知對象，乃成認識論之能所對立之格局。

陽明早年曾順朱子格物義而實踐，未竟效驗，乃嘆「聖賢不可學而至」。故陽明深切體會朱子格物窮理之弊。及龍場悟道，即去朱子格物之說，重講大學格物之旨。

陽明引尚書古義訓「格」字，呼應心即理之義：

「格字之意有以至訓者，如『格於文祖』、『有苗來格』；是以至訓者也。然『格於文祖』，必純存誠敬，幽明之間，無一不得其理，而後謂之『格』；有苗之頑，實以文德誕敷而後格，則亦兼有『正』字之義在其間，未可專以『至』字盡之也。如『格其非心』、『大臣格君心之非』之類，是則一皆『正其不正以歸於正』之義，而不可以『至』字爲訓矣。且大學『格物』之訓，又安知其不以『正』字爲訓，而必以『至』字爲義乎？如以『至』字爲義者，必曰『窮至事物之理』，而後其說始通。是其用功之要，全在一『窮』字，用力之地，全在一『理』字也。若上去一窮，下去一理字，而直曰『致知在至物』，其可通乎？……」（傳習錄中答顧東橋書）

此段兼予『格』字作訓話，並評朱子格物義之歧出。實則此問題不在訓話方面，而在於背後之義理架構之差異。朱子言「性即理」，陽明言「心即理」。「性即理」之義理架構不能保住吾人有一超越之心靈，以此心體具足一切道德法則，能直貫地指導吾人作道德實踐。朱子之爲他律道德，至此甚明。陽明之「心即理」架構，既肯定「仁義內在」，則工夫下手，總是由內發、自律的。對比言之，朱子之格物工夫只有一層，只是後天工夫；反之，陽明言格物工夫，則有先驗、後驗兩層，即前所謂本質工夫與助緣工夫。

「格物」表面是對治客觀對象，但陽明將物收攝爲行爲事，乃良知純意之所發之對象，不涉及經驗知識，則「格物」亦內化於致良知之工夫之中。故陽明修改了大學言致知格物之程序。大學原文、格物應在致知之前，所謂「

格物而後知至」。而陽明則曰致知格物——致良知之天理以正物。

「若鄙人所謂致知格物——致吾心之良知即所謂天理也。致吾心良知之天理於事事物物，則事事物物皆得其理者，格物也。是合心與理而為一者也。」（答顧東橋書）

格物是把吾心良知之天理推致於行為事，乃一「由內而外」的方向性活動。是以格物的重點不在對象物，而在內在良知的逆覺發動。致知以正物，是將道德實踐收攝於超越層，攝物歸心，心以宰物，成一縱貫系統。

陽明言致知格物，不一定合乎大學論修身綱領之脈胳，不過大學的主體義不明朗，未予致知格物一超越的根據，則陽明依心即理的義蘊，發揚大學新說，亦一功獻。

由於「物」之意義轉化為行為事，則物皆屬吾心良知之對象，故曰「心外無物」。凡事親、治民、讀書、聽訟皆是價值領域中的存在；則格物表面是工夫之外指，實則歸根到底，都要收歸於動機層，成為內指工夫。故此自律道德之工夫總是「直指本心」，內歛而回溯，曰逆覺體證。朱子言格物窮理，以助緣為主力，先求外在之理以合道，而外在之理不可窮竭，則內在之涵養工夫終亦懸空而不實。是故「心即性」、「性即理」雖差一字，原初洞見之肯認不同，則工夫下手迥異，所達的境界亦天壤高下。

九、致良知之內指工夫為「正心誠意」

大學對心性論及較少，偏重陳述工夫的條理。道德主體實踐成德之工夫時，有一個自我昇進的進程，此即工夫條理。大學謂修身的進程為正心、誠意、致知、格物。而對應此條理則有不同的工夫層次，為格物、致知、誠意、正心。工夫的條理與層次皆有一定的範圍，極富系統。朱子格物窮理之說，實本大學而引申之。雖然大學言工夫的條理與層次很清晰，惟於道德的超越本體不明確，則工夫條目總是可以非本質的，不能保住道德實踐的超越可能性。

陽明依自律道德的論據，重「先立其大」——確立道德實踐的超越本體，以說明道德實踐的動力因內在於吾心之良知，則致良知始是本質工夫，而實踐時之工夫條理，只屬助緣，不是最重要的。因此陽明對大學所言之心、意、知、物，不作工夫條理看待，而統合於致良知之工夫綱領之中，將心、意、知、物四者表於良知的感應起用：

「身之主宰便是心，心之所發便是意，意之本體便是知，意之所在便是物。如意在於事親，即事親便是一物，意在於事君，即事君便是一物，意在於仁民、愛物，即仁民、愛物便是一物；意在於視、聽、言、動，即視、聽、言、動便是一物。中庸言『不誠無物』。大學『明明德』之功，只是箇『誠意』，『誠意』之功，只是箇『格物』。」（傳習錄上）

此爲陽明對大學心、意、知、物四聯的新註釋。因爲陽明確立了良知的超越力量，則工夫是縱貫型態。工夫的動力來自超越層的良知本心，再由超越層下貫至各條目，故曰簡易工夫，以其不假外求也。

又，超越層的良知本心是體，所謂「寂然不動」者，它一旦起用，即爲有迹，見諸於「意」。故此陽明將心、知、物納攝於意之關係之中。意就是良知感應起用的端倪，再往下降，意就落實於經驗中，成爲意念活動。

陽明將心、意、知、物統攝於良知的體用關係中，則心、意、知、物不復是工夫的條理，而是超越層與經驗層上下對揚。故此有名的四句教，即重新釐定心、意、知、物四者的作用：

無善無惡心之體，有善有惡意之動；

知善知惡是良知，爲善去惡是格物。

此間的「心」與「良知」屬超越層，爲價值本體。就心體當體說，乃一超善惡對待之無限心，故就其無善無惡，曰至善。而心體非一光板般的寂照鏡心，其內具不容已的力量，必然要求表現出來，成爲虛靈明覺，作知是知非之判斷，故就心體感應起用處說，乃表現爲知善知惡之良知。

至於「意」與「物」則屬經驗層之存在。意即意念之意，與前所謂「心之所發」之意有所不同。意念是受感性影響之意向活動，則意之向此或向彼之動作，都是不確定的。即其採用惡格言或善格言之行動，尚未表現於外而爲行之行動，此即吾人所謂「存心」。周敦頤通書中言「幾」云：「動而未形，有無之間」，最能表達此存心的幾微情狀，可補足陽明言意之說。物則收窄爲行爲物，行爲事，與意同屬經驗層。

陽明既以心體原無不善，惟人之存在是二元性的，人不僅有理性生命，更兼具氣質性。是以於生命的歷程中，生命受氣質私欲所累，不能全幅呈現心體之內容。換言之，當意念發動時，夾雜上私欲或諸性好，乃有善惡對分，故曰有善有惡意之動。致吾心之良知，即是自覺地要求如理而行，以良知之天理作爲吾人行爲之當然方向，摒棄私欲的左右，故致良知，就是爲善去惡之格物之工夫。

由於善惡衍生於意念層，故工夫之下手處，即以對治意念爲主。陽明雖云格物工夫，實則物之正與不正，端賴意之誠正與否，故此，誠意始是致良知之着力點。周敦頤即重視於吾心之存心上作知幾之工夫，通書云：「幾動於彼，誠動於此。」以誠貞定此幾微之意念活動，反溯出此意念活動之超越根源，此超越之根源就是道德心體，而曰「正心」，故誠意之始則在正心。

所謂正心，並非正物之正義。因爲心體旣無善無惡，乃一超然的善心，無須正之工夫。故陽明析正心誠意曰：「然心之本體則性也。性無不善，則心之本體無不正也。何從而用正之功乎？蓋心之本體本無不正，自其意念發動而後有不正；故欲正其心者，必就其意念之所發而正之。凡其發一念而善也，好之眞如好好色；發一念而惡也，惡之眞如惡惡臭，則意無不誠而心可正矣。」（傳習錄下）「正心之正」其實仍是致良知之「致」義，即推致擴充此心之知是知非之力量，於意念發動間主宰意念向善去惡。致良知是大綱領，正心則落實至具體意念發動時，於「動而未形，有無之間」作工夫。因此正心是虛說，誠意始是實說。

陽明對良知本體的分析很精確，惟「意」之分析，則稍爲含混。一時以「心之所發爲意」，一時以「有善有惡意之動」說意念。依其理路脈胳，「意」實應區分爲三種層次。能發生力量，使意念純化至皆合於良知之天理者，爲純意之意。此屬超越層，乃心體直接下貫的純念活動。至於涉及經驗的善或惡之格言，則有正與不正的問題，此爲意念之意。最後此超越本心所發之純意之意，如何作用於經驗之意念活動，則爲「決意」（Volation）問題。決意是介乎於純意與意念之間的選擇機能。其本身是中性的，它之選擇善或惡的格言，是未決定的，此即吾人所謂之動機或存心。純意是心之所發之方向，是定然向善的。意念是經驗的動念，向此向彼的行動，故有善有惡。而決意則介乎二者，是超越層下貫其方向於意念活動的執行機能。陽明大體有純意之意與意念之意，而無決意之意。後世劉蕺山、重愼意工夫，則區分「意」與「念」爲形上、形上兩種。蕺山主張「誠意」與「致知」不可分。陽明以致知是誠意之超越基礎，而意則屬經驗層。蕺山則以「誠意之意」乃直接爲良知之呈露，尤如孟子言心之於四端之關係。於是誠意之意爲一先驗的，即意志純化之意，亦是無意相之意，乃良知感應時之端倪朕兆。故蕺山曰：「意根最微，誠體本天。」（註十一）而「念」與「意」分，念是感性層，有善有惡。故曰「念之好惡兩在而異情。」（註十二）兩在就是善惡對立。陽明若能明確區分意與念，及補入康德言決意問題，則誠意之說，更形充實，體系更爲完備。

工夫之下手處雖在誠意，實則「誠意」非一孤離的修養活動，必須連結內外兩面。致良知工夫外指爲格物，內指則爲誠意。格物雖外而內，誠意雖內而外，是則外內統合爲一，成一整體，此爲簡易之教最高峯之工夫論。陽明建構之體系性，至此達圓唱之境，本體工夫彼此呼應，井然有序，儒學得以完整化而定型。（完）

註釋：

（一）：論語衛靈公篇。

（二）：孟子告子上。

（三）：見傳習錄上。原文爲：「知是心之本體，心自然會知。見父自然知孝，見兄自然知弟，見孺子入井自然知惻隱；此便是良知……。」

（四）：易繫辭上第五章。

（五）：參見蔡仁厚著王陽明哲學第一章。

（六）：陽明年譜記三十七歲在貴陽。

（七）：見「心體與性體」綜論。
（八）：概念引自勞思光「中國哲學史」卷一之哲學史方法論。
（九）：同註六。
（十）：參見勞思光「中國哲學史」卷三上論王陽明後期理論之興起及完成。
（十一）：劉子全書卷十二，學言下。
（十二）：同上卷十一，學言中。

試論武則天女皇行事所受前代女中豪傑的影響

曹仕邦

大周天策金輪聖神皇帝武則天（以下簡稱「女皇」，六二三——七〇五，五九〇——七〇五在位）是中國歷史上唯一正式登基稱帝而爲歷史所承認的女性君主，她的貢獻與功過，論者已多①，早爲學人們所熟知。仕邦偶檢後晉劉昫（八八八——九四七）《舊唐書》②稱這位女帝「頗涉文史」③。她既讀過點史書，而行事又頗跟前代某些女中豪傑近似，然則女皇應該受到史書所載古時女傑行事的影響，今值　錢師賓四大行，因學所知撰爲文字，用代誦經祝送生西，並提供給大家參攷。

一、得后位之後殘酷對待宮廷內的競爭者

史稱女皇以狡計自王皇后（卒於六五五）手中奪取后位而後④，更將被囚的廢后和她的同黨蕭良娣（卒於六五五）「截去手足，投於酒甕中，曰：令此二嫗骨醉」⑤，其手段殘酷如此。而西漢司馬遷（公元前一四五？——九〇？）《史記》卷九〈呂后本紀〉略云：

呂太后（卒於公元前一八〇）者（漢）高祖（公元前二〇六——一九五在位）微時妃也。生孝惠帝（公元前一九四——一八八在位）。及高祖爲漢王，得定陶戚姬，愛幸，生趙隱王如意（卒於公元前一九四）。孝惠

（帝）爲人仁弱，高祖以爲不類我，常欲廢太子（即孝惠帝），立戚姬子如意，如意類我。戚姬幸，常從上（即高祖）之關東，日夜啼泣，卻立其子代太子。賴大臣爭之，太子得毋廢。高祖十二年（公元前一九五）崩，太子襲號爲帝。呂后最怨戚夫人及其子趙王（頁一八三）。（及呂后殺趙王如意之後）遂斷戚夫人手足，去眼，煇耳，飲瘖藥，使居廁中，命曰人彘。居數日，迺召孝惠帝觀人彘。孝惠見，問知其戚夫人，迺大哭，因病，歲餘不能起。孝惠以此日飲爲淫樂，不聽政（頁一八四上）。

按，呂后如此殘酷地對待戚夫人，除了家庭中正室與庶室爭寵的積怨而外，更加上戚夫人在漢高祖住世時力迫改立她所生的趙王劉如意爲太子，而高祖亦曾興此意，這便直接威脅到呂后和惠帝母子的生存⑥，無怪呂后恨之刺骨。故後來獲得權力之後，施以最殘酷的報復來洩恨，以女子的嫉與恨，有此行事，亦無足怪。而女皇用這殘酷手段之前，其夫皇唐高宗（六五〇——六八三在位）在王皇后與蕭㒵娣被廢後，曾念舊情而間行至兩人囚禁之處探視，目睹舊愛境況悲苦，惻然有平反之意，而不幸爲女皇所知⑦，在既懼且怒之下，若她讀過上引《史記》所述，自會觸動靈感而效法呂后以洩憤兼絕後患。至於她所施酷刑略不同於呂后，管見認爲以女皇的才智，自不願完全仿效而自加創意。

二、太后臨朝稱制

史稱女皇在高宗駕崩後，於嗣聖元年（六八四）一年之內以太后身份先後立七子李顯（後來的唐中宗，六八四，又七〇五——七一〇在位），八子李旦（後來的唐睿宗，六八四，又七一〇——七一二在位）爲帝⑧，但「政事咸取決」於太后⑨，二帝「不得有所預」⑩。尋且廢二帝而直接太后臨朝稱制⑪，更於次年以非帝王身份而改元「垂拱」⑫。這從中國政治傳統而言，是很不尋常的行爲。而《史記》卷九〈呂后本紀〉略云：

孝惠帝崩，（惠帝）太子即位爲帝，謁高（祖）廟。元年，號令一出太后，太后稱制（頁一八四下）。宣平侯女爲孝惠皇后，時無子，佯爲有身，取美人子名之，殺其母，立所名子爲太子。孝惠帝崩，太子立爲帝。帝壯，或聞其母死，非眞皇后子，迺出言曰：我未壯，壯即爲變。太后聞而患之，恐其爲亂，迺幽之永巷中，言帝病甚。太后曰：今皇帝久病，不可屬天下，其代之。羣臣皆頓首奉詔。帝廢位，太后幽殺之，立常山王義爲帝，更名曰弘。不稱元年者，以太后制天下事也（頁一八五下——一八六上）。

按，女皇若讀過《史記》這番記事的話，她以太后身份立兩子爲帝未必是模仿於呂后的先後立兩孫輩爲帝，這只是一種巧合。然而呂后臨朝稱制之餘，更在立常山王劉義爲帝之後「不稱元年」以示「太后制天下事」一事，則頗能刺激女皇進一步不顧中國政治傳統；以太后身份在無名義上皇帝的情況下逕行自己稱制，而且改元以示太后正式當權。

三、立銅匭受表疏並開告密之門

史稱女皇以太后臨朝稱制之後，在垂拱二年（六八六）「治銅匭爲一室，署東曰延恩，受干賞自言；南曰招諫，受時政失得；西曰申冤，受抑枉所欲言；北曰通玄，受讖步秘策」⑬，而且「畏天下有謀逆者，詔許上變，所在給輕傳，供五品食，送京師，即日召見，厚餌爵賞歆動之。凡言變，吏不得呵詰，雖耘夫蕘子，必親延見，稟之客館」，是以「上變者徧天下，人人屛息」⑭。治史者均知這是女皇的重要統治手段之一。

女皇何以有此靈威？仕邦頗疑這是從北魏靈胡太后的行事而來。李延壽（卒於六七六——六七九之間）《北史》卷十三〈后妃傳〉中的〈宣武靈皇后胡氏傳〉略云：

宣武靈皇后胡氏（卒於五二八），后姑爲尼，頗能宣講，宣武（帝，五〇〇——五一五在位）初，入講禁中積歲，諷左右后有姿行，帝聞之，乃召入掖廷爲充華世婦。旣誕明帝，進爲充華嬪。及明帝（五一六——五二八在位）踐阼，尊后爲皇太妃，後尊爲皇太后，臨朝聽政。太后勅造申訟車，時御馬，出自雲龍大司馬門，從宮西北入自千秋門，以納寃訟（頁二二七下——二二八上）。

按，太后御申訟車以納民間寃訟，頗能啟女皇以設銅匭納表疏的靈感。而且靈胡太后以「充華世婦」的低級宮嬪逐步爬升至太后高位而且掌權，跟女皇初以「才人」的低級宮女身份入宮然後逐步爬升⑮近似。然則女皇或會參考靈胡太后的行事，而加以採摭。又按，北齊魏收（五〇六——五七二）《魏書》卷十三〈后妃傳〉已佚，其文乃後人據《北史》補入，故仕邦僅引李延壽的書。而據唐魏徵（五七九——六四二）《隋書》卷三三〈經籍志〉，除了有收佛助的《魏書》而外，更有收魏彥深的《後魏書》⑯，女皇不一定從《北史》而知靈胡太后的故事。

四、太后專政後有微行

史稱女皇以太后專政之後漸有微行，先後有薛懷義（卒於六九五）、沈南璆等面首⑰。而北魏的靈胡太后也是秉政之後漸有微行的，《北史》卷十三〈宣武靈皇后胡氏傳〉略云：

太后逼幸清河王（元）懌（四八七——五二〇），淫亂肆情，為天下所惡。（經政變被幽禁，又再恢復臨朝之後）手握王爵，輕重在心，宣淫於朝，為四方之所穢（頁二二八下）。

史稱靈胡太后當權後行中冓之事如此，女皇在同樣以太后握天下大權之後或心有所慕而依學。雖然中國史上帷幕不修的皇后頗不少，但靈胡太后亦跟女皇登位前一樣，是一位親掌政權的太后，女皇或視她為成功的；值得學習的前輩！

五、借宗教掩飾中冓之事

史稱女皇於太后專政之日，為了方便面首薛懷義出入宮禁，因「使祝髮為浮屠，拜（洛陽）白馬寺主」，俾以僧人身份入宮侍候女皇⑱。如此借宗教作掩飾，其靈感恐怕亦得自前代故事。梁蕭子顯（四八九——五三七）《南齊書》卷四〈鬱林王本紀〉略云：

皇后亦淫亂，齋閤通夜洞開，內外淆雜，無復分別（頁四三上）。

同書卷二十〈皇后傳〉中的〈鬱林王何妃傳〉略云：

鬱林王何妃，永明二年（四八四）納爲南郡王妃。十一年（四九三）爲皇太孫妃。鬱林王（四九四在位）即位，爲皇后。（何）后稟性淫亂，爲妃時便與外人通姦。在後宮，復通帝左右，楊珉之與同寢，處如伉儷。帝被廢，后貶爲王妃（頁一九二下）。

何后好行中冓之事，已如本傳所述，而〈鬱林王本紀〉稱她的「齋閤通夜洞開」，則需要解釋一下。原來南齊帝系分爲兩支⑲，自南齊高帝（四七九——四八三在位）以迄海陵王（四九四在位）一支信佛教，而自南齊明帝（四九四——四九八在位）以迄和帝（五〇一——五〇二在位）一支則信道教⑳，而鬱林王屬於信佛教的一支。因此何后的「齋閤」是屬於佛教的「齋閤」，是何后借在閤中持齋作佛事以掩飾中冓之行。女皇若曾讀蕭子顯的書，自會獲得靈感。何況，〈鬱林王本紀〉在叙述「皇后亦淫亂」一句之前的一段話略云：

昭業（鬱林王本名）與文帝（惠文太子蕭長懋，四五八——四九三，「文帝」是追尊的謚號）㉑幸姬霍氏淫通，聲云度霍氏爲尼，以餘人代之㉒（頁四三上）。

若女皇得兼讀此節文字，則更能激發度薛懷義爲僧以方便用「出家人」身份作掩護而入宮的靈感了。

按，何后並未主持國政一似西漢的呂太后和北魏的靈胡太后，但從現代觀點而言，她豈非屬於婦女性解放的前驅者之一？

六、以女身作帝王

史稱女皇在載初元年（六九〇）革唐命，改國號作「周」，改元爲「天授」，加尊號曰「聖神皇帝」㉓，正式開中國歷史所未有的女身登基稱帝之局。

女皇何以在儒家傳統不許子女干政的保守思想之下生此大不諱的念頭；更毅然不顧傳統而踐祚即位㉔？一般人或以爲這是受到唐高宗永徽四年（六五三）陳碩眞之亂㉕的影響，然而陳碩眞（卒於六五三）在是年十月戊申（三十日）在睦州舉兵反，自稱「文佳皇帝」，但在十一月庚戌（初二日）便兵敗被擒斬㉖，稱「帝」僅三天而已。雄才大略的女皇底靈感，似非受此曇花一現地既起即落底短命政權所刺激㉗。

前面說過，女皇是一位「頗涉文史」的人，而西晉陳壽（二三三——二九七）《三國志》卷三十〈東夷傳〉中的〈倭人傳〉略云：

（對馬國、末盧國、伊都國等）世有王，皆統屬女王（頁四三二下）。倭國亂，相攻伐歷年，乃共立一女子爲王，名曰卑彌呼。（卑彌呼）年已長大，無夫婿，有男弟佐治國。自爲王以來，少有見者，以婢千人自侍，唯有男子一人給飲食，傳辭出入（頁四三三下）。

按，倭人國即現今的日本國。史書既稱中華的鄰國曾有女子作彼國的天下共主，女皇若嘗讀此節，自能激發其雄心。不特此也，劉宋范曄（三九八——四五五）《後漢書》卷一下〈光武帝本紀〉略云：

建武十六年（四〇），春，二月，交阯女子徵側（卒於四三）反，略有城邑（頁四〇下）。

建武十九年（四三），春，正月，伏波將軍馬援（公元前十六——公元四九）破交阯，斬徵側等，因擊破九眞賊都陽等，降之（頁四一下）。

同書卷五四〈馬援傳〉略云：

交阯女子徵側及女弟徵貳（卒於四三）反（唐章懷太子〔六五一——六八四〕注：徵側者，〔交阯郡〕麊冷縣雒將之女也。嫁爲朱鳶人詩索妻，甚雄勇。交阯太守蘇定以法繩之，〔徵〕側怨怒，故反），攻沒其郡。九眞、日南、合浦（三郡）蠻夷皆應之，寇略嶺外六十餘城，（徵）側自立爲王。於是璽書拜（馬）援伏波將軍，南擊交阯。遂緣海而進，隨山刊道千餘里。（建武）十八年（四二）春，軍至浪泊上，與賊戰，破之，降者萬餘人。（馬）援追徵側等至禁谿，數敗之，明年正月，斬徵側，徵貳，傳首洛陽（章懷太子注：越志云：徵側起兵，都麊冷縣。及馬援討之，奔入金溪穴中，二年乃得之）。（馬援）擊九眞賊；徵側餘黨都羊等，嶠南悉平（頁五〇六）。

按，〈光武本紀〉與〈馬援傳〉所述徵側姐妹起兵後所佔據的四郡六十餘城的範圍：其合浦郡在今廣東省西部雷州半島以西的合浦縣一帶；而交阯、九眞和日南三郡則在今越南國的河內以迄順化一帶。由於越南於十世紀初建國以至今日已有千年，故在現代華人眼中，徵側姐妹的擧兵是越南人反抗中國的漢朝政權統治底活動，是屬於越南史的範圍㉘。然而自丁先皇（名丁部領，六九八——九七九在位）於公元六九八年以武力建立大瞿越國（越南史上稱爲「丁朝」）；正式脫離中國而獨立之前，越南北部和中部（即越南人稱爲「北圻」和「中圻」的地區）曾自秦漢以迄隋唐爲中國直屬郡縣凡千年，在這屬於中國領土的時代，越南人跟其他華人一樣，可以活動和出仕於中國的任何地區，絕不被視作外國人㉙。然則女皇若讀過《後漢書》或其他史書所載徵側姐妹的故事，自會因本國的偏遠地區在古代曾有女子自立爲王，而這女子所建立的政權底領土有四郡六十餘城之廣，更維持了三年之久，於是便激發了她的雄心！

再者，女皇或會想到徵側在偏遠地區擧兵割據，自會召來中央政府的發兵往剿，而自己經已太后臨朝，在因緣和合之下穩固地掌握了大唐帝國的中央政權，以她的雄心與才略，自會效法倭人國的卑彌呼女王和本國南方邊陲的徵側女王；而走上直接即眞稱帝的路子，因而建立了中國史無前例的女子登位作帝王的成功政權！

× × ×

本文曾送香港大學亞洲研究中心於一九九一年八月十九至廿二日擧辦的「國際隋唐五代史研討會」中宣讀，因無時間另撰文字，蒙　研討會主辦當局允許移作紀念　賓四師的論文。

註釋：

①：在衆多的有關評論當中，仕邦認爲范文瀾先生（一八九二——一九六九）《中國通史簡編修訂本》（人民出版社，北京，一九六九）中的一番話「唐高宗臨朝，不會作判斷，這種昏懦的性格，勢必引導國家走上從亂到亡

的道路，可是，六五五年以前，政權執掌在貞觀老臣手中，六五五年以後，剛强機智的政治家武則天已經參預朝政，六六〇年以後，政權全歸武則天。因之，貞觀時期所取得的成就——統一和强盛，在武則天統治的半個世紀裏，得到切實的鞏固，這是她對歷史的貢獻」（第三篇第一册頁一〇七——一〇八）是最能道出女皇眞正貢獻的評論。

②：武英殿刋本，藝文出版，台北，約民四十八年至五十年之間刋布。以下引用二十五史均據同一版本。

③：《舊唐書》卷六〈則天皇后本紀〉頁八九上。

④：北宋歐陽脩（一〇〇七——一〇七二）《新唐書》卷七六〈后妃傳〉中的〈則天武皇后傳〉頁一一四二。

⑤：《舊唐書》卷五一〈后妃傳〉中的〈高宗廢后王氏傳〉頁一〇三九下。《新唐書》卷七六〈后妃傳〉中的〈王皇后傳〉頁一一四二上。

⑥：戚夫人日夜啼泣迫高祖改立其子趙王爲太子，除了權力的慾望而外，何嘗不是怕高祖身後呂后母子會對付她們母子？

⑦：同註五。

⑧：《舊唐書》卷七〈中宗本紀〉頁九八上，同書同卷〈睿宗本紀〉頁一〇六上。《新唐書》卷四〈中宗本紀〉頁七四下，同書卷五〈睿宗本紀〉頁七九上。

⑨：司馬光（一〇一九——一〇八六）《資治通鑑》（以下引用簡稱「通鑑」，古籍出版社，北京，一九五六）頁六四一六。

⑩：同前註引書頁六四一八。

⑪：《舊唐書》卷六〈則天皇后本紀〉頁八九上。《新唐書》卷四〈則天順聖皇后本紀〉頁六五上。

⑫：《舊唐書》頁九十上。《新唐書》頁六六下。

⑬：《新唐書》卷七六〈后妃傳〉中的〈則天武皇后傳〉頁一一四五上。參同書卷四〈則天順聖武皇后本紀〉頁六六下，《舊唐書》卷六〈則天皇后本紀〉頁九十上。

⑭：《新唐書》卷七六〈則天武皇后傳〉頁一一四五上。

⑮：《舊唐書》卷六〈則天皇后本紀〉頁八九上——九〇下。《新唐書》卷四〈則天順聖武皇后本紀〉頁六五上—六六下，同書卷七六〈則天武皇后傳〉頁一一四二上——一一四四下。

⑯：《隋書》頁四八八上。

⑰：《新唐書》卷七六〈則天順聖武皇后傳〉頁一一四五上——一一四七上。按，所謂「面首」，據《通鑑》頁四〇七七的元胡三省（一二三〇——一三〇二）〈注〉的解釋爲：「面，取其貌美，首，取其髮美」。男子「貌美」即今日所謂「英俊」、「帥哥」；「髮美」，當指頭髮烏潤豐旺，而髮色烏潤豐旺也顯示了其人身體健康强壯，因此，「面首」的眞義爲「面目英俊，身體壯健的美男子」。

⑱：《新唐書》頁一一四五上。按，薛懷義既爲女皇「使祝髮爲浮屠」，是她命令僧團給薛氏正式剃度，而剃度後又「拜白馬寺主」，寺主是非正式比丘不能擔任的，故即使薛懷義是女皇的面首，仍屬一位正式的法師而非「冒僧入宮」。至於這位法師跟女皇行淫和作其他惡事，則可視爲犯戒而佛門難以依戒律施行擯逐的「特權」僧人。

⑲：參王仲犖先生《魏晋南北朝史》（谷風出版社，台北縣新店市，民七十六年）頁四五七的〈齊梁帝系表〉。

⑳：參拙作〈南史載潘妃「步步生蓮華」故事與佛教的關係〉頁三七〇下——三七一上所考，刋於《大陸雜誌》四十一卷十二期，台北，民六十年。

㉑：《南齊書》卷二一〈文惠太子傳〉頁一九八下。

㉒：即謂對外宣稱度霍氏女為尼，實則使其他女子假冒她去出家，而將霍氏本人藏起來。

㉓：《舊唐書》卷六〈則天皇后本紀〉頁五一下。《新唐書》卷四〈則天順聖武皇后傳〉頁六八。

㉔：陳寅恪先生（一八八八——一九六九）〈武曌與佛教〉（收在《陳寅恪先生文史論集》下卷，文文出版社，香港，一九七三）指出女皇眼見中夏信佛者衆，便利用《大雲經》所載佛陀預言將來有淨光天女以「女身當王國土，得轉輪王所統領處四分之一」，而普遍頒佈《大雲經》於天下，更到處建大雲寺，命僧於寺中講授《大雲經》，廣作宣傳，俾民間知有女子亦能作天下主之說。更自稱「金輪皇帝」，暗示她便是佛陀所預言「得轉輪王所統領處四分之一」的那位淨光天女的後身（頁一九六——一九八）。然而這不過是女皇登基前後用來解釋自己得位之正的手段，而非她立意以女子作帝王的原始動機。

㉕：《舊唐書》卷四〈高宗本紀〉頁七十上。《新唐書》卷三〈高宗皇帝本紀〉頁五五下。《通鑑》卷一九九〈高宗永徽四年〉頁六二八二。按，這位造反的女中豪傑底姓名，《舊唐書》作「陳碩眞」，而《新唐書》和《通鑑》均作「陳碩貞」，故本文的正文採後兩者所載的名字。

㉖：《新唐書》頁五五下。《通鑑》頁六二八二——六二八三。

㉗：陳碩眞敢於冒犯儒家傳統；以女子而起兵稱帝，透露了當時婦女已有不甘雌伏之心。女皇若已暗中久蓄作天下共主的雄志，則這件當時的大新聞自能加强女皇的決心。

㉘：走筆至此，想起越戰期間所讀到的新聞報導，說越共的女性游擊戰士不獨戰鬥力不減男兒，而且被俘後即使受盡酷刑也抵死堅不招供。仕邦認爲這些女戰士勇敢不屈的表現是受到徵側姐妹的感召，因爲她們姐妹是越南史上最先反抗中國統治的民族英雄，而她們竟然是女子！

㉙：這一段直屬中國時期的歷史，請參呂士朋先生《北屬時期的越南》，新亞研究所出版，香港，一九六四。

北宋科舉正賜第人員任用制之形成續考

金中樞

提要

拙文〈北宋科舉正賜第人員任用制之形成考〉，已於一九九一年八月九日至十四日由北京、河北兩大斈所召開的「國際宋史研討會」發表。此文是它的續作，一如前篇，仍分表文兩類四節來說明。一、正賜第人員的任用及其額數之考正統表——即「進士諸科注擬官職統例表」。前文已經說過，它是非常複雜的。現在根據前表所分的十六個等級，一一按年科入等，再在下文依次精詳地考正它。二、正賜第人員的任用及其額數之考正事實（１）：自太宗太平興國三年（九七八）至五年（九八〇）科，一共兩舉，經考正事實（20）及（21）之考正，並附表二之分二等及附表三之分三等所復考正者，完全相符。三、正賜第人員的任用及其額數之考正事實（２）：自太平興國八年（九八三）至雍熙二年（九八五）科，亦只兩舉，經考正事實（22）及（23）之考正，並附表四亦只分二等及附表五則分四等所復考正者，亦完全相符。四、正賜第人員的任用及其額數之考正事實（３）：自端拱元年（九八八）至二年（九八九）科，也只兩舉，經考正事實（24）及（25）之考正，並附表六又只分二等及附表七又分四等所復考正者，也完全相符。這樣說來，它的等級，仍然徘徊在二等至四等之間。如上所云，「從今以後，還要陸續地修正它，而一定符合前表的。」

目錄

北宋科舉正賜第人員任用制之形成續考

金中樞

拙文〈北宋科舉正賜第人員任用制之形成考〉，已於一九九一年八月九日至十四日由北京、河北兩大斈所召開之「國際宋史研討會」發表。此篇乃其續作，一如前篇，仍分表文兩類四節，並詳加考正焉。

一、正賜第人員的任用及其額數之考正統表

前已言之，此點極爲複雜，茲依前表所分十六等，先行置表如次：

雍熙二年（九八五）科	端拱元年（九八八）科	端拱二年（九八九）科
		進士第一人陳堯叟、第二人曾會
		進士李宗諤
第一等進士甲科第一梁顥、第二陳充、第三洪湛等二十一人		進士第三人姚揆
第二等進士乙科李防、任中正、陳世卿等，第三等進士丙科凌策等		進士陳從易、梅詢、魏清等
	進士第一人及第程宿等	進士宋濤、楊大雅等
第三等進士丙科趙安仁等		
第三等進士丙科陳彭年等		
第四等諸科崔度等	進士葉齊、明經諸科：宋位、盧范等	九經孫奭、明經宋玘、進士盛度、胡則等
見下節考正事實(23)	見下節考正事實(24)	見下節考正事實(25)

太平興國五年（九八〇）	太平興國八年（九八三）科		
進士第一蘇易簡等二十三人			
進士王旦等	第一等進士王世則等十八人	第二等進士吳鉉	進士王禹偁等
見任官：顏明遠、劉昌言、張觀、樂史			
進士張適等，諸科靳懷德等			
進士王旦等	第一等進士王世則等十八人		進士王禹偁等
諸科			進士王禹偁等
諸科			進士王禹偁等
諸科			進士王禹偁等
		史館勸書	
見下考節正事實(21)	見下考節正事實(22)		

進士諸科注擬官職統例表

官職等級	所授人員及分甲			年代及科名：太宗太平興國三年（九七八）科
一	通判諸州	將作監丞	舊官	進士第一胡旦、進士第二田錫、進士趙昌言、進士李蘚等
		光祿寺丞	舊官	
		宣義郎	新官	
二	通判諸州	大理評事	舊官	進士崔策等七十人
		承事郎	新官	
三	通判諸州	太子中允	舊官	
		（通直郎）	新官	
四	簽書諸州判官	（試）校書郎	舊官	
		承務郎	新官	
五	簽書諸州判官	奉禮郎	舊官	
		承奉郎	新官	
六	京府節察判官（承直郎）			
七	支掌防團判官（儒林郎）			
八	刺判及京府節察推官（文林郎）			
九	初等職官（從事郎）			
十	令錄（從政郎）			
十一	知令錄（修職郎）			
十二	判司簿尉	試衛大郡判司、大縣主簿尉	（迪功郎）	
十三	判司簿尉	試衛判司簿尉	（迪功郎）	
十四	判司簿尉	判司簿尉	（迪功郎）	
十五	特免選判司簿尉、守選			
十六	其他			
備考				見下節考正事實(20)

(4)

「從上表觀之，知正賜第人員之任用，上自『將作監丞』，下至『守選』，共分十五等云，尙有『其他』一等，以供例外之用。茲將其事實及額數，儘量考正如下文。」（同前篇）

二、正賜第人員的任用及其額數之考正事實（1）

此自太宗太平興國三年（九七八）至五年（九八〇）科，一共兩舉，經考正事實（20）及（21）之考正，並附表二之分二等及附表三之分三等所復考正者，完全相符。

（20）太宗太平興國三年（九七八）科：據會要選舉二云：「太平興國三年十一月二十日，以新及第進士胡旦、田錫、趙昌言、李蕤並爲將作監丞；崔策等七十人，並爲大理評事，通判諸州事及諸州監當。」[65]分別言之：就胡旦言，宋史本傳云：「胡旦字周父，濱州、渤海人，……舉進士第一，爲將作監丞、通判昇州。」（卷四三二）東都事略胡旦傳則謂其爲「渤海人，舉進士第一，通判昇州。」（卷三八）如上所云，「通判」其差遣也，責任重大，故必書之。「將作監丞」，其階官也，無關宏旨，故略之。（參閱上表）然其以將作監丞、通判昇州，明矣。就田錫言，據范撰墓誌銘云：「公諱錫，字表聖，……太宗……親策天下進士，擢公第二人，時太平興國三年秋也，釋褐，除將作監丞、通判宣城郡。」[66]東都事略和宋史各本傳所言均同，但均作「通判宣州」。[67]「宣州宣城郡」[68]，一也。是其以將作監丞、通判宣州，亦明矣。就趙昌言說，宋史本傳云：「趙昌言字仲謨，汾州、孝義人，……太平興國三年，舉進士，……擢賓甲科，爲將作監丞、通判鄂州。」（卷二六七）東都事略本傳所言同。（見卷三六）

則隆平集本傳謂其於「太平興國二年，登進士。」（卷六）其「二」字必爲「三」字之誤。是其於興國三年以「將作監丞、通判鄂州」，又明矣。至於李蕤、崔策兩人，史傳均不之載；僅會要職官太宗淳化四年二月有「司封員外郎、直昭文館李蕤」（五〇之一）而已。

此外，又有李昌齡者，據隆平集本傳云：「昌齡字天錫，應天府人，太平興國二年，登進士第。……」（卷六）東都事略本傳未繫年，進謂其「楚丘人也，舉進士，爲大理評事、通判合州。」（卷三七）宋史李昌齡傳，據二家之說，但作三年；要其爲正史，姑从之。（卷二八七）準是以推，則會要之說，良有以焉。其未詳及者，所在多有。今就所知，一併附表於後，備參考云。

（21）太平興國五年（九八〇）科：據會要選擧二云：「太平興國五年五月初一日，以新及第進士蘇易簡二十三人並爲將作監丞，充諸道通判，餘爲大理評事、知縣；顏明遠、劉昌言、張觀、樂史，以見任官赴擧，並授節度掌書記。」（四二四五）然長編以其與「賜第」並書，故繫之此前閏三月甲寅，且言及諸科。謂「進士第一等授將作監丞、通判藩郡，次授大理評事、知令錄事；諸科授初等職事及判、司、簿、尉。時劉昌言、顏明遠、……張觀、……樂史等四人，皆以見任官擧進士，上惜科第不與，特授近藩掌書記。」⑲宋史全文略采其說，畢鑑則悉收之，但均錯漏殊甚。⑳又按「見任官擧進士」，固名「鎖廳試」，此拙著已言之。㉑「鎖廳」十一日同條：「京兆府戶曹參軍顏明遠，徐州節度推官劉昌言，洺州雞澤縣主簿張觀，德州將陵縣主簿樂史，並應進士擧，殿試合格，帝惜科第不與，乃除明遠中正軍、昌言歸德軍、觀忠武軍、史武成軍，並爲節度掌書記。」㉒此言之再三，爲明其事實與「科第」之重要耳。考進士第一蘇氏其人，據宋史本傳稱：「蘇易簡字太簡，梓州銅山人，……太平興國五年，年踰弱冠，舉進士，太宗方留心儒術，貢士皆臨軒覆試，易簡所試三千餘言，……奏上，覽之稱賞，擢冠甲科，解褐，將作監丞、通判昇州。」（卷二六六）東都事略蘇易簡傳亦謂其「弱冠舉進士，爲將作監丞、通判昇州。」（卷三五）比勘上述，完全相符。則蘇等注官，應如右表。再考「鎖廳試」樂史其人，右引長編同條稱：「其後復賜樂史進士及第，仍附是年第一等進士之下。」實則會要已明言之：「太宗雍熙二年正月，詔著作佐郎樂史，先賜進士及第，宜附太平興國五年第一甲進士之下。」⑬故宋史樂黃目傳云：「……父史，……太平興國五年，與顏明遠、劉昌言、張觀，並以見任官舉進士，太宗惜科第不與，但授諸道掌書記，史得佐武成軍，既而復賜及第，上書言事，擢爲著作佐郎、知陵州。」（卷三〇六）東都事略樂史本傳亦略載之，其注官略同。（見卷一五五）次如劉昌言亦然。宋史本傳稱：「劉昌言字禹謨，泉州南安人，……太平興國五年，舉進士入格，太宗初惜科第，止授歸德軍掌書記，八年，復舉得第，遷保信、武信二鎭判官。」⑭又如張觀，據宋史本傳云：「張觀字仲賓，常州毗陵人，……太平興國初，……調雞澤主簿，再求試，特授忠武掌書記，……獻所業文，賜進士及第。」（卷二七六）最後，就顏明遠言，馬貴與說：「顏明遠等四人，以見任官舉進士，上惜科第不與，特授近藩掌書記，蓋惟恐權貴占科目，以妨寒畯也。」⑮然則太宗「惜科第不與」，固有由焉。由是言之，彼等授以節度掌書記，不亦宜乎？

附表二：太平興國三年（九七八）科注擬官職分例表

科次姓名／注官等級	第一等將作監丞	第二等大理評事	通判諸州事及諸州監當	材料出處及考正
進士第一胡旦	同右		通判昇州	見正文。
進士第二田錫	同右		通判宣州	見正文。
進士趙昌言	同右		通判鄂州	見正文。
進士李蕤	同右			見正文。
進士牛冕	同右		通判郴州	宋史卷二七七牛冕憲傳，頁二五——二七。
進士崔策		同右		見正文。
進士李昌齡		同右	通判合州	見正文。
進士張肅		同右	通判普州	濟北晁先生雞肋集卷三四張穆之觸鱗集序，四部叢刊本頁三——六。
進士宋太初		同右	通判戎州	宋史卷二七七宋太初傳，頁七。
進士韓丕		同右	通判衡州	宋史卷二九六韓丕傳，頁一。
進士董儼		同右	通判饒州	宋史卷三〇七董儼傳，頁七。
進士張鑑		同右	監泰州紫墟榷務	宋史卷二七七張鑑傳，頁一。

附表三：太平興國五年（九八〇）科注擬官職分例表

名姓次科／級等官注	第一等將作監丞、通判藩郡	第二等大理評事、知令錄事	第三等初等職事、判司簿尉	材料出處及考正見正文。
進士第一蘇易簡	昇州			見正文。
進士李沆	潭州			據武夷新集卷一〇文靖李公墓誌銘。（珍本頁一、二—九）宋史李沆傳本銘說。（見卷二八二，頁一。）隆平集和東都事略各本傳，均略載之，一繫其年，一言其事。（分見卷四，頁九；卷四〇，頁一。）
進士向敏中	吉州			宋史卷二八二向敏中傳，頁一七。
進士陳若拙	鄂州			宋史卷二六一陳若拙傳，頁九—一〇。
進士宋湜	梓州			武夷新集卷八宋公神道碑銘幷序云：「……公諱湜，字持正，……太平興國五年春，……登進士甲科，解褐，將作（監）丞、通判梓州。」（珍本頁一—三—八）宋史本傳據其說。（見卷二八七，頁二—三）東都事略本傳未繫年，但所言及第注官同。（見卷三七，頁五）則隆平集僅作「二年，登進士第，」（卷九，頁一四。）殊誤。
九經李覺	建州			宋史卷四三一李覺傳，頁二八。

進士王旦		知臨江縣		據歐陽文忠公集卷二二王公神道碑銘。（頁一）名臣碑傳琬琰集收其說。（見上集卷二，頁三五。）宋史卷二八二王旦傳依傍碑銘。（頁六—七）隆平集本傳繫其及第之年。（卷四，頁一二。）東都事略載其注擬之官。（卷四〇本傳）
進士寇準		知歸州巴東縣		寇忠愍公準旌忠之碑：「公諱準，字平仲，……華州下邽人，……年十九，一舉擢進士第，解褐，受大理評事、知歸州巴東縣，時太平興國五年也。」（孫抃撰，載寇忠愍公集卷首；宋代蜀文輯存卷五，頁一四。名臣碑傳琬琰集亦收其說，見上集卷二，頁二五、二六—三四。）宋史卷二八一、隆平集卷四、東都事略卷四一各本傳，（分見頁一五、頁一四、頁三）均可參考。
進士張詠		知鄂州崇陽縣事		張忠定公詠神道碑：「……公諱詠，字復之，……鄴之鄄城人，……太平興國四年秋，……赴大名舉，……明年春，擢進士第，授大理評事、知鄂州崇陽縣事。」（安陽集卷五〇，頁九；乖崖集附錄，頁一一。名臣碑傳琬琰集上卷一六，頁二六三—二六四—二七一收其說。）張尚書行狀所言同。（景文集卷六二，聚珍本頁一—七。琬琰集中收其說。（見卷四四，頁一〇四五—一〇五二。）忠定公傳、張公墓誌銘所言亦略同。（乖崖集附錄一、六）隆平集、東都事略兩本傳言之甚簡。（分見卷一三，頁一二；卷四五，頁一。）惟宋史本傳云：「太平興國五年，……詠登進士乙科，大理評事、知鄂州崇陽縣。」（卷二九三，頁一四—一五。）
進士馬誥		知邵州邵陽縣		馬公墓誌銘：「公諱誥，字仲謀，魏人，……讀書通大義，不爲章句，與冠萊公準、張僕射詠友善，意氣相得，太平興國五年，偕行就學，同登進士第，釋褐，授大理評事、知邵州邵陽縣。」（珍本初集卷四〇，頁五—八。）
進士謝泌		知清川縣		宋史卷三〇六謝泌傳，頁一。新安文獻志卷七七謝諫議傳，文淵閣四庫本頁二。
進士盧之翰		知臨安縣		宋史卷二七七盧之翰傳，頁九。
進士張適			任藩郡	宋史卷二七七張適傳，頁二六。

明法靳懷德			廣安軍判官	宋史卷三〇九靳懷德傳，頁一五。
三傳張九思			雅州軍事推官	歐陽文忠公集卷六二張公墓誌銘，四部叢刊本頁五。
明法魏廷式			朗州法曹掾	宋史卷三〇七魏廷式傳，頁八—九。
明經程元白			虔州、贛縣尉	歐陽撰程公神道碑銘并序云：……公諱某，字某，…及太平興國五年，遂以明經中第，爲處州、贛縣尉。」（歐陽文忠公集卷二一，頁八—一〇。）程氏貽範收其說。（乙集卷五，頁一。）但名臣碑傳琬琰集中卷四〇作程太師元白墓誌銘，而其內容又作「爲處州贛縣尉」。（頁九七三—九七五）考宋史地理志云：「虔州……縣十，贛，……」（卷八八「江南西路」，頁一六—一七。）其首也，則琬琰集之說，誤矣！
京兆府戶曹參軍學進士顏明遠			中正軍節度掌書記	見正文。
徐州節度推官學進士劉昌言			歸德軍節度掌書記	見正文。
洺州雞澤縣主簿學進士張觀			忠武軍節度掌書記	見正文。
德州將陵縣主簿學進士樂史			武成軍節度掌書記	見正文。

三、正賜第人員的任用及其額數之考正事實（2）

此自太平興國八年（九八三）至雍熙二年（九八五）科，亦只兩舉，經考正事實（22）及（23）之考正，並附表四亦只分二等及附表五則分四等所復考正者，亦完全相符。

（22）太平興國八年（九八三）科：據長編卷二四云：「太平興國八年六月戊申，以進士王世則等十八人送中書門下，特授大理評事、知令錄事；餘送流內銓，並授判、司、簿、尉；未幾，世則等移通判諸州，爲簿、尉者，改試大理評事、知令錄，明年，郊禮畢，遷守大理評事。⑯……杭州進士吳鉉，嘗重定切韻，及上親試，因捧以獻，既中第，授大理評事、史館勘書。」（頁九一—一〇）既「送中書門下、流內銓」，故會要選舉二作「七月初五日，以及第進士王世則第一、十人並爲大理評事，知縣、錄事參軍；又以第二等進士吳鉉爲大理評事、史館勘書。」（四二四六上）考容齋續筆，謂「自王世則以下十八人，以評事知縣，餘授判、司、簿、尉；未幾，世則等移通判；簿、尉改知令錄，明年，並遷守評事。」⑰迴諸上文，若相契合。是則除吳鉉注官，一如前述之外：其第一等進士王世則等確爲十八人，授大理評事、知令錄，移通判諸州；第二等進士自試大理評事而守大理評事或大理評事，同時自判司簿尉而知令錄。傳稱：「王禹偁，……太平興國八年，擢進士，授成武主簿，徙知長洲縣，就改大理評事。」「成武縣作」律詩：「釋褐來成武，初官且自強。」⑱故吳郡志說：「王禹偁，太平興國九年，以大理評事、知長洲縣。」⑲與此同時，王禹偁〈送李巽序〉亦云：「……君、建陽人，少以文章干祿江表，……尤善辭賦，……故秉筆者許之。僕時在場屋，與之游，……同登乙科。……是以君……適海隅，釐宂務。……」[80]胡宿撰「李巽可大理評事制」，[81]正說明此一事實。進觀宋史卷四四○，謂「羅處約，字思韋，益州華陽人，……登第，爲臨渙主簿，再遷大理評事、知吳縣；王禹偁知長州縣，日以詩什唱酬，蘇杭間多傳誦。」[82]此皆其鐵證，亦當時之佳話也。故位置彼等於右列統表，並附分表四以參證之。

（23）雍熙二年（九八五）科：據宋會要選舉二云：「雍熙二年、四月、十二日，以新及第進士第一等梁顥等二十一人爲節度、觀察推官，第二等、第三等、諸科三等人，令吏部依常調注擬。」（四二四六上）彭百川曾具言其人：「甲科梁顥，年八十二，作狀元；張惟明、裴湛、錢若水，陳允省元，（錢）熙。乙科呂防、李昉（防）、任中正、閭丘陵令。丙科趙安仁、陳彭年、凌策、宋維善、陳貽慶。四等崔度。」[83]按「分甲取人」，拙著曾考正之。[84]然比勘此說，已明定四等用人矣。第一等即甲科，爲節度、觀察推官。第二等即乙科，第三等即丙科，諸科爲四等，如上所云，此「三等人，令吏部依常調注擬。」則陳桱續編謂「進士及第第一人授節度推官」[85]，誤矣！況其第一人非節度推官乎？至彭謂「甲科梁顥年八十二作狀元」，經考正實爲二十三，今再補正如注。[86]傳稱：梁顥字太素，鄆州須城人，雍熙二年，舉進士，擢冠甲科，解褐，爲大名府觀察推官。[87]不惟第一人如此，省元亦然。彭謂「陳允省元」，經考正「其允字蓋充字形似之誤」。（同[86]）宋史卷四四一亦云：「陳充字若虛，益州、成都人，雍熙中，……禮部奏名爲進士之冠，廷試擢甲科，解褐，孟州觀察推官。」（頁一）所謂「雍熙中」，當爲雍熙二年，不待言也。要之，其均非節度推官明甚。

又王珪撰〈洪比部湛傳〉云：「洪比部湛，字惟清，昇州上元人……雍熙二年……進士；……以文采遒麗，特升第三人，解褐，歸德軍節度推官。」宋史本傳所言同。⑱是節度推官授與第三，固優假于狀元和省元，然實與觀察推官同一階；且軍不如州，州不如府，⑲蓋無甚優劣也。要其符合會要之說，又可正彭謂「裴湛」之誤矣。

又彭謂「張惟明」，查無史傳可稽；「錢若水」，則有之。（見表）特其珍本於「省元」下有一「熙」字，考之史傳，蓋即「錢熙」其人。宋史卷四四〇，謂「錢熙字太雅，泉州、南安人，……舉進士，雍熙初，攜文謁宰相李昉，昉深加賞，重爲延譽於朝，令子宗諤與之游；明年，登甲科，補虔州觀察推官。」（頁一七—一八）此又一證也。

其次，就第二等乙科言，彭說適園叢書本，計言「呂防、李防、任中正、閭丘陵令」四人，其珍本所言同，但呂和閭丘，史不之載。又珍本以「李防」作「李昉」，徵諸史傳，知其誤。任中正亦自有傳。李任二人注官，一依常調。（見表）

又曾撰〈陳公神道碑銘〉云：「公諱世卿，字光遠，南劍州，沙縣人，……雍熙二年進士，爲衡州軍事推官，改靜安軍節度推官。」⑳然宋史本傳作「東州節度推官」。㉑考宋史地理志：「東川節度本梓州，……太平興國中，改靜安軍。」㉒知傳誤。此與劉師道、鞠仲謀均不在彭史之列，益見其「依常調注擬」矣。

又次，就第三等丙科言。其有史傳可稽者，首推趙安仁。宋史卷二八七，謂「趙安仁字樂道，河南洛陽人，……雍熙二年，登進士第，補梓州榷鹽院判官，以親老弗果往；會國子監刻五經正義板本，以安仁善楷隸，遂奏留書之；歷大理評事、光祿寺丞，召試翰林，以著作佐郎、直集賢院。」（頁一三—一四）此東都事略本傳逕述其最後官職。而隆平集本傳且進言「累擢知制誥」。㉓此既說明其注擬之初官，並及其注擬之歷程矣。若乃陳彭年、凌策，均依傳著錄於表。宋惟善、陳昭慶無從稽考，則從略。

最後，就第四等諸科言，彭氏僅著錄崔度一人，會要既云「依常調注擬」，當不過于右列諸官，可無論矣。

附表四：太平興國八年（九八三）科注擬官職分例表

科次姓名＼注官等級	第一等 大理評事 知令錄—— 通判諸州	第二等 試大理評事 守大理評事 大理評事 判司簿尉— —知令錄等	材料出處及考正。
進士第一王世則	同右		見正文。
進士楊覃（覃）	徐州觀察推官		宋史卷三〇七楊覃（覃）傳，頁一三—一四。
進士甲科梁鼎	知秭歸縣		宋史卷三〇四梁鼎傳，頁三—四。
進士姚鉉	知潭州、湘鄉縣		宋史卷四四一姚鉉傳，頁一五。
進士吳鉉		史館勘書	見正文。

進士乙科王禹偁		成武主簿—知長洲縣	見正文。
進士羅處約		臨渙主簿—知吳縣	見正文。
進士乙科李巽		鼇海隅宂務	見正文。
進士王子輿		北海主簿、歷大理評事、知臨海縣	宋史卷二七七王子輿傳，頁一五—一六。
進士曾致堯		符離主簿、梁州錄事參軍	宋史卷四四一曾致堯傳，頁一一。
進士戚綸		沂水主簿	宋史卷三〇六戚綸傳，頁一一—一二。
進士崔遵度		和州主簿	宋史卷四四一崔遵度傳，頁二三。
進士韋襄		臨淮之盱眙尉	樂全集卷三九〈韋府君墓誌銘〉，珍本初集頁四二、四四、四五。

附表五：雍熙二年（九八五）科注擬官職分例表

名姓次科／級等官注	第一等甲科 節度、觀察推官	第二等乙科 依常調注擬	第三等丙科 依常調注擬	第四等諸科 依常調注擬	材料出處及考正
進士甲科第一梁顥	大名府觀察推官				見正文。
進士甲科第二陳充	孟州觀察推官				見正文。
進士甲科第三洪湛	歸德軍節度推官				見正文。
進士甲科錢若水	同州觀察推官				楊億武夷新集卷九錢公墓誌銘（四庫珍本頁六—八）宋史卷二六六、東都事略卷三五及隆平集卷九各本傳均可參考。
進士甲科錢熙	虔州觀察推官				見正文。
進士乙科李防		莫州軍事推官、忠武軍節度推官			正文及宋史卷三〇三李防傳。（頁六）
進士乙科任中正		池州推官歷大理評事、通判邵州			正文及宋史卷二八八任中正傳。（頁二）東都事略本傳可參考（卷四四，頁六。）

進士陳世卿		衡州軍事推官，改靜安軍節度推官			見正文。
進士劉師道		和州防禦推官			宋史卷三〇四劉師道傳。（頁一〇）
進士鞠仲謀		東京留守推官			宋史卷四四〇鞠常傳附。（見頁三）小畜集卷一九送鞠仲謀序，可參考。（見頁七）
進士丙科趙安仁			梓州榷鹽院判官。（留書五經正義。）		見正文。
進士陳彭年			江寧府司理參軍，換江陵主簿，歷澧、懷二州推官。		據宋史卷二八七陳彭年傳，（頁一九—二〇）證之正文所引會要諸書之說，則隆平集本傳獨作雍熙三年，（見卷六，頁一三）誤矣。
進士凌策			廣安軍判官，改西川節度推官		據正文及宋史卷三〇七凌策傳。（頁一二）東都事略本傳可參考。（見卷四五，頁四）
諸科崔度				第四等	見正文。

四、正賜第人員的任用及其額數之考正事實（3）

此自端拱元年（九八八）至二年（九八九）科，也只兩擧，經考正事實（24）及（25）之考正，並附表六又只分二等及附表七又分四等所復考正者，也完全相符。

（24）端拱元年（九八八）科：據長編是年閏五月條：「先是……放進士、……諸科，……牓既出，而謗議蜂起，或擊登聞鼓，求別試；上意其遺才，壬寅，召下第人覆試，……以試中爲目，令權知諸縣、簿、尉。……」彭書本其說，並具言「程宿省元，王扶、陳堯佐、石城之；諸科盧范以下。…………」長編同條又說：「上旣擢馬國祥等，猶恐遺材，復命……下第進士及諸科……重試；　…………　丁丑，上覆試，……又拔進士……諸科，……並賜及第。」彭書亦本其說，並注云「葉齊、江拯、趙準等。」九朝編年備要、宋史全文、通考、淳熙三山志及畢鑑諸書，亦均依傍長編。⑭考「程宿開化人，端拱元年進士第一人及第，……迪功郎、玉山縣令。」⑮又史傳稱：「陳堯佐字希元，閬州人，……端拱元年登進士第，」「歷魏縣、中牟尉。」⑯又稱：「查道字湛然，歙州、休寧人，……端拱初，擧進士高第，解褐，館陶尉。」⑰長編亦云：「先是……查道……從進士得官，爲館陶尉；……會都運使樊宗古素知道節行，欲荐之，辭，以與其縣主簿葉齊。宗古曰：『齊，素不識也。』道曰：『公不荐齊，道亦不敢當公荐也。』宗古不得已，兩荐之。」注云：「道爲館陶尉、荐主簿葉齊，……實錄載於端拱二年十月。……」⑱返觀上述，完全相符。又宋祁撰叔父府君位行狀云：「端拱元年，以明經釋褐，補隴州、隴安簿。」[99]故宋洪邁據長編之說，而截然云：「端拱元年，……自程宿以下，但權知諸縣、簿、尉。」[100]是則如王扶、俞獻可、師仲回及周希古等進士及第，[101]以及上述進士如石成之、馬國祥、江拯、趙準，諸科盧范等之注官，要皆不出程宿等之範疇，可斷言也。

（25）端拱二年（九八九）科：據宋會要選舉二是年四月初八日：「以新及第進士第一人陳堯叟、第二人曾會，並爲光祿寺丞、直史館；第三人姚揆爲潁州團練推官，後數日，以揆恩命未優，改曹州觀察推官。」（四二四六上）然長編卷三〇則以其同繫之此前賜第日，即三月二十一日壬寅，而謂「堯叟及會並授光祿寺丞、直史館，第三人以下分授職事州縣官。」（頁一一）是彭書作「雍熙二年」，其「雍熙」二字當爲「端拱」之誤。且僅注「陳堯叟、（張）知白、曾會、姚揆、蘇奐、趙稹、張智、盛度等」，[102]而不及其所授之官。考陳堯叟隆平集本傳作「端拱二年，登進士甲科。」（卷五）其事略本傳作「擧進士第一，爲光祿寺丞、直史館。」（卷四四）宋史本傳同事略。（卷二八四）又考曾公亮行狀云：「皇考楚公……擧進士，……與陳文忠公試於廷，文皆傑出，並授光祿寺丞、直史館，而……次文忠公，爲第二。」[103]則洪邁云：「端拱二年，陳堯叟、曾會至得光祿寺丞、直史館，而第三人姚揆但防禦推官，」（同[100]）不盡然矣！蓋「防禦推官」比上述「團練推官」高，顧同爲「幕職州縣官」「第四階」，而「節察推官」則爲「第三階」。[104]此上引會要所以有「以揆恩命未優，改曹州觀察推官」也。就上述張知白言，據隆平集本傳僅言「端拱二年，登進士第；」（卷五）其事略本傳則進言「爲靜戎軍、解州推官；」（卷五一）至宋史本傳更竟言「累遷河陽節度判官」。（卷三一〇）然「節度判官」爲「幕職州縣官」「第一階」。（同[104]）考眞宗咸平五年（一〇〇二）十一月庚申：「河陽節度判官淸池張知白上疏」云云，[105]此上距其及第時已十三年，是當時任「解州推官」，亦爲第四階，（同[104]）宜矣。就盛度言，據宋史本傳云：「度舉進士第，補濟陰尉。」（卷二九二）則其中蘇奐、趙稹、張智三人，雖無史傳可稽，當一如上述「分授職事州縣官」。雖然，尚有可得而言者。如「李昉……子宗諤，……七歲能屬文，恥以父任得官，獨由鄉舉……第進士，授校書郎；明年，獻文自荐，遷祕書郎、集賢校理。」[106]按上節「注擬官職統表」分十六等，而校書郎乃其第四等耳，固低于第一、二人「光祿寺丞」之等三，但高於第三人「節察推官」之等四。其所以能如此超等注官，蓋因宗諤於上舉罷「入等」[107]而特予補償。此觀其「獻文自荐，遷祕書郎、集賢校理，」可先見焉。尋「獻詩」而被召「預宴」，[108]其尤彰明校著者也。其「獻詩」，據青箱雜記云：

李文正公昉，……有子宗諤，……篇什筆札，兩皆精妙；太宗朝，嘗以京官帶館職，赴內宴，閤門拒之。宗諤獻詩曰：「戴了宮花賦了詩，不容重覩赭黃衣，無聊獨出金門去，恰似當年下第歸。」蓋宗諤嘗舉進士，御試下第，故詩因及之。太宗即時宣召赴坐，後遂爲例，雖選人帶職，亦預內宴，自宗諤始也。（宋吳處厚撰，卷一，頁二；大觀二一編五，頁二八六九。）

此說談苑亦略載之。其說曰：

賞花釣魚，三館維直館預坐，校理以下賦詩而退，太宗時，李宗諤爲校理，作詩云：「戴了宮花賦了詩，不容重見赭黃衣，無憀却出宮門去，還似當年下第時。」上即令赴宴，自是校理而下，皆與會也。（宋孔平仲撰，卷四，頁四，大觀四編四，頁二一〇〇）

二書所言館閣之職，非本篇所能詳及，可參閱拙文「學館閣」。[109]惟此說皆當時之軼聞，又與史傳相符，且能將其罷「入等」和預「遊宴」聯述之，尤能證明其眞相。又有梅詢者，「進士及第，試校書郎、利豐監判官。」（見表）按「試校書郎」次於「校書郎」，其階官也；（同⑯）而「監判官」又屬「初等職官」，則其差遣之職，固爲上列「職事州縣官」耳。然則是年進士諸科之注擬官職，仍應分爲四等，其詳則見附表云。

附表六：端拱元年（九八八）科注擬官職分例表

科次姓名＼注官等級	第一等　令錄	第二等　判司簿尉	材料出處及考正
進士第一人及第程宿	迪功郎、玉山縣令		見正文。
進士葉齊		館陶主簿	見正文。
進士陳堯佐		魏縣、中牟尉	見正文。
進士查道		館陶尉	見正文。
進士王扶			見正文。
進士兪獻可			見正文。

進士師仲回			見正文。
進士周希古			見正文。
進士石成之			見正文。
進士馬國祥			見正文。
進士江拯			見正文。
進士趙準			見正文。
明經宋位		隴州、隴安簿	見正文。
諸科盧范			見正文。

附表七：端拱二年（九八九）科注擬官職分例表

級等官注／名姓次科	第一等 光祿寺丞、直史館	第二等 校書郎	第三等 觀察推官	第四等 職事州、縣官	材料出處及考正
進士第一人 陳堯叟	同右				見正文。
第二人 曾會	同右				見正文。
進士 李宗諤		同右			見正文。
進士第三人 姚揆			曹州		見正文。
進士 陳從易				嵐州團練推官	隆平集本傳：「端拱初，登進士第。」（卷一四，頁二〇）事略本傳：「舉進士，爲嵐州團練推官，再調彭州軍事判官。……」（卷六〇，頁一。）宋史本傳：「進士及第，爲嵐州團練推官，再調彭州軍事推官。……」（卷三〇〇，頁二六。）閩中理學淵源考本傳：「端拱二年，進士及第，初調彭州軍事推官。……」（卷一二，頁二。）按「團練推官」在「軍事推官」之上，同爲幕職州縣官第四階，即「初等官職」。而「軍事判官」爲其第三階。⑪既再調，事略之說是也。宋史作「軍事推官」，誤。淵源考作「初調軍事推官」，尤誤。進觀長編說：「初王均連陷綿漢，勢張甚；彭州人謀殺兵馬都監以應之；時晉江陳從易、實爲軍事判官，攝州事，斬其首謀者，召餘黨，曉以禍福，赦之，衆皆伏悅。」（卷四八眞宗咸平四年四月己未條，頁一三。）返觀諸史傳，知其注官如上。

進士梅詢		同右		利豐監判	據歐陽文忠公集卷二七梅公墓誌銘。（頁一）宋史卷三〇一本傳節略其說。（頁二）又考臨川集卷八八梅公神道碑云：「康定辛巳（一〇四一），……公七十八，……卒，」（頁四—五）自此上推，知其於乾德二年（九六四）生；又上引墓誌銘略云：「公年二十六，進士及第，」知其係端拱二年（九八九）科。
進士魏清				峽州軍事推官	武溪集卷二〇魏公墓誌銘。（四庫珍本頁二五）
進士宋濤				知襄城縣	宋史卷二八七宋湜傳附。（頁四）
進士楊大雅				歷新息、鄢陵縣主簿—知新昌縣	據宋史卷三〇〇本傳，（頁二七）歐陽文忠公集卷六一〈楊公墓誌銘〉。（頁三）
九經孫奭				莒縣主簿	景文集卷五八〈孫宣公墓誌銘〉、（頁二〇）及卷六一〈孫僕射行狀〉。（頁四）宋史卷四三一本傳。（頁九）
明經宋玘				寧州襄樂主簿	景文集卷六二〈荊南府君行狀〉。（聚珍本頁一四—一五）名臣碑傳琬琰集中收其說，見卷四二〈宋府君玘行狀〉，（頁一〇一四—一〇一五）
進士盛度				濟陰尉	見正文。

進士胡則				許州許田縣尉	范文正公集卷一二〈胡公墓誌銘〉。（頁八）宋史卷二九九〈本傳〉。（頁一六）
進士蘇奐				職事州縣官	見正文。
進士趙稹				職事州縣官	見正文。
進士張智				職事州縣官	見正文。
進士張成列					宋史卷二九六張茂直傳附，頁四。

附註：

⑥⑤：會要見四二四五下，原作太平興國二年，茲根據拙著「北宋科舉制度研究再續—進士諸科之殿試試法(中)第二節改正，見成功大學歷史學報第九號，頁一四二表。

⑥⑥：分見范文正公集卷一二，四部叢刊〇四〇，頁五；咸平集卷首；名臣碑傳琬琰集中，卷二，頁一。

⑥⑦：分見卷三九，頁一；卷二九三，頁一。

⑥⑧：據宋史卷八八地理志，頁一四。

(69)：詳長編卷二一，頁三—四。通考本其說，見卷三〇，考二八五上。

(70)：全文見卷三，頁一二五，主要漏「樂史」其人之姓。畢鑑見卷一〇，頁二四九，主要錯「知令錄事」之「知」為「諸」，與官制不符。

(71)：見拙著北宋科舉制度研究續（上）——進士諸科之解省試法（上），第一章、第二節、（一）。（成功大學歷史學報第五號，頁一四九；宋史研究集第十三輯，頁七四。）

(72)：據會要選舉一四之八。（四四八六）

(73)：選舉九之一。參閱拙著北宋科舉制度研究再續——進士諸科之殿試試法（中），第三章，第一節（一）（成功大學歷史學報第九號，頁一一五。宋史研究集第十六輯，頁三—四。）

(74)：宋史卷二六七，頁一四。但東都事略劉昌言傳以「武信」作「武勝」。（卷三六，頁五。）

(75)：據通考卷三一，考二九七上。

(76)：宋史卷一六九職官志：「凡除職事官，以寄祿官品之高下為準，高一品已上為行，下一品為守，下二品已下為試，品同者否。」（頁三一）

(77)：見卷一三，頁一。（大觀二九編二，頁一〇一五。）

(78)：據宋史卷二九三王禹偁傳。（頁六）詩見小畜集卷七，四部叢刊〇三九，頁四。（三四）則東都事略卷三九王禹偁傳作「武城簿」，誤矣。

(79)：吳郡范成大撰，見卷一二，頁四。（宋元地方志叢書四，頁二三二一。）王禹偁為長洲令自叙（吳都文粹續集補遺上，頁一八下）、長洲縣令廳記（吳都文粹卷九，頁二八。）及王長洲祠堂記、贊（吳都文粹續集卷一四，頁二七—三〇。）均可參考。

⑳：小畜集卷一九，四部叢刊〇三九，頁一三—一四。（一三二—一三三）

㉑：文恭集卷一四，聚珍本頁一九。

㉒：頁一三—一四。但東都事略卷一一五羅處約傳作「爲臨溪簿」。（頁四）考王禹偁撰〈東觀集序〉：「羅君……諱處約，……二十六，御前擢進士第，解褐，宿州臨渙簿；再命蘇州吳縣宰，得大理評事。」（小畜集卷一九，頁三—四。）事略殊誤，故不取，並正之。

㉓：太平治迹統類、珍本卷二七，頁八；適園叢書本卷二八，頁六。

㉔：拙著北宋科舉制度研究再續——進士諸科之殿試試法（中），第三章，第一節，（一）；成功大學歷史學報第九號，頁一一八。

㉕：卷四，頁一二。畢沅續通鑑卷一二同條作「進士及第一人授節度推官」，（頁三〇三）其必脫一「第」字。

㉖：同注八四第三節、四、（1）又「狀元梁顥」條，頁一七六—一七七。又癸巳存稿卷八「書宋史梁顥傳後」，考證綦嚴，所謂「梁顥……四十二卒，二十三及第，無疑，」是矣。其詳見原文。（世界書局本頁二三〇—二三二。）

㉗：詞取宋史、事略兩本傳，（分見卷二九六，頁四—五；卷四七，頁四。）但事略作「鄆州項城人」。考宋史地理志：「鄆州縣六」，首即「須城」。（卷八五京西路，頁一七。）故長編雍熙二年（三月）己未，……得進

士須城梁顥等。（卷二六，頁二。）

⑱：汪華陽集不之載，此取新安文獻志卷九四上。（頁八，文淵閣四庫本集部三一五，頁一三七六之五五一。）要之，傳中既云雍熙二年，又作眞宗，殊誤。宋史卷四四一亦云：「雍熙二年，廷試已落，復試，擢寘高第，解褐，歸德軍節度推官。」（頁一七一一八）

⑲：詳見拙著北宋選人七階試釋。（宋史研究集第九輯，頁二六九—二七六）。

⑳：元豐類稿卷四七，四部叢刊本頁三—四。

㉑：詳見卷三〇七，頁一六。

㉒：見卷八九潼川府路，頁八—九。又職官分紀卷四〇安靜軍梓州：劍南東川管內營田觀察處置等史，（頁二六）可參考。

㉓：分見卷四四，頁三；卷六，頁一三。

㉔：長編卷二九，頁八—九。彭百川太平治迹，珍本卷二八，頁六—七。適園叢書本卷二七，頁八—九。備要卷四，頁一二—一三。全文卷三，頁一五三。通考卷三〇，考二八五；及卷三二，考三〇五中。三山志卷二六，頁七。（四八四—三五三。）

㉕：宋詩紀事小傳補正卷三，頁五。

㉖：隆平集卷五，頁九—一〇。宋史卷二八四，頁一一一二。事略卷四四陳堯佐傳據歐陽公撰文惠陳公神道碑銘，（歐陽文忠公集卷二〇，頁三—四）均可參考。

⑰：詞取宋史卷二九六本傳，（頁一八—一九）新安文獻志卷六四宋查道待制傳略同。（頁一一—一二；一三七六，頁九七—九八。）

⑱：卷三九太宗至道二年夏四月條，頁三—四。

⑲：景文集卷六二，聚珍本頁一八。

⑳：容齋續筆卷一三「科舉恩數」，四部叢刊本頁一（廣二七，頁一八七。）大觀本頁一〇一五。

㉑：依次見宋史卷二七〇、（頁一五）卷三〇〇（頁二四）、卷二九六（頁三）、淳熙三山志卷二六（頁七）各本傳。

㉒：太平治迹適園叢書本卷二八，頁七；四庫珍本卷二七，頁九。

㉓：名臣碑傳琬琰集（中）卷五二，曾肇撰。（頁一一七七）

㉔：詳拙著北宋選人七階試釋，宋史研究集第九輯，頁二七四。

㉕：詳編卷五三，頁九。

㉖：詞取東都事略卷三二本傳。（頁二）隆平集卷四（頁七）宋史卷二六五（頁六）各本傳均可參考。

㉗：長編卷二六太宗雍熙二年三月己未，……宰相李昉之子宗諤，……舉進士試……入等；上曰：「此……勢家與孤寒競進，縱以藝升，人亦謂朕爲有私也；」……罷之。（頁二）

㉘：長編卷三一淳化元年二月辛酉，詔自今遊宴宣召館職，其集賢、祕閣校理等並令預會。先是上宴射苑中，三館學士悉預，李宗諤任集賢校理，閤門吏拒之，不得入，宗諤獻詩述其事，故有是詔。國家因唐制，……閤門拒

校理不得預宴，蓋吏失之也。（頁三）

⑽：即北宋學官制度研究（上）一三，新亞學報第九卷，第一期，頁二八七—二八八。

⑾：據拙著「北宋選人七階試釋」，載宋史研究集第九輯，頁二七四表。

- There were also two examinations held as from the 8th year of Tai Ping Hing Guo to the second year of Yong Xi (雍熙) (983-985):

  Table IV — two Grades

  Table V — four Grades

  * These are also found to be identical to each other.

4. The study on the Recruitment System of the Qualified Candidates and the Quota System (3):

   - As from the first two years of Duen Gong (端拱) 988-989, two examinations were held during these two years.

     Table VI — two Grades

     Table VII — four Grades

     These are also true after investigation.

     That is to say, the ranking or grading for such systems ranges from two to four grades. And, these should be proved or revised from time to time.

A Study On
The Recruitment System of the Qualified Candidates in Northern Sung Civil Service Examinations (Part II)

北宋科舉正賜第人員任用制之形成續考

Chin Chung-shu （金中樞）

My previous article "The Formation of the Recruitment System of the Qualified Candidates in Northern Sung Civil service Examinations" was read in the International 'Symposium on the Sung History' sponsored and held by the two Universities of Peking and Hebei from 9th to 14th August 1991. This paper is a continuation and is also, like the previous are divided into text and tables:

1. The Recruitment of the Qualified Candidates and its Quota System – The Official Ranking of the Successful Candidates in Palace Civil Examinations for chin-shih chu-k'o（進士諸科）is rather complicated. And, it is the purpose of this paper to examine here the 16 grades or rankings with respect to the previous tables in studying the grading and ranking for the successful prefectual candidates of the Palace Examinations every year.
2. The study on the Recruitment System of the Qualified Candidates and the Quota System (1):
   - As from Emperor T'ai-tsung (太宗) at the third year to the fifth year of Tai Ping Hing Guo (978) (太平興國).
     - Table II — two Grades
     - Table III — three Grades
     - * There were two examinations to be held. These are found to be correct.
3. The study on the Recruitment System of the Qualified Candidates and the Quota System (2):

Northern Dynasties', where it is recorded that after having succeeded to power, Empress Dowager Ling née Hu (靈胡太后) of the Toba Wei (拓跋魏) Dynasty instituted the practice of riding a carriage out regularly to meet her subjects outside the place gate and accepted their written grievances and complaints.

In the end, Empress Wu enthroned herself as a monarch and founded a new Chou (周) Dynasty to replace T'ang. This goes against Confuciansim, which allocates no place to woman in the administration of the country. But an inspiration for this contravention might have come to the Empress from the *Hou-han Shu* (後漢書) or 'History of the Later Han Dynasty', as it records that in the beginning of that dynasty a usurper queendom was founded by a woman named Trung Tac (徵側) which lasted 3 years in today's Vietnam. As in the T'ang time, the northern and central areas of Vietnam stretching from Hanoi to Hué were regarded as a part of China, Trung Tac was therefore regarded as a Chinese woman in Empress Wu's mind. Hence Trung Tac's example would have encouraged and challenged the Empress to emulate.

On Empress Wu's Acts as Reflecting the Influences of MEK Earlier Female Personages

試論武則天女皇行事所受前代女中豪傑的影響

Tso Sze-bong （曹仕邦）

Empress Wu Tsê-t'ien (武則天 623-705, R. 590-705), the one and only recognized monarch of the fair sex to rule over China, had, before coming to power, formed a habit of browsing through historical and literary works, according to *Chiu T'ang-shu* (舊唐書) or 'The Old History of the T'ang Dynasty'. It is my argument in this article that some of her acts might have been influenced by the doings of earlier female figures as recorded in official histories.

An instance in point is that, after supplanting Empress Wang (王皇后) as queen consort of Emperor Kao-tsung (高宗), she had Wang and Royal Concubine Siu (蕭妃) put into two huge jars filled with liquor, their limbs mercilessly truncated. Readers of *Shih-chi* (史記) or 'Records of the Grand Historian' will recall that in the Former Han Dynasty, when Empress Dowager Lü (呂太后) had seized power after her husband's death, she subjected his favorite concubine Lady Ch'i (戚夫人) to bloodcurdling cruelty. The poor lady was blinded, deafened and muted, likewise truncated, and put into a cesspool. A reading of this episode of inhumanity might have prompted Empress Wu to imitate it.

Students of T'ang history all know that an important measure to bolster Empress Wu's rule is the collection of secret intelligence. As she was still an empress dowager with the actual government in her hand, she had four bronze caskets fashioned and installed at the four corners of a palace chamber in Loyang, and encouraged the populace to come forward and anonymously deposit into them bits and pieces of clandestine information. This idea might have come to her from reading the *Pei Shih* (北史) or 'History of the

A Systematic Analysis of The Philosophy of Wang Yang Ming

王陽明哲學的體系性分析

Tao Kwok Cheung （陶國璋）

The essay is an attempt to investigate the logical relation among the main concepts of the philosophy of Wang Yang Ming (王陽明). Wang had established those new concepts such as *"Mind is Moral"* (心即理), *"The Moral Law of Conscience"* (良知之天理), and *"Virtues Knowing and Moral Practice are Identical"* (知行合一) as the fundamental propositions of the whole system. Efforts have been made to see how Wang extended the philosophy of Confucianism in the Ming Dynasty.

A thorough-scanning of the problem of the Administration Area of Liang Guo appearing in Di Li Zhi of the History of the Han Dynasty.

漢書地理志梁國王都問題參論

Lee Chai Man (李啓文)

Professor Kang-wang Yen has mentioned that the names of the provinces (hsien 縣) as appeared in the first caption in the *Di Li Zhi* (地理志) of *Han Shu* (漢書，the History of the Han Dynasty) are the actual administration areas for the *Jun* (郡) and *guo* (國) (Seat of *Jin-level* 郡級 or *Guo-level* 國級 administration areas) in the late period of Western Han Dyansty. For example, the administration area for *Liang Guo* (梁國 principality) was the *Dang Xian* (碭縣 province). But, Mr. Wen-chu Wang claimed that not all names stuck to the same rule. It is proved that the actual place is in *Sui Yang Xian* instead of *Dang Xian* as appeared in The Historical Atlas of China, Vol. II (1982).

It correlates with the map of the *jum-guo* (郡國) at the juncture of the *Yuan Yan* Period and the *Sui Ho* Period in the reign of *Cheng Di* (成帝元延，綏和之交), together with the population map of other jun-guo in the second year of the *Yuan Shi* (元始) Period in the reign of *Ping Di* (平帝). This was compiled with the mixture of both. It is also recorded in the book of *Han Zhi* (漢志): "The eight hsiens of *Liang Guo* (梁國八縣) – three in the east and five in the western part of it (whereas *Sui Yang Xian* was in the west, and *Dang Xian* in the east). The total population was 38,709 which was the number of families in the eastern part only, after the cutback in size from eight hsiens to three in the middle of the *Yuan Yan* Period (approx. 10 B.C.). Geographically, the reduction should be those five provinces in *Sui Yang Xian*. Therefore, we realize that the kingdom of *Liang Guo* had moved to *Dang Xian*, taking it as the place for the tombs and mausoleums for ancestors.

The Signalling System of the Beacon Fire in Sung Dynasty

北宋烽燧制度

Chao Hau-hsian （趙效宣）

Feng Sui (烽燧) acted as an informer or a means of special communication in the army. Though it is a pristine saying, we can get full proof of the fact from *"Mü Zi"* (墨子), *"Chou Ben Gi"* (周本紀), *"Wei Kung-zi Gian"* (魏公子傳) as well as the description in *"Shi Chi"* (事始) and *"Shi Wu Gi Yuen"* (事物紀原): "Emperor Huang gave orders, and made a decision as he saw the Beacon Fire giving him strategic signal during the time of war." It became more popular in Han times. There were also ample evidence with diagrams in *"Han Jian"* (漢簡) – collections of written documents on bamboos, and other reports on archaeological finds for Han's relics. It was more remarkable in Tang Dynasty. Northern and Southern Sung also adopted such system and it was used not only on land but also at sea. On land, there were beacon fire towers on the peaks or mountain tops sending various strategic signals to tell fellow soldiers to reinforce or manoeuvrie the garrisons and military operations against their enemies. At sea, there were junks and boats to set out defence lines or series of fortification to fight against the invaders, making them feel the power of the combat force. There were thus special commissioners or officers positioned at the far-reaching *tsün* (村), *tu* (都), *chen* (鎮), *hsien* (鄉), *chien* (鹽), *chün* (軍), *chou* (州), *fu* (府), *lu* (路), and even the Central Government, in order to make the country safe from the raids of the enemies. In times of war such signalling stations could indeed serve as a fortified barrier, but during normal or peaceful periods, such kind of solider manoeuvre for aggressive conquest as well as for military defence could have done much for maintaining peace, and reinforcement of the states in various degrees. Should it be deemed one of the best systems in the history of Chinese tradition?

supply of pig-iron, which resulted in high production cost, they were unable to compete with import products. Poor quality pig-iron were mixed with a lot of chemicals like phosphorus and sulphur, resulting in the rails made from Bessemer steel becoming fragile and unusable.

Iron and steel work are very complicated industries that need high technology. Chang Chih-tung's knowledge in the field was very limited. The establishment of the plant was to meet the enthusiasm of building railways, but there was no proper technological support. If he had established a small or medium size plant instead, it would have been much easier in handling matters of raw materials, fuels and technology, and its production would certainly have been more satisfactory.

A Study of the Production Capacity of Hanyang Iron and Steel Works (1894-1897)

清季漢陽鐵廠生產研究

Cheng Yuen Pui （鄭潤培）

The Hangyang Iron and Steel Works, which was established by Chang Chih-tung, confronted many difficulties right from the beginning, such as the gathering of capital, fuel supply, site of plant, etc. There were many setbacks too. The most frustrating fact was, however, the problem on the production.

Previous studies on the production of Hanyang Iron and Steel Works usually centred only on the mistake of buying the Bessemer convertor, and seldom discussed other points. This article is an attempt to fill the gap, to analyse the problem of production from its production plan, the refining work of iron as well as that of steel.

The production plan of an iron and steel plant must fit in with the supply of raw materials and fuels, and the conditions of the market. Unfortunately Hanyang Iron and Steel Works had only The tayeh Iron Mines nearby, and it was unable to find proper supply of charcoal. Since the plan to build the Lun-Han railroad was abolished, and the degree of industrialization of Shanghai was still very low, the need for iron and steel was limited. Without proper planning, it was impossible to raise production.

As for the refining of iron, we look separately at the production problem of the pig-iron plant and the wrought-iron plant. For the refining of steel, we analyse its problems through the production of Bessemer steel and Siemens Martin steel. Refining iron and refining steel are closely connected. If the blast furnace does not have adequate supply of quality charcoal, the result would be underproduction and poor quality. Take the wrought-iron plant and Siemens Martin steel plant as example. Since they did not have adequate

The Absence of Supervision of Salt Dealings Doesn't Mean the Absence of Salt

不管鹽，就沒有鹽吃嗎？

Sung Shee-wu （宋叙五）

This article is written in response to Professor Tang Tak Kwong's (唐德剛) study of the Western Han economics history published in the *Ming Pao Monthly* (July 1991). There are four points of issue here, the first of which is that Professor Tang has mistaken Shong Hung Yan (桑弘羊) for Kan Shuen Hung(公孫弘). Secondly, it is observed that Professor Tang has some fundamental misconceptions on the notions of "core" (本) and "immaterial" (末) in traditional Chinse Philosophy. Thirdly, Professor Tang has confused the early Han policy of "surplus-supplementing-deficient" (均輸) with the policy of "Central-purchase-and-sales" (統購統銷). Professor Tang is also found to have mistaken the policy of "Central-purchase-for-unified-sales-price" (平準) with the of "fixed-prices-by-Central-in-private-dealings" (限價). The article concludes with a host of historical information, verifying the point that the absence of supervision in salt dealings does not necessarily mean that people were deprived of this essential mineral.

Liu Ta K'uei (1698-1780) on *ku-wen*

劉大櫆的古文理論

Kenneth P.H. Ho （何沛雄）

Throughout the Ch'ing dynasty, the T'ungch'eng School (桐城派) maintained its dominance in the literary circle. The founders of this School were Fang Pao (方苞) (1668-1747), Liu Ta-k'uei (劉大櫆) (1698-1780) and Yao Nai (姚鼐) (1730-1814). They advocated *yi-fa* (義法), *shen-ch'i* (神氣) and *yin-yang* (陰陽) respectively as guiding principles for *ku-wen* writings. They had many pupils and followers so they exercised a great influence on the development of literary writings in the Ch'ing period. The connotations of *yi-fa* and *yin-yang* have been well studied but that of *shen-ch'i* is comparatively untouched upon. So, this paper attempts to present an examination of it.

A careful analysis of Liu Ta-k'uei's *Lun-wen ngou-chi*《論文偶記》, a book on literary criticism, and his relevant compositions, showed that *shen-ch'i* may imply the "spirit" and "vitality" of a composition. They could be hardly detected, but were embodied in words, phrases and sentences. So the choice of words, the shape of phrases and the pattern of sentences, when aptly used, could produce different types of tone to express the "spirit" and "vitality" of a composition. To attain the *shen-ch'i* in composing, the author should acquire the craftsmanship of a writer. Liu's theory was echoed by Yao Nai, Fang Tung-shu (方東樹) (1772-1851), Mei Ts'eng-liang (梅曾亮) (1786-1856), Ts'eng Kuo-fan (曾國藩) (1811-1872), Chang Yü-ch'ao (張裕釗) (1823-1894) and Wu Yü-lun (吳汝綸) (1840-1903). They were distinguished literati of the Ch'ing period. Consequently, *Shen-ch'i* became a literary tenet of the T'ungch'eng School.

Ch'ien Mu (1895 – 1990) and the New Confucianism

錢穆與新儒家

Yü Ying-shih （ 余英時 ）

In this article, the author tries to show that the late Professor Ch'ien Mu cannot be considered as a member of the philosophical school of New Confucianism claiming Hsiung Shih-li (1885-1968) as its founder. It is true that Ch'ien was deeply committed to fundamental Confucian values and it is also widely realized that he defended with conviction the Chinese cultural tradition as did the New Confucianists. However, throughout his long life he persistently refused to promote Confucianism along any sectarian or doxographical lines. This is clearly evidenced by his refusal to become a cosignatory of the well-known Manifesto of Chinese Culture of 1958. Ch'ien considered himself primarily an intellectual historian whose duty it was to interpret the Confucian and other intellectual traditions in all of their diversity as faithfully and objectively as possible. He was never interested in establishing a new orthodoxy of Confucianism. Nor did he concern himself with determining who were the true heirs of the Confucian Way (*Tao-t'ung*) in the past 25 centuries. Above all, he expressedly and repeatedly stated during his last years that he must not be identified with the New Confucianism of Hsiung Shih-li. In this article Ch'ien's intellectual relations with Hsiung Shih-li and other New Confucianists are traced through his own writings as well as other contemporary accounts. Moreover, Ch'ien's view on Chinese history in general and on the Confucian tradition in particular are also contrasted with those of the New Confucianists.

(五品) were recruited by the Ministry of Labour (吏部), while those above *wu pin* were all recommended by councilors of *zhong hsu mün hsia*. It was not easy for the emperor to alter their decisions. As a result, to be a prime minister was indeed much more difficult in Western Han than in the T'ang.

In general, it appears that being a P.M. in Western Han was actually not easy. The sphere of power and influence depended a lot on one's own education, social status, and reputation. The P.M. had also to seek for monopolizing the chances for social ascent of his own prefectures. It was thus inevitable that he needed to be congruent with the character and ideology of the monarch.

The conclusion is that there were a lot of changes in the political power and social influence of the 44 prime ministers within the 214 years' reign of the Western Han Dynasty.

It is the purpose of this paper to explicate from a wider perspective the 6 different stages of the transfer and changes of power of the prime ministers.

The Prime Minister of Western Han

西漢之丞相

Sun Kuo-tong （孫國棟）

The prime minister was the highest ranking official in Western Han. He got hold of much responsibilities and duties from the emperor; yet he was the one to be much isolated. Therefore the possibilities for the shaking and changing of his sphere of power and influence turned greater.

Although the prime minister was the 'head' of all government officials, only a few or none of them would help the prime minister to balance or to resist the 'pressure' from the emperor. *Yü shi tai fu* (御史大夫) was actually the one who would take over the prime minister's place in Western Han. So he was also the one to compete with the prime minister to gain the necessary power to exercise his political influence. Besides, the Legal System of Western Han was not quite perfect. The power and influence of the P.M. were much accumulated and centralized in the process of dynastic consolidation. Occasions abounded for various conflicts with his monarchial ruler as well as the challenges from other statesmen or officials of lower ranks. There were no 'buffer state' for either parties; the inevitable tension thus increased, endangering and eventually overturning the power of the P.M.

This was quite different in T'ang Dynasty. The P.M. or Chief Councilor in T'ang was actually the leader of the two departments of *zhong hsu mün hsia* (中書門下), viz. the *jian yin* (諫言) and the *gai shi zhong* (給事中). Advice was given to the emperor by *jian yin* if he mishaved. A wrong order would be deterred or detained by *gai shi zhong*. Different opinions would be presented between the emperor and his statesmen often with respect to the recruitment of successful candidates for officialdom. The Legal System in the T'ang was more preferable than its counterpart in the Han. Officials under *wu pin*

The Ruling Policy of Northern Wei
and
the Corruption of Its Government Officials

北魏之統治政策兼論州郡守宰之貪殘

Su Ch'ing Pin （蘇慶彬）

The tribesmen of Hsien Pei T'o Pa (鮮卑拓拔) were late-comers in conquering China, as compared with those of Wu Hu (五胡); whereas they were more assimilated into, or sinicized by, the Chinese. The corrupt practices of government officials, however, could not be suppressed even at a time of prosperity and peace. It might have something to do with the plundering policy adopted by the Kings of Wei. This condition continued until the reign of Empress Wen Ming(文明太后) and King H'ao Wen(孝文帝).They began to pay more concern and solicitude to their people, putting aside the issue of "host and guests" in the country. Such a sense of unification brought a drastic change. But, before that, government officials had long been used to act as a tool to squeeze and repress the people. Corruption resulted in severe suffering to the people, with the corrupted bureaucrats inflicting it with impunity, due mainly to the fact that they had been condoned to do so. Therefore, it was found to be useless even if there were severe punishment at that time.

The Two Routes for North-South Communication in The Tung Hai – Mount Tai Area in the Tang Period

唐代海岱地區南北交通兩道

Yen Keng Wang （嚴耕望）

In the Tang period, there were two land routes for North-South communication in the Tung Hai – Mount Tai area. The eastern route started from Ch'ing Chou (now Yi-tu County), passing Tai-hsien Shan in the south, and then Mu-ling Kuan (E 118°42' N 36°8'), the river valley of the Yi Shui, Yi Chou (now Lin Yi County), and ended in Hsia P'i (approximately E 117°53'). The western route was relatively more complicated. It began from southwest Ch'ing Chou and then diverged into two courses: one went to Lai-Yang Valley, while the other proceeded to its west to both the east and west of Mount Tai, both of which met at Yen Chou (now the west of Tsu-yang County). From thence it headed south to P'eng Ch'eng (now Hsü Chou, ie. T'ung-shan County). Both P'eng Ch'eng and Hsia P'i are riverside cities of Su Shui, from which the route headed further south and terminated in Huai Nan. These two routes were of military as well as of transportational significance in middle ancient China.

中華民國八十二年（一九九三年）元月十五日初版

新亞學報 第十六卷（下）

定價：港幣一百五十元
美金二十元

編輯者 新亞研究所
九龍農圃道六號

發行者 新亞研究所圖書館
九龍農圃道六號

承印者 和記印刷有限公司
九龍官塘巧明街
一一九號三樓A座
電話三四一六八八八

THE NEW ASIA JOURNAL

景印本・第十六卷(下冊)

Volume 16 (Part Two) January 1993

In Memory of The Late Professor Ch'ien Mu (1895-1990)

NEW ASIA INSTITUTE OF ADVANCED CHINESE STUDIES